SERIES DE LA JORNADA DEL ALMA

— Libro 2 —

LA PERFECCIÓN DEL ALMA

LA PERFECCIÓN DEL ALMA

Sylvia Browne

HAY HOUSE, INC.
Carlsbad, California
London • Sydney • Johannesburg
Vancouver • Hong Kong

Publicado y distribuído en los Estados Unidos por:
Hay House, Inc., P.O. Box 5100, Carlsbad, CA 92018-5100 USA
(760) 431-7695 • (760) 431-6948 (fax)

Editorial: Larry Beck, Jill Kramer • *Diseño:* Charles McStravick
Traducido por: Irasema Edwards

ISBN 13: 978-1-56170-866-6
ISBN 10: 1-56170-866-6

08 07 06 05   5 4 3 2
Impreso 1, Marzo 2002
Impreso 2, Junio 2005

Impreso en Los Estados Unidos de América

Para mis queridos Creadores

ORACÍON DE SYLVIA

Querido Dios,

*Permite a este espíritu nuevo de iluminación que limpie toda
culpa y temor. Venimos a ti, Dios, sabiendo que conoces
no sólo nuestros nombres, pero nuestros corazones,
mentes y almas. Queremos aprender nuestras lecciones
para poder hacer de nuestra jornada en la vida más fácil.
Queremos perfeccionar más rápido de lo que lo hemos
hecho durante todas nuestras vidas.*

*Desde este momento, nos vamos a querer a sí mismos y a los
demás y permitiremos a Tu amor supremo alumbrar la lámpara
de nuestras almas. Vamos a estar llenos de amor, juicio,
y voluntad para mantenernos en el sendero correcto
y en nuestro plan de perfección.*

*Realmente seremos una luz en un desierto
solitario que alumbrará a muchos.*

ৡ Contenido ৡ

Reconocimientos

Este proyecto es el resultado de muchas personas que trabajaron muy duro para hacer de mi sueño una realidad. Este texto fue revelado cuidadosamente para ti durante muchas miles de horas de investigaciones. Les doy las gracias a dos personas, Larry Beck y Mary Simonds, por su arduo trabajo y dedicación a mi misión en la vida.

Introducción

THE SOCIETY OF NOVUS SPIRITUS es mi Iglesia, localizada en Campbell, California. Las propuestas en este libro están basadas en la filosofía de esta Iglesia, la cual inicie hace varios años. El conocimiento contenido en este libro representa la integración de varios orígenes de información. Primero, refleja conocimiento infundido durante muchos años de mi propia habilidad psíquica. También refleja el tremendo conocimiento del plan de la vida y del Otro Lado de Francine mi guía espiritual. Conocimiento adicional fue dado por mi abuela psíquica, Ada, el cual representa casi 300 años de tradición psíquica oral. En conjunto, miles de regresiones hipnóticas fueron hechas independientemente de los demás materiales, sin embargo todo se unió con precisión, la validez, el llenar cualquier hueco, y el demostrar que hay un plan lógico de todo lo que crea Dios.

Creo que como seres humanos ya hemos vivido suficientemente con los llamados misterios. Como dice Francine, si puedes pensar en la pregunta, tus guías te darán la respuesta. Ciertamente, mi fe, Gnóstica Cristiana, enseña que siempre debemos continuar la búsqueda de nuestras respuestas, porque el buscar es un proceso esencial para el crecimiento espiritual.

Decidí hacer esta filosofía pública por las reacciones que recibía seguido: "Yo siempre he conocido esto. Esto es lo que siempre he creído, aunque no podía ponerlo en palabras. Sentí que esto era una verdad que resuena en mi alma como *verdadera*." La filosofía, aunque extensa, viene sin temor o condenación. Viene con el conocimiento, pero sin doctrina. Siempre he creído que todos, no importa cuales sean sus creencias, deben de llevarse con ellos lo que necesitan o quieran, y dejen el resto. Sólo el ocultismo es oculto, secretivo, y controlador; no vas a encontrar nada de eso en estas escrituras. Claro, ciertos códigos de comportamiento son leyes naturales del bien las cuales todos debemos seguir—pero la parte tuya que es Dios es individual en todos los aspectos.

El trabajo en *Jornada del Alma* tiene tres voces. Claro que la mía está presente, pero también tengo dos guías espirituales en comunicación, Francine y Raheim, quienes son los principales contribuidores. La voz de Francine para mí es audible, pero pasar su información oralmente no es la forma más eficiente de comunicación. Por un arreglo especial con Dios, yo puedo permitir a Francine y Raheim que tomen control de mi cuerpo para que así ellos puedan comunicarse directamente con los demás. Esto se le llama "médium de trance profundo", lo cual es mejor conocido a través del trabajo de Edgar Cayce. Un aspecto interesante de esta habilidad es de que no retengo conocimiento personal de las palabras o acciones que ocurren mientras estoy en trance. Por muchos años hemos conducido "trances de investigación," los cuales nos dieron el conocimiento que llenan estas páginas. Claro que, todos aprendemos haciendo preguntas, así que tú veras tales preguntas aparecer en letra itálica por todo este trabajo. Esta serie es verdaderamente una jornada del alma, y estoy tan contenta de tenerte a ti de acompañante en el paseo.

Este material representa cientos de horas de trabajo, así que cuando lo leas, siéntete que estás solamente leyendo el leve ensueño de una sencilla médium en trance. La mayoría del conocimiento que se ha reunido es extremadamente profundo, abstracto, y esotérico; probablemente tú preferirás leer la mayor parte en partes cortas en lugar de todo a la vez. Espero lo disfrutes, y lo más importante es que deseo que por lo menos salgas como yo, con una magnifica obsesión de querer aprender más, de explorar más, y de cavar hondo dentro de la gran teología que nada más está esperando ser descubierta por nosotros.

Nosotros en la Sociedad de Novus Spiritus encontramos un gran alivio al seguir juntos nuestra creencia, el amar a Dios sin temor o culpabilidad. El aprender es espiritual, porque el conocimiento destruye la ignorancia, prejuicios, y avaricias.

Dios los Bendiga. Yo lo hago.

— *Sylvia*

Capítulo Uno

La Razón para la Vida

Francine: Deseo hablarte acerca del propósito de la vida. Ahora, por medio de nuestras discusiones ya sabemos lo básico: Decidimos encarnar, escogimos nuestro plan de la vida y decidimos perfeccionar a nuestra alma, pero no para nosotros—dos terceras partes de nuestra existencia son para la experiencia de Dios. Así que todos ustedes "guerreros de Dios" tomarán más experiencias difíciles en orden para perfeccionar.

Cuando hablamos de la creación, tuvimos que decir "en el comienzo", aunque no hubo un "comienzo." Pero para nuestras mentes limitadas, vamos ha usar la palabra *comienzo* significando el punto de empiezo de nuestra vida física. ¡Fue aparente para casi todas las almas que de la única manera que ellos iban a entender por completo el conocimiento de Dios era viniendo a la vida—el venir al campo de batalla del bien contra el mal!

La diferencia entre el *conocimiento* y *experiencia* es inexpresable. Es una cosa el que le hablen a uno acerca de algo (llama a esto conocimiento intelectual) y otra el experimentarlo (llama a esto el conocimiento físico), especialmente por las muchas etapas de tus muchas vidas. En vida, tú experimentas los aspectos positivos y negativos y molestias, incluyendo difamación, rechazo, soledad, racismo, y prejuicios de toda clase. Entonces, finalmente, llegas a lo que se puede describir como un lugar neutral elevado y espiritual.

Ahora tú vas a encontrar a personas de todo tipo de vida quienes quieren encontrar "conocimiento espiritual." ¿Esta frase suena muy sencilla, verdad?

Como Sylvia ha dicho tantas veces: "¡Haz buen trabajo, ayúdense uno al otro, y luego cállense y regresen a *Casa!*" Eso suena sencillo, pero se toman muchas, muchas vidas para que todo salga bien.

Entidades Blancas y Obscuras

Todas las entidades blancas bajan en una columna blanca de luz. Todas las entidades obscuras bajan en una oscuridad.

Esto nos ayuda a saber quien es quien. Claro que, aún con nuestra inteligencia, no siempre sabemos quien es oscuro y quien es blanco, solo que los veamos venir al nacer. Sería bueno si tú tuvieras ojos que estuvieran abiertos para que pudieras ver alrededor en un lugar a esos con una columna obscura o una columna blanca. Sería mucho más fácil para ti diferenciar entre ellos, pero la mayoría de ustedes no puede hacer esto.

El propósito principal de la vida es el de ayudar a otras personas a combatir la oscuridad que los confronta. Claro que, supongo que tú entiendes que me estoy refiriendo a la oscuridad en las *almas* de las personas; esto absolutamente no tiene nada que ver con el color de la piel. Me refiero a la maldad innata.

El combatir la oscuridad *no* significa el batallar con ella, cohabitar con ella, o jalarla dentro de tu círculo. Significa el mirarla, empujarla lejos de ti y tratar de mantener a los que amas lejos de sus pegajosas y chiclosas "connivencias". El mundo, como tú debes de saber, está rodeado de oscuridad. Todos tenemos un enorme reto.

Sobreviviendo la Vida

El perfeccionar el alma de uno, es simplemente el sobrevivir la vida. Esto es lo definitivo: el poder mantenerse en pie y llegar hasta el final, sin importar que tan duro hayas sido golpeado. Sin importar que tus peores temores fueron hechos una realidad, sin importar lo que te pasó a ti. El perfeccionar es el sobrevivir—el no darse por vencido, el no derrumbarse, el no afligirse.

La aflicción es algo que mata; ella puede dirigir al suicidio. Tú no debes de beber alcohol y verlo como una salida para el dolor de la vida o para adormecerte los sentidos. Tú necesitas ser una persona basada en la realidad. No me estoy refiriendo a las personas que están bajo medicamento en orden para estabilizar un desbalance químico; eso es totalmente un comportamiento apropiado.

Estoy hablando de gente que se deja llevar por comportamientos adictivos. Eso es trágico. Probablemente una de las peores cosas que tú puedes llevar a tu cuerpo es el alcohol, porque, cuando se abusa de él, ello adormece y entorpece y te detiene de experimentar tu vida. Hay muchas maneras de cometer suicidios en esta vida: El alcohol y otras adicciones son tan mortales.

¿Se planea para la vida alguna adicción?

Se les dice a algunas personas que ellas están predispuestas a una adicción de alguna clase. Antes de venir, muchas personas son muy, pero muy aferradas y dicen, "yo puedo vencer eso."

Ellas planean la vida con la opción y posibilidad muy fuerte de que eso sucederá, lo mismo pasa con un suicidio. Se les previene; se les habla. Muchos de los suicidios que vemos son de personas quienes han encarnado demasiado rápido. Ellas no tomaron ningún descanso; se devolvieron muy rápido. No escucharon nada de consejos y ahora están en condiciones siconeuróticas.

Sólo Dios sabe que tantos de ustedes están en condiciones siconeuróticas porque han tenido tantas vidas. Para muchos de ustedes, esta es la última vida y realmente están cansados y agotados. Esto no quiere decir que puedes tomar una pistola y ponerla en tu boca. Tal comportamiento siempre te llevará a tener más vidas.

Sobrevive la vida. Sírvele a Dios.

Sé que muchos de ustedes, sin importar sus pasados religiosos, han escuchado tantas veces que todos deben de "servirle a Dios." Aun en mi vida, se nos dijo que sirviéramos a los dioses. Cuándo estaba pequeña, me preguntaba, *¿Cómo le puedo servir a Dios?* La respuesta que encontré es esta: Tú le sirves a Dios al servirle a Su gente. Tú alcanzas a Dios de muchas formas y facetas al servirle a la gente. Si nada más te sirves a ti, tú no estás adquiriendo nada espiritualmente. Esto no está relacionado con el amarte a ti mismo. Tú encontrarás el amor para ti mismo si tú amas a otras personas. Sin embargo, si tú nada más te sirves a ti mismo y solo expresas tu amor para Dios, eso tampoco es suficiente. Es mucho mejor si tú haces más que hablarlo; en lugar de hablar prosigue con tu trabajo diario de dar, cuidar, y propagar tu verdad y espiritualidad, cualquier cosa que ello sea para ti. Por lo menos de esta manera, tu centro de Dios tocará a otras personas. Si tú no le sirves a Dios al servirle a otras personas en esta tierra, eso no es igual que una atrocidad, pero *tú* has perdido una gran oportunidad para servirle a Dios.

Es muy fácil decir, por la manera que el mundo es, "no me voy a molestar con eso. Deseo arrastrarme de regreso a un boquete. Deja que todos sean lo que ellos van ha ser. No es mi problema." Si no por otra cosa, tu posición no es de *"salvar"* a las entidades obscuras, porque tú no puedes salvarlas. Pero ciertamente puedes salvar a las entidades blancas que estén empezando a desesperarse. No es por que ellas sean débiles, pero la oscuridad conoce la manera de hacer que la desesperación entre en las mentes de las entidades blancas. Esto se verá como una tarea sin fin, pero no lo es. Lo que estás tratando de hacer es el de mantener a tu "armada" junta para que así no se estanquen o vacilen o sean derrotados o cualquier otra cosa parecida.

La gente pregunta, "¿Pero no deseas también salvar a las entidades obscuras?" Tú no puedes salvar a las obscuras; Dios lo hará. A lo mejor puedas salvar a las grises. Tú deseas ser una luz en el mundo.

Las entidades "grises" están experimentando nada más la maldad y negatividad. Todo lo que están haciendo es alimentar energía negativa de regreso al mundo. ¿Qué tan bueno es eso? Estoy segura que el concepto de Dios de experimentar por medio de nosotros también incluye eso, pero ciertamente ninguna bondad está siendo creada por ellos.

Así que el significado de la vida es el *servicio*. La perfección de tu alma es el servicio—y muchas veces *sin ningún aplauso*. Si vienes a la vida esperando aplausos, vas a estar terriblemente desilusionado.

Tus únicas "aprobaciones." Como Sylvia les llama, son las que tú das a Dios y las que Dios sabe que das—y esas verdades son entre tú y Dios nada más.

No esperes que el mundo te celebre en luces, como tú lo has visto con Sylvia. Si eso es lo que tú estás buscando entonces debes de saber que eso puede convertirte en un santo un día y en alguien vil al día siguiente.

Eso es todo lo que tú puedes esperar en esta vida. Así que a lo mejor estás batallando con ex-esposos o con personas quienes te critican o con personas quienes te están lastimando. Tú sólo le tienes que responder a Dios, quien es el que sabe donde está tu corazón. Cuando te mantengas repitiendo esto, entonces tu fuerza aumentará un millón de veces.

¡Tu nombre a lo mejor no está en luces aquí en la tierra, pero tu nombre ciertamente está en las Luces de Dios!

¿Está aumentando la población de la Tierra?

Sí, lo veo tanto y tú debes de verlo en tu mundo. Sylvia me estaba diciendo la otra noche, que nunca había visto tantos bebés en el centro comercial. Tú también debes de verlos—hay bebés y bebés y más bebés. La guerra no tiene nada que ver con esto. La depleción de la humanidad no es tan grande como el aumento de población que se está viniendo. El aumento de población está viniendo ahora porque te estás acercando al final de este periodo. Las almas que no terminaron su "curso de estudio," por llamarle así, tienen que venir ahora.

Mirando la Luz

Tú estás aquí para perfeccionar tu tema especifico de la vida (ve el Capítulo 3). En cada vida, tú puedes escoger un tema diferente o puedes conservar el mismo, especialmente si tú crees que no lo has experimentado lo suficientemente bien. En tu última vida, la mayoría de ustedes tocarán a todos los temas—Tolerancia, Experimentador, y todas los demás.

Preguntas, "¿Adonde está mi lugar en todo esto? Dios, he pasado por tanto." Eso es lo que realmente está pasando. Si tú observas muy cuidadosamente, veras que siempre has tenido un asunto principal que te confronta. Tú tendrás muchos de ellos, si esta es tu última vida. Tú constantemente tienes dificultades colocadas sobre de ti, pero permanece alerta y haz una auditoria de ti mismo. En otras palabras, di, "Espera un minuto. ¿Estaré aprendiendo Paciencia? ¿Es esto Tolerancia? ¿Es esto Experimentador? ¿Me he convertido ahora en un Comodatario? ¿Me he colocado ahora en la posición de un Catalizador?"

Ese es el significado de las cosas por las que tienes que pasar, el *significado* de perfeccionar tu alma. Parece tan meticulosamente analítico, lo cual lo es, porque tú tan cuidadosamente lo planeaste todo así.

Yo creo que cada día que pasa sin ninguna clase de auditoria propia, es un día perdido. "¿Hice hoy alguna cosa buena? ¿Ayude a alguien en algo espiritual?" Puede ser algo tan pequeño como el de acercarse y tomar la mano de alguien. Pero cuando te levantes en la mañana, hazte la idea de que en ese día, le vas a enviar energía a alguien. A lo mejor le enviaras una oración a una persona desamparada. Tú puedes darle un emparedado a alguien. Tú puedes nada más llamar a una persona por teléfono. Tú puedes hablarle a un cliente con quien estés negociando y hablarle gratamente.

¡Un día sin hacer algo para alguien es un día perdido!

Ahora, vamos a suponer que estás muy enfermo y estás confinado a tu cama. Este es el momento en el cual tú puedes ser introspectivo. Tú puedes meditar. Tú puedes pedirle a Dios que te permita descansar y te aliste para las próximas semanas o meses o años o cualquier tiempo que tengas de vida. Sin embargo, siempre mantén este pensamiento en tu mente: El Espíritu Santo está contigo. Tú estás haciendo algo para el Espíritu Supremo.

Pregunta constantemente, "¿Son mis acciones para el bien supremo?" Todas tus experiencias deben de ser para el Espíritu Supremo. Todas las calumnias y profanidades que tú has soportado, todos los golpes de la vida que has tenido que pasar—te prometo que todo ello agrega a la perfección de tu alma.

La frase, "Ellos han sido iluminados," ha sido usada como una burla desde los Cristianos antiguos hasta los fundamentalistas de hoy. Eso verdaderamente se refería al ver la luz blanca del Espíritu Santo. La perfección de tu alma no es nada más de *ver* la luz, pero el *traer* la luz a los demás.

Si tú nada más le estás prestando atención a tu propia luz, tú no vas a avanzar rápidamente. Esto no quiere decir que tienes que ir taconeando de arriba a abajo por la calle reuniendo a todo tipo de personas para que vengan a la iglesia. Si tú puedes librar a alguien de culpa un día o de una hora de dolor, tú has hecho algo que es llamado administrar. No necesariamente necesitas ser ministro de una iglesia. Nada más di a ti mismo, "Yo deseo ser un ministro de Dios. Deseo administrar la Luz de Dios a la gente." El *administrar* a alguien significa "ayudar en lo que necesitan." Demuestra tu verdad a los demás.

No está nada bien con el conservar tu verdad dentro de ti y no mostrársela a los demás. Eso no quiere decir que se la tienes que meter a la fuerza, pero por lo menos sabrás que tú les has dado tu verdad. Te sorprenderías ver cuanta gente está viniendo a la luz por sí solas. Esto no tiene nada que ver con el ser psíquico. Pero tiene todo que ver con el ser espiritual. *Espiritual* y *psíquico* son sinónimos. Lo más espiritual que te conviertas, lo más psíquico serás. Eso es absolutamente una certeza. Eso es el significado y la perfección de la vida— el alcanzar el pináculo de ser espiritual y psíquico, y tener a ambas cosas unidas—el no permitir que el mundo te detenga, el no permitir que lo que el mundo te haga sea tan importante. Esa es una de las lecciones más duras que aprenderás.

Tus pensamientos siguientes son, *¿Qué tal acerca de mi trabajo? ¿Qué tal acerca de mi vida amorosa? ¿Qué tal acerca de mi salud?* Yo sé que todo eso es importante, pero todo es tan pasajero. Es como la gripe que te da por dos semanas y al siguiente día ya no la tienes.

Ámate A Ti Mismo

Vamos a hablar acerca de la modificación de comportamiento. Creo que por todas tus vidas, literalmente, has sido inundado con información errónea. Luego te regresas a Casa (al Otro Lado) y vuelves a tus verdaderas creencias. Después te regresas a la vida y se te lava el cerebro con otro grupo de creencias. Es terriblemente difícil el tratar de figurar que es lo correcto. Tú estás inundado con todo tipo de comportamiento moralista, de mandamientos, reglas religiosas y de la ley. La modificación de comportamiento es probablemente la más sencilla.

Nuestro Señor dijo, "Ama a tu prójimo como a ti mismo." Ahora, permíteme ser más especifica acerca de eso. Permíteme tratar de quitar algunos pesos de culpa que puedas tener. Hay personas quienes posiblemente te caigan mal. Sin embargo muchas veces, por el "ama a tu prójimo" que se te ha dado, estás convencido, que es malo que te caigan mal esas personas.

Es malo el *no* tener quien te caiga mal. Permíteme decirte el por qué. Si todas las personas te van a caer bien y las vas a estimar (No estoy hablando de amor), algo está mal en tu personalidad. Eres deficiente en el ser una persona completa. Las personas completas han decidido sus gustos y repelencias, los senderos que ellos siguen y los senderos que ellos no seguirán.

Tú debes de tratar de amar a las almas de todos y desearles lo mejor. Pero ciertamente no te tienen que gustar sus comportamientos o acciones. El permanecer junto de una persona que intensamente te cae mal es muy malo. Ello desintegra a esa persona y a ti mismo. Muchos matrimonios, amistades y relaciones familiares están formadas tratando de permanecer junto a una persona que ni siquiera pueden tolerar. Eso solo te causa culpabilidad, pesar y detiene a tu crecimiento espiritual. Tú estás trabajando ahí tan arduamente sin ninguna buena razón para que sea "perfecto". Una vez más, Jesús aconseja que tú "recojas tus herramientas y te alejes."

Cuando le des consejos a alguien (todos los seres humanos están llenos de consejos para los demás), nunca le des consejos que creas que pueden aplicar a *ti*, o lo que *te* gustaría que ellos hicieran. Trata de ser objetivo. Ese es el camino más espiritual. Cada vez que alguien te pida tu opinión o consejo, no lo internalices; en lugar de eso trata de verte en la situación de esa persona. Ahí, otra vez, está una *modificación* muy *espiritual*.

Cuídate más. Prémiate. Por una semana, trata de hacer todo lo que tú deseas y que sea nada más para ti. Trata de hacerlo, por una semana. Te garantizo que para el final de esa semana, tú no solo vas a hacer cosas para ti, pero vas a estar haciendo más que nunca para otras personas.

Una vez que tú puedas amarte, bastante amor empezará a emanar de ti. Si encuentras que eres una persona a quien no le gusta la gente, estás entonces en una situación difícil. No sólo está tu mundo lleno de gente, pero de donde tú vienes está lleno de gente también. El reto más grande que tendrás en esta vida es el de llevarte bien con los demás. Eso no quiere decir que tienen que caerte bien todos o de que constantemente tienes que dar más de lo que es humanamente posible. Significa el poder discernir que tan compartibles contigo son otras personas.

Está perfectamente dentro del comportamiento normal de todos, el poder sacar la frustración de uno, el de demostrar enojo y el de demostrar temor. En lugar de eso, demasiada gente contiene sus emociones dentro de sus propios cuerpos; convirtiéndolos en unos vehículos que no funcionan exactamente como deberían. Tú tienes en la superconciencia la memoria de un cuerpo libre de pesadez, libre de enfermedades, eso en si, es causa de frustración.

¿Sabias que a Jesús no le caían bien todos? A él no le gustaban los Parieses. Él no podía soportar los juzgados. Él no podía obedecer a los gobernantes de Roma. Aún así a él le importaba el bienestar de toda la gente. ¿Entiendes eso?

Es imposible para ti el seguir adelante y verdaderamente amar a todos. Cuando tratas de amar a todos, así tú has disminuido el significado de la palabra *amor*. Usas la palabra *amor* tan frecuentemente que cuando se llega de verdad a amar y a estimar, ya no tienes entonces ninguna manera diferente de expresarlo. La mayoría de ustedes, verdaderamente puedo decir que, *"les gustan"* y *"estiman"* a otras personas, pero muy pocos de ustedes en vida física saben lo que es el verdadero amor. Esto *no* es porque tú eres deficiente. Es porque en tu plano de existencia es algo casi *imposible*. La infatuación es probablemente la cosa más cercana a lo que tú continuamente sientes en mi lado, ello te da unos pocos y cortos meses de ese sentimiento, pero donde estoy está todavía aumentado unas mil veces más.

Porque tú experimentas brevemente de ese sentimiento con algún compañero, tú constantemente andas buscando al siguiente, "éxtasis." Lo más mayor de edad y agotado que estés por esta vida, lo menos que te llegara eso. Otra cosa debe de reemplazarlo—un conocimiento profundo de que estás terminando tu contrato con Dios y pronto regresaras a Casa.

Si estás constantemente abrumado con reproches de lo que debería de haber sido o con lo que no fue, eso solo detendrá a tu crecimiento espiritual. Si estás constantemente deseando saber lo que la gente piensa de ti, eso también detiene a tu crecimiento. ¿Te convierte esto en un ser humano sin sentimientos o sin que le importe nada? A lo mejor en acuerdo con las reglas del mundo, pero no en el esquema mayor de la vida.

Cada uno de ustedes está individualmente solo, abriéndose camino en un sendero bien definido para poder regresar de donde viniste. Tú puedes escoger a socios y compañeros en el viaje, pero como lo he dicho antes, por tu cuerpo físico y porque tú no puedes integrarte con otra persona, cada uno de ustedes está aislado. Nosotros, tus guías espirituales, estamos más cerca a ti que ningún otro ser humano pueda alguna vez estar.

No seas tan obsesivo acerca del siguiente día, del siguiente año, de los problemas de dinero y las demás cosas parecidas. Tú me puedes decir, "Pero tengo que vivir." Sí, tú tienes que vivir, pero las cosas solamente van a ser de una o otra manera. Créeme cuando te digo: Casi todos sobreviven las preocupaciones de dinero, las preocupaciones de negocios, las preocupaciones de amor. Tanto tiempo excesivo se pasa preocupándose acerca de lo que ya está predestinado para ti y para los demás individuos.

El dinero es muy parecido al amor. Es para obtenerlo y darlo. Si el dinero se obtiene y se guarda, eso no reproduce nada. La gente se preocupa terriblemente acerca de sus bienes materiales.

Alguna gente me ha preguntado, "¿Soy muy materialista?" Casi siempre, he contestado, "No." Muy raramente he visto a una persona, sin importar sus bienes o casas o carros, quien yo crea que verdaderamente está atrapada en la avaricia material. Ahora, tanto como a una posesión, la gente puede estar atrapada en el materialismo al importarle tanto y casi de una manera consiente lo que la demás gente *piensa* de ellos. *Eso* es el estar atrapado en lo material.

Es tan simple. Te importa lo que piensa la gente. Tú esperas que ellos te estimen. Si no lo hacen, habrá otros quienes lo harán. Esa aceptación de la situación es lo que te hace más espiritual.

Simplifica

Acalla a tu mente. Conoce que el Dios, interno y externo de ti, se hará cargo de todas las cosas. Deja la puerta de comunicación abierta para que nosotros podamos entrar. No podemos entrar muy bien cuando estás constantemente obsesionado con alguna cosa, tal como el dinero o una aventura amorosa. Porque tu mente está llena con todo eso, no podemos penetrar al ruido el tiempo suficiente para poder hacer contacto contigo.

Tú puedes ser sencillo y aún así ser muy intelectual. Esto significa el cuidar de lo más pequeño al igual que lo haces con lo más importante. Es un proceso completo de re-entrenar a tu mente. Entra a tu hogar, cierra la puerta y da gracias de que tienes cuatro paredes que te reflectan, así sea un apartamento o una casa. Da gracias de que tienes un trabajo que trae dinero para que tú puedas comer y vivir, de que tienes amigos a tu alrededor y vives en un país hermoso que te permite ir del océano a las montañas en unas pocas horas.

No deseo sonar como muchos de los llamados gurus quienes han querido que tú te conviertas tan simple que borras todo lo de tu mente. Yo he sido llamada muy "Occidental," lo cual encuentro muy extraño, porque mi filosofía es muy "Oriental."

Yo creo en la activación y la pasividad: activación en hacer algo contigo mismo, pasividad en permitir que la vida te lleve. No te muevas contra la corriente. Deja que la corriente te lleve.

Empujándote contra la corriente de la vida también detiene a tu crecimiento espiritual, porque el sendero se convierte más difícil. Tú colocas una roca tras roca dentro del sendero que has escogido. La mayoría de esas rocas son creadas por ti. Oh, sí, son bloqueos exteriores con los que tienes que arreglártelas. Hay periodos de penas, alegrías y soledad. Pero de la manera que tú pasas por esas temporadas depende de tu estado de animo. Un estado de animo positivo definitivamente hace la jornada más fácil.

Recuerdas cuando estabas por primera vez romántica y aturdidamente enamorado de un individuo. En ese tiempo, en ese estado emocionante, no te importaba si tu carro no arrancaba o si perdías tu trabajo. ¿Entiendes a lo que me refiero? Si te hubiera importado, hubiera sido algo muy mínimo. Pero deja que pase el esplendor de la infatuación, y si tu carro no arranca y pierdes tu trabajo—ahora tú entras en un pozo de aflicción.

Las únicas relaciones amorosas que duran son las que tú tienes con Dios, contigo mismo, y el continuo amor profundo y confortante que tú tienes para las personas a tu alrededor.

La infatuación en tu mundo es maravillosa, pero se debe de tomar, vamos a decir, como una prioridad menor a una compañía confortante. Esa es la razón por la cual muchas personas se comprometen y rompen el compromiso, porque una y otra vez, están buscando a ese enorme éxtasis. Eso no llega tan seguido ni dura mucho.

La gente que sólo busca el éxtasis de una infatuación realmente envejece antes de su debido tiempo, porque sus cuerpos no lo pueden soportar. Es demasiado. Si tú recuerdas bien, el corazón late más rápido, pierdes el apetito, tu cara se sonroja, no puedes dormir y también tu presión se eleva. Tú no puedes mantenerte en ese estado. Te morirías.

Cuando vemos a uno de ustedes en un estado de infatuación, los podemos ver brillar y destellar por todos lados. ¿Sabias que cuando la infatuación se va acabando, tu aura se vuelve gris por un tiempo? Después de la infatuación viene un periodo gris. Si tú sales de eso, entonces usualmente te vuelves de un color verde o azul brillante. Eso quiere decir que un rejuvenecimiento o una tranquilidad está tomando lugar. La mayoría de ustedes varían en las clases de verde y azul o en algunas de marrón, que significa agitación e irritación.

Tú eres eléctrico. Tú estás en control de esa electricidad. Debes de tratar de "juntar" tu aura para que así se vuelva más verde o más azul o a lo mejor en varios tipos de verde y azul. La aura debe de estar confinada cerca del cuerpo, sin destellar muy afuera.

La Vida

Todos tienen una afiliación con las dificultades de otras personas, así sea de esta vida o de una vida pasada. Las vidas realmente no son tan individualisticas. Tú puedes pensar que estás pasando por algo muy,

muy especifico para ti, pero recuerda que alguien, en algún tiempo, ha pasado ya por ese trauma idéntico. Ellos a lo mejor no lo hubieran tratado mejor, pero de todas maneras ellos lo han experimentado.

Lo más difícil que sea tu vida, lo más que tú estás perfeccionando tu alma para Dios.

¿Cómo podemos disciplinar más a nuestras vidas?

La disciplina está más bien relacionada con el comportamiento. Como tú te las arreglas con tu vida está basado en la aceptación. Esa es la cosa principal cuando se trata de disciplina. La gente piensa que debe de vigilar sus dietas y ejercicio de alguna manera, pero esas cosas no son tan importantes como el *dejarse llevar por la corriente* de la vida.

La mayoría de tus problemas salen porque te empujas en contra de la vida en lugar de ir con ella. Esto es tan sencillo que la mayoría de la gente lo ignora. La disciplina te permite el ir con la corriente de la vida. En otras palabras, si una relación mala ocurre, en lugar de pelear o preocuparte, dite a ti mismo, "Me voy a pasear en él por el tiempo que yo pueda. Después simplemente saltaré de este carro y me subiré a otro."

La gente se aferra a situaciones literalmente hasta morir, porque ellos tienen, como Sylvia lo llama, una mentalidad terminal de "sólo una-vez" acerca de todo. "Si pierdo este trabajo o compañero amoroso, no voy a tener otro. Nunca va haber nada más." Claro que lo habrá. La mayor parte del tiempo, los seres humanos están tratando tan duramente de alejarse de las incomodidades—de las penas o deseos—que así ellos terminan *creando* la situación exacta de lo que temen.

¿Importa realmente si te mueves de un lugar a otro? ¿Es realmente importante en la jornada de la vida si hay una perdida de alguien con quien tú eventualmente otra vez vas a estar? Es muy difícil de explicarle a los seres humanos que *nada es terminal.* No obstante podemos hablar sin descanso acerca del Otro Lado y de que todo eventualmente se arregla y aun así las frustraciones siguen creciendo.

Nada más empieza a permitirte a ti mismo el dejarte llevar por la corriente. Esa es una gran parte para centrar a tu ser.

¿Recuerdas como te sentías cuando estabas enamorado por primera vez, y el esplendor de ese primer amor? En ese estado, si tu carro se hubiera descompuesto o hubiera habido una escasez de gasolina, te hubiera afectado, pero no mucho. Si tú no estás en un estado amoroso o contento diario nada más por estar aquí y el estar perfeccionando, entonces todo te va a molestar—el calor, el frío, la escasez de gasolina, los vecinos de al lado, los perros ladrando, y los niños respondones.

Hay cierta cantidad de preocupación que viene por el estar en un cuerpo físico, pero la mayor parte de ellas son infligidas por uno mismo. Una vez que la necesidad de cualquier cosa sea removida, habrá una abundancia. La corriente de la vida es una regla cardinal en el universo: Si tú no pones obstáculos en el camino, el camino te llevará. Eso aplica a todo ser humano. Es la misma cosa con el dolor—una vez que el dolor sea aceptado, reconocido, y experimentado, entonces se puede manejar.

El temor del dolor o el temor que acompaña el dolor es tan intenso. Esa es la razón por la cual la tolerancia de dolor no es diferente para nadie. El mundo médico habla acerca del margen alto y bajo de la tolerancia del dolor. No, eso no es verdad. Es la *resistencia*. Acepta el total y completo conocimiento de que Dios nunca permite que nadie sufra sin necesidad.

Si tú crees que tú debes de tener cierta cosa, no hay nada malo con una empeñada ambición para llevarlo a efecto.

¿Es verdad que los niños difíciles no van con la corriente de la vida?

Bueno, tú debes de entender ya de que ellos no han llegado a su completa madurez para saber de esto, pero es el trabajo de los padres el fluir con el niño hasta que el factor de la madurez tome efecto.

Los padres dicen, cuando el niño ya esta grande, "Ahora soy más paciente; puedo manejar la situación." En algún momento, si alguna persona dice eso, es por que ellos han aprendido a ir con la corriente. El aprender a ir con la corriente es la definición de la paciencia.

La gente se agobia tanto con las finanzas. Dios no requiere de alguien que tenga que vivir vidas de pobreza. Esa cosa de "regalar todo y caminar por dondequiera con los pies sucios" *no* es lo que Dios desea.

Un estomago vacío no es conductor a la oración. Los únicos sentimientos de descontento que tú puedas tener son si tú no estás fluyendo muy bien con la vida.

¿Sabias que el 99 por ciento de tus temores nunca culminan? Sin embargo si sólo una cosa o una parte pequeña de algo que temes se hace realidad, entonces tú dices, "ya lo sabia." No solamente eso, pero eso aumenta todos los temores que hayas tenido. Entonces piensas que tú eres lo suficientemente psíquico para "saber" que todo lo que temes se hará realidad. Sin embargo eso no pasará y todo lo que tienes ahora es un temor que creaste para ti mismo.

Vamos a decir que alguien sale mal en la escuela y es expulsado de ahí. Todos, por un tiempo breve, dirán, "¿No es eso terrible? Esa persona salió mal." ¿Pero después de diez años, que tan significante será eso? ¿Te acuerdas que en la escuela siempre, pero siempre había, una mala persona? ¿A donde está ahora esa persona? ¿Están directamente conectadas con tu vida? ¿Te están afectando? Sin embargo en ese tiempo breve, todos dijeron, "que bueno que no soy esa mala persona."

Todo es pasajero. Todo está en movimiento.

Einstein no fluyó con la marea.

Oh, no con la marea de las multitudes— pero él específicamente fluyó con su *propia* marea. Edison y personas similares pudieron fluir con su propia marea. Si has leído o sabes algo acerca de Einstein, sabes que él no permitió que nadie lo molestara.

Marcha al sonido de tu propio tambor. Una pena para alguien puede ser la alegría para otro. Es como el viejo dicho que proviene de tu lado: "Las delicias para un hombre es el veneno para otro." Pudiera ser terriblemente deprimido para todos ustedes si a todos les gustara el espárrago. No quedaría ninguno. Si no llevas nada contigo de esta información, por lo menos llévate la verdad de que *todas las cosas son pasajeras.* Esta es la cosa más sencilla en el mundo.

Las reglas más sencillas—esas con las que tú naciste—han sido complicadas por los humanos. Ellas se han vuelto dogmáticas, y no nada más en religiones. Estoy hablando acerca de la estructura de la moralidad o comportamiento.

Si tú crees que no eres un rebelde, muy bien. Cada uno de ustedes es un rebelde en su propio derecho porque piensas y sientes. Tú eres único y diferente de cualquier otra centella que Dios creó. Sin embargo, tus relaciones y experiencias no son tan diferentes. No me puedes dar una situación de la que tú has vivido en la cual yo no pueda enseñarte a alguien que ha vivido un patrón idéntico. Así haya sido, el ser huérfano, experimentando una muerte o la perdida de seres queridos, una desilusión o rechazo, ya ha habido alguien quien también lo ha vivido y a lo mejor esa persona ha pasado por más dificultades.

Es ridículo lo tanto que la palabra *karma* ha sido mal usada. Todos viven una vida con una enfermedad física. Casi cada vida, dependiendo en lo traumática que sea, estará bajo un "ataque"—por sus propios procesos mentales o por enfermedades o circunstancias. Aquí es donde salen a flote las fobias. Si en una vida tuviste un ataque al corazón y sentiste que las cosas no estaban resueltas, tú puedes desenvolver una fobia acerca de ataques al corazón.

Todos han tenido una vida en la cual fueron rechazados por un ser querido y una vida en la que fueron aceptados. Tú puedes alcanzar cualquiera de ellas, dependiendo en la sensitividad del alma. Las vidas de todos corren de la misma manera. Todos ustedes han tenido vidas adonde estaban solos, o rodeados de personas, o fueron famosos o rechazados.

La gente podrá decir, "Bueno, yo sólo tuve cuatro vidas." Eso no hace ninguna diferencia. Dentro de una vida, tú has visto a gente ir de riquezas a pobreza, de pobreza a riqueza, de hermosura a degradación, y de rechazo a aceptación. Tú has tenido periodos en los cuales no había dinero, y periodos adonde había mucha afluencia. Tú has tenido periodos en los cuales has estado enfermo y después sano. Pero cada uno de ustedes han pasado por una vida en la cual hubo un tipo de deformidad mayor.

Todos ustedes han tenido una vida en el sexo opuesto. Algunos hombres resienten esto, porque en su mentalidad "machista", ellos no pueden creer que alguna vez fueron unas "pequeñas" mujeres. Y muchas mujeres no pueden creer que ellas pudieron ser hombres dominantes y muy fuertes. Sin embargo, tú nunca podrías entender la dualidad de la vida sin que conocieras ambos lados de la Creación.

La gente que debate sus identidades de genero han usualmente pasado muchas vidas como el sexo opuesto, Por ejemplo, un hombre homosexual definitivamente tuvo muchas vidas femeninas.

Lo más avanzado que te vuelvas, lo más saldrán, cuando los necesites, tus lados femenino y masculino. Así aun siendo una mujer, tú demostraras cualidades dominantes-masculinas y cualidades muy prominentes femeninas y no pierdas el tiempo tratando de escoger lo que exactamente eres hoy, masculino o femenino.

Una de las peores cosas—lo cual destruye la disciplina natural— es el sentir que tú eres un mártir, y el juzgar y criticar a otros. La gente sin importar lo que pase nunca está contenta con una critica. La mayoría de estos "jueces" son malhumorados y gruñones, y siempre tienen algo malo que decir. El juzgar nada más agrega a la oscuridad del alma. Es actualmente una emanación con la intención de aniquilar el orgullo propio de otra persona. Hay muchas cosas que son peores que la muerte física. Si alguien está malhumorado, gruñón, malo, se portan mal con la gente por cualquier periodo de tiempo y tú tienes que vivir en lugares pequeños o trabajas con ellos, tú debes de encontrar la manera de alejarte de ellos.

¿El planear nuestra vida es basada en el estar preparado?

Sí, muchos años se pasan en el planeamiento de una encarnación. La excepción a esto es un suicidio, quien debe inmediatamente regresar a una situación idéntica. Pero para todos los demás, el planeamiento es un trabajo que parece no tener fin. No nos agotamos, pero en tu manera de hacer las cosas, sería muy agotador el discernir a los padres correctos, el cuerpo correcto, la locación geográfica correcta, que clase de defectos vas a tener, que clases de trabajos podrás efectuar, que clase de niñez y vida madura tendrás y cuando vas a morir. También, tu signo astrológico es muy importante. Esa es la razón por la cual no creo en la astrología negativa, porque tú escoges un signo que es conductivo a ciertas cosas, ciertos elementos dentro de la escena.

Todo está escrito en tu plan de la vida. Algunas veces algunas de esas cosas deben de ser modificadas con la ayuda del Consejo. [Este es un grupo en el Otro Lado de entidades elevadas que pueden aconsejar y ayudarnos. El Consejo aconseja a la gente en el desarrollo de los planes de la vida para que se hagan una realidad; ellos aseguran que el plan llegue a las metas escogidas. Ellos nos preguntan si escogemos el avanzar más o el tratar algo nuevo.] Cuando estás en un ambiente perfecto, tú piensas que lo puedes hacer todo en una vida. Ese es el problema que tenemos y lo tratamos de modificar. En ese entonces el ser propio está más elevado. Cuando tú estás en un estado dichoso, piensas que lo puedes hacer todo.

Imagínate estar en tu óptimo grado de salud, y alguien te dice, "¿Te gustaría nadar en un lago, de un lado a otro, sin parar?" Tú dirías, "Oh, me siento tan bien." Y rápidamente brincarías en el lago. Después de que te metes y nadas brazada tras brazada, se vuelve eso muy agotador. Tú no sabes ya si vas a poder regresar o no. Así de la misma manera es la vida.

La mayoría de los consejos y orientaciones son, "Ten cuidado. Estás tomando demasiado que hacer." Hay una revisión constante del plan y visitas a los guías de maestría y al Consejo para hablar del plan y obtener su aprobación.

¿Cuál es lo más importante, nuestro pasado del alma o nuestra raíz genética?

Tu pasado del alma. Los antepasados no tienen casi nada que ver contigo, proveyendo ellos con sólo la genética. Esa es una parte tan pequeña para tu perfección. Si no de otra manera, casi todos serian copias. Si los genes fueran muy importantes, entonces ustedes serian replicas del uno al otro. Seguido, se te dice que eres igual que tu abuela, Sara, o que eres igual a tu tío Enrique. Así que adoptas esa idea, y te defines en ello. Pero muy poco es determinado por alguna raíz familiar. Es mucho más funcional, el investigar las vidas pasadas.

La Vida con Otros

Aunque tú puedas estar batallando con ciertas enfermedades, ten seguridad de que no todas ellas vienen de orígenes internos. La mayoría de ustedes están tratando con muchos problemas externos que pueden actualmente convertirse en enfermedades físicas. ¡Esto debe de darte una tranquilidad—de que no están proviniendo de tu propia alma!

Tú puedes escoger el absorber o negar este bombardeo externo. Tú sabes que yo no creo en el llevar una vida pasiva. Es como el viejo dicho que dice "Haz igual como el agua que se desliza del lomo de un pato." Si tú estás lo suficientemente aceitado, estarás realmente mejor protegido de las cosas que pasen con tus seres queridos, amigos, o asociados; hasta podrás tratar con padres, niños, esposos, o cualquier persona que trate de lastimarte profundamente. Si tu alma es sólida dentro de sí misma, la negatividad no le atinará a la marca como lo hacia antes. Tú entenderás todo en el tiempo propio de Dios.

En cualquier relación amorosa, cada uno carga con la responsabilidad del amor, y cada uno es el que da el amor. Si la relación se deteriora, ninguno de los dos tiene la culpa, pero el que conoce la verdad carga con la responsabilidad de la evolución karmica de ambos. Es la responsabilidad de esa persona, si ellos tienen que perfeccionar, el tener un entendimiento profundo y tolerancia de lo que está pasando. No quiero decir que si alguien te lastima, que entonces debes de darles las gracias. Yo espero que tú regreses la patada. Tú no necesitas que tu templo sea profanado.

Hay un hermosa oración que siempre le ha gustado a Sylvia. Dice así: "Mi alma es el terreno en el cual mi casa está construida. No debe de haber traspaso, ensuciamiento, pillaje, o saqueo en este, mi terreno." Una vez que la dignidad de tu alma se eleva lo suficientemente alto, tú no serás victimado ya. Ya no lo podrán hacer. Nadie puede victimar a alguien a quien se rehúsa ser una victima.

Si tú sigues gritando, "¿Por qué me pasa esto?" Entonces escucha: Es porque tú le has permitido que penetre muy profundamente. Esto no quiere decir que debes convertirte en un robot, pero tu fe puede engrandecerse a un punto donde conoces que a lo mejor fuiste nada más un tiro al blanco que ellos usaron. Que no fue necesariamente dirigido a tu orgullo propio. A lo mejor simplemente estabas en el paso de una montaña rusa, de un ratero de banco, o de un hombre abusivo. Si sucede que de repente te encuentras en ese camino, tú vas a recibir el golpe. Todos los que estén parados ahí dirán, "Ese es un sujeto inocente." Tú puedes ser un sujeto inocente hasta en tu propia familia o en situaciones de trabajo y volverte un tiro al blanco.

Si alguien quiere colocarte en una cruz, tú no tienes que estar colgado ahí. Si nosotros en vida no pudiéramos ser victimados, nadie perseguiría a nadie. No me refiero a la persona que ha matado o asesinado. Estoy hablando acerca de cosas peores que eso. Traumas al orgullo propio y al alma son mucho peor que cualquier asesinato, violación, pillaje, o saqueo. El rechazo es probablemente una de las situaciones peores del tiro al blanco.

Todo está en el plan de que será peor antes de que mejore. Tú escogiste bajar en uno de los tiempos más difíciles. *Tú no vas a fallar.* De todas maneras casi todos ustedes están en su última vida. De una cosa te puedo asegurar que ninguna alma nunca se retrocederá en avanzamiento espiritual. Todas van hacia adelante—a lo mejor de pulgada a pulgada, a lo mejor en micro milímetros, pero todos avanzamos en la vida. De otra manera nada valdría la pena. ¿No recuerdas que en la escuela a veces estabas en clases que no entendías en lo absoluto, y durante la clase nada más te la pasabas soñando despierto? Pero tú absorbiste *algo*. A lo mejor no crees que absorbiste algo, pero tú estuviste ahí, dando tu tiempo, y algo te entró.

Nada se pierde. Nunca nada se pierde.

Los seres humanos cargan en sí mismos el paraíso o el infierno—y a veces ambos. Yo pienso que los niños deben de ser instruidos a una temprana edad de que ellos tienen el poder de crear una vida muy feliz o una muy desastrosa. Esa es la razón por la cual algunas personas pasan por situaciones traumáticas y salen completas, mientras que otras se derrumban por las cosas más pequeñas. Ellos nunca han encontrado dentro de sí mismos el factor de control o la supremacía de su propio centro de Dios para conocer que ellos van a sobrevivir no importa lo que se les envíe. Ni ellos saben que tienen el poder para que ellos mismos manejen todo.

Miramos a la gente misma continuamente arrojarse dentro de las situaciones más horrendas. Si tratas de recordar, tú usualmente podrás saber cuando empezaste a descender por ese sendero desesperado. Si estás bajo control de ti mismo, tú tendrás la habilidad de pasar por las dificultades más fácilmente.

La verdad más grande es la de ser honesto contigo mismo. No hay nada más importante que eso.

Un ejemplo de eso sería el vivir una mentira—el de no seguir tu propia verdad—al vivir con alguien o el estar en una situación que tú no puedes tolerar, en la cual tú debes de demostrar hipocresía; o el de vivir en una familia o situación de trabajo o cualquier cosa que sea que tú no crees en ella. Estoy hablando acerca de adulterar a tu propia alma—el de no seguir tu propia verdad o el de serle infiel a tu propia alma.

Yo he notado, que Jesús está caminando en el mundo más que nunca, en un estado *real*. Sin embargo, deseo clarificar que él *no* está saliendo en tablas guija. La presencia de Jesús es más fuerte que nunca en el mundo, más de lo que ha sido antes.

El poder de Dios ahora desciende más rápidamente que nunca antes.

El mundo puede ser un lugar tan cómico si tú lo puedes observar con los ojos de tu alma, la cual no puede ser lastimada. Las cosas pueden resbalarse más fácilmente si tú adoptas la actitud de "esto también pasará."

¿Qué tan importante es el sufrir por el momento? ¿Qué tan importante es la pena que se extiende más allá del punto de lo que debe? ¿Qué importante es un pequeño dolor—es lo suficientemente importante para cicatrizar a tu alma? La esencia del alma *puede* ser cicatrizada.

Eso no quiere decir que tú no puedes ser sanado cuando regresas a Casa en el Otro Lado. Tú puedes ser encapullado y dormir por un tiempo. Pero eso sería como el ir a una jornada maravillosa, el volver a ver a todos tus viejos amigos, y estar tan cansado para disfrutarlo. Si tú has esperado muchos años para volver a tu tierra natal y te enfermaste cuando regresaste, eso sería una desilusión, especialmente cuando todos están ahí y desean festejar contigo. Claro que en ese momento no tendrás lo que se llamaría "un agotamiento de viaje," porque cuando uno regresa al Otro Lado, uno se siente muy liviano, casi como si estuviera uno dentro del agua. ¿Tú sabes que tan maravilloso se siente? No existe ningún dolor.

Quienes están más avanzados espiritualmente no tienen ningún problema de transición en el Otro Lado, porque es algo que se recuerda, como el andar en bicicleta o el manejar—tú nunca te olvidas de ello.

Por favor trata de asegurarles a tus amigos, si ellos están pasando por dolor o pena, que nada dura para siempre—ciertamente no, en la vida. Si tú no crees en eso en la profundidad de tu alma, tú vas a descender dentro del temor. Esto puede que sea difícil para ti, el creer que algo no siempre existirá. Especialmente si el dolor o la pena te llega y parece como si siempre estará ahí, aun para las almas más avanzadas eso es difícil.

Estoy segura que la pena de perder a un ser querido nunca desaparece totalmente. Sólo se coloca dentro de otra posición. La necesidad, la soledad, la preocupación y el amor solo se transforman en amor para otras personas. Claro que, el ser querido realmente nunca se fue. En efecto, ellos están más cerca de lo que han estado, pero ahora están fuera de nuestra vista.

Uno realmente nunca se olvida de esa pena. Uno aprende a transformarlo en otra cosa, a lo mejor al ayudar a pacientes de cáncer o trabajando en escuelas. El mundo es cruel en el esperar que la pena termine. Tú no sólo estás lastimado conscientemente, pero también en un nivel subconsciente.

Parte del enojo acerca de una muerte proviene subconscientemente— "Tú te fuiste, y yo no." Cuando algunas personas están muriendo, ellos lentamente se alejan hasta de sus seres queridos. Este es otro tipo de enojo, el dejar a las personas que aman. El enojo empieza a aumentar. Es una pena que no podemos transmitir a la gente, que tan afortunados son ellos por regresar a Casa y realmente sentirlo así.

Transmite Esta verdad: "Tú te vas a Casa. Tú trabajo está terminado. Te estás graduando."

La Vida Es Una Tarea

Silvia y yo hemos hablado acerca de este asunto extensivamente: *Deja* de esperar que la vida supuestamente sea maravillosa. La vida es trabajo.

Desdichadamente, todas las entidades están con la idea de que la vida supuestamente será feliz y amorosa—que el gran amor y el carro nuevo llegará. No te quiero poner en contra de todo lo material, porque todas esas cosas traen una gran cantidad de confortamiento, y tú tienes derecho a tener cosas bellas. Pero si tú no las llegas a tener, verdaderamente no será el fin del mundo.

Es como el estar en una escuela que a ti no te gusta, pero en la que tú eventualmente te graduaras y terminaras. Si tú nunca llegas a tener un compañero en tu vida—o un niño, el carro nuevo, o la mejor casa— tú alma no morirá por eso. Tú puedes hacer las cosas más difícil para ti al desear y sentir que tú mereces tenerlo. Sólo conoce que tu sabiduría espiritual es más importante que cualquier otra *cosa*.

Tú tienes derecho a graduarte de la vida, y el de ser tan feliz como te sea posible para sobrevivir la vida. Sólo eso en sí mismo es perfección.

Si tú realmente, con tu alma, recibes a cada día aceptando que todas las cosas son pasajeras, tú té sentirás más calmado. Sólo acepta la idea y la creencia—esto no es fe—de que tú estás aquí en una misión de espiritualidad, así sea por medio de una iglesia o por cualquier otro medio.

Tú estás aquí para unir tus manos con otros durante el camino, el encontrar a un amigo o a un grupo de amigos a quienes les importas y quienes estarán contigo. Si así lo haces, tú no te sentirás tan dese-quilibrado. Tú podrías sostener mejor la pena de una perdida sin volverte un androide, porque después de todo, tú eres el lado emocional de Dios. Tú experimentaras con sentimientos, aunque a veces sean dolorosos.

La vida es como el recibir una inyección. Tú sabes que va a doler algo, pero es para un propósito mayor. El dolor no va a durar para siempre, y la aguja será sacada. Algunas veces cuando el dolor se siente, la mente cree que siempre estará ahí. Pero, claro que, eso, también, pasará.

Cuando estás muy enfermo y alguien dice, "Tú estarás mejor en una semana," tú puedes responder, "Eso espero," aunque en realidad no lo creas así. No puedes recordar un momento cuando tú no estabas enfermo, solamente que puedas elevarte sobre lo físico. No quiero decir que tú debes negar o castigar a tu cuerpo y nada más amar a lo espiritual. No, tú debes limpiar, cuidar, y ser bueno con el cuerpo, dán-dole comodidad. Después de todo, el cuerpo es el templo del Espíritu Santo. Pero el basarte tanto en lo que está externamente pasando con tu carro, novio, esposa, o niños—que tan pequeño e insignificante es esa breve sombra para la intención completa de tu perfección. Adopta esa actitud, aunque tú no lo creas en el principio. Los sentimientos reales vendrán más tarde.

Todo se desvanece excepto tu propósito y tu misión.

Sin seguir una estrella brillante, tú nunca encontraras ninguna satisfacción real. Cuando planeaste el venir a la vida, nadie te garantizo que te la ibas a pasar felizmente. Tú no lo garantizaste ni a *ti mismo*. Esto es lo más importante. La parte de Dios dentro de *ti* lo escogió.

Luego te quejas de ello—eso también es parte de la condición humana. No te juzgues por las pequeñas culpas. No lo tomes tan duramente en tu alma si alguien te reprimenda. Eso sólo puede hacer de tu alma más fuerte si alguien trata de avergonzarte o derrumbarte. ¿El estar en la vista pública, positiva o negativamente—que tanto puede lastimarte eso?

Cargamos estos "implantes negativos" más tiempo que ninguno alegre que la gente nos haya dado, y seguido decimos, "Eso fue tan horrible. Yo nunca lo olvidaré." Muy raramente se escucha, "Eso fue tan hermoso. Yo nunca lo olvidaré." No quiero decir que tú no tienes derecho a sentirte avergonzado o lastimado. La vida tiene una manera de hacerte sentir a veces como un criminal o un burro—como si estuvieras loco.

Hay una diferencia entre el sentirse así y el estar.

¿Retenemos este conocimiento para evitar los mismos errores?

Oh, tú nunca olvidas nada de esta vida o de vidas pasadas. Si los has olvidado conscientemente, tú no lo has hecho subconscientemente, en tu propio Archivo Akashic (el vasto repositorio de todos los eventos de todos los tiempos). Si de casualidad empiezas a repetir un error, entonces tú subconsciente—la Guardianía de la Mente—te puede detener. Pero sólo si tú escuchas a tu primera impresión.

Un patrón se repite hasta que aprendemos de él completamente. Entonces, no es de que llegues a estar sin ningún sentimiento, pero cualquier trauma será pasajero. Considera tu tiempo navideño—es maravilloso cuando arreglas un árbol, pero después, cuando recuerdas las laminitas de latón relucientes, las luces y las esferas. Esos recuerdos físicos son pasajeros, sin embargo la memoria emocional hace una impresión duradera. ¿Cuándo una cosa se rompe, tú te sientes mal por un tiempo, pero por cuanto tiempo debes de sufrir por ello? Tú no vas a vivir el resto de tus días jurando que nunca vas a olvidar el día que se rompió.

Cuando un deseo es impedido, algunas personas se amargan y permanecen enojadas sobre eso. Si los niños no son de la manera que tú crees que deberían de ser, pero parecen estar en un sendero de destrucción; si tu esposo no te ama tanto como tú crees que debería hacerlo; o un ser querido te ha rechazado. ¿Qué tan importante es todo eso después de que haya pasado? Tú lo sentiste y aprendiste de ello; ello pasó, así que es tiempo de seguir adelante.

Cada alma es singular en su misión. Cada alma tiene un propósito. Las almas pueden unirse para un propósito mayor, pero sus jornadas aun permanecen singulares.

¿Adónde termina nuestra responsabilidad?

Tú no *puedes* ser responsable por el avanzamiento karmico de otra alma. Cuando una persona empieza a dañarte y afectarte, entonces tu responsabilidad se ha terminado, aunque tu meta parezca estar incompleta. Muchas veces, como padre o familiar, tú tomas demasiada responsabilidad para el avanzamiento de otra persona.

Tú has sido programado en creer que debe continuar importándote *más allá* del punto de lo que debe importarte—a tal punto donde tú ya no puedes funcionar bien. La persona que parece estar en su propio sendero de destrucción a lo mejor está avanzando de la manera que deben hacerlo en el esquema mayor de las cosas. Sin embargo tú has dejado de avanzar.

La programación social—el sentir que tú *"debes"* preocuparte y sufrir por otra persona—es solamente parte del estado de encarnación. Claro que, sientes y te importa ¿Pero por cuanto tiempo te puedes mantener castigándote a ti mismo?

La gente más conocedora de la situación carga con más avanzamiento. Pero el importarte cuando tus manos están atadas es diferente. Tú viniste aquí abajo con el propósito expreso de aprender a sentir y de que te importen las cosas, pero también necesitas mantener eso en su lugar apropiado. Todo lo demás puede fallar, pero tus creencias, tu estructura, y tu alma no lo harán.

A los niños se les debe de bendecir y luego dejarles ser ellos mismos. La relación con los niños debe de ser el vivir y dejar vivir. Un ser humano, joven o viejo, no cambiara su curso de acción hasta que ellos estén listos, y claro que, cuando el estudiante esté listo, el maestro aparecerá. Alguien con energía más grande aparecerá, tal como un siquiatra, psicólogo, profesor, u otra madre o amigo. Pero hasta que la persona esté lista, ese tipo de cambio no resolverá nada; nada lo hará. Sin embargo, ellos, por supuesto son mucho mejor por haber pasado por ese cambio.

Así que puedes entrar en el camino de alguien que tiene un problema con el alcohol, las drogas, auto mutilación, o auto degradación. Tú no puedes ayudar a esa persona sólo que, dentro de sus almas, ellos realmente deseen ser ayudados. Claro que, hay cierta gente rara que puede alcanzarlos y empezar un centello dentro de ellos que la misma gente ni siquiera sabia que tenia.

¿Planeamos nuestra vida en el Otro Lado, pero mordemos más de lo que podemos masticar?

Eso es porque allá te sientes absolutamente maravilloso. Piensa en lo mejor de lo que te has sentido en esta vida. Si alguien te dice en ese corto segundo de euforia, "Muy bien, ahora, vamos a tatuar tu brazo," tú dirías, "claro que si me pueden hacer eso," y entras y lo haces. Entonces después de tres o cuatro piquetes de aguja, dices, "Espera un minuto. Ya no me siento tan bien."

Un refrán aplica aquí: "Tus ojos son más grandes que tus agallas." El mirar para abajo desde el positivismo de mi lado—un ambiente totalmente hermoso y estructurado sin vanidad—los problemas de la vida siempre parecen ser triviales. Es como una madre que pasa por un parto. No que sea del todo tan horrendo, pero ella olvida muy rápidamente como fue todo eso—hasta que otra vez esté en otro parto. Entonces ahí ella recordará.

¿Por qué no recordamos que tan difícil es?

Porque de otra manera, tú *nunca* escogerías una vida. Mira, es como el escoger un colegio o preparatoria. Te pueden decir que es difícil, sabes que tienes que ir y estás realmente seguro de que lo puedes hacer, hasta que llegas ahí. Hay una parte divina en ti que necesita avanzar, el seguir adelante y venir a este ambiente negativo y volverte más fuerte por medio de la adversidad.

Lo más estable que esté tu alma y las más vidas que hayas vivido, lo más sentirás que nada es más importante que encontrar tu propósito en la vida. Esto no quiere decir que el hogar y la familia o los seres queridos no son importantes—pero la espiritualidad se vuelve más importante que todo.

Tú no piensas que vas a fallar cuando estás en el Otro Lado. ¿Cuantas veces has hecho algo que otros no creían que podías hacer? Y tú dijiste, "Claro que sí lo puedo hacer." Entonces, lo empezaste y después deseaste que nunca hubieras dicho eso.

Es la misma cosa. En mi lado, tú tienes toda la energía y vitalidad para empezar algo, hasta que entras a las molestias de día-a-día. Además, aquí, todo está ligero, sin rigidez de tiempo y hermoso. Es difícil el recordar el dolor de la vida en esta clase de ambiente.

¿Nos previenen para no hacer tanto?

La mayoría de los guías consejeros tienden a aconsejar una limitación. Ellos trataran de reducir tus metas—especialmente cuando una entidad ambiciona a hacer mucho o si se regresa muy pronto a la vida. Los guías le dicen que debe de tener mucho cuidado y vigilar ciertos puntos de peligro la mayor parte del tiempo, sólo que ellos tengan mucha experiencia no recibirán ese consejo.

Pero la gente tiene la tendencia de realmente creer que esta vez, "lo haré. Esta vez escalaré la montaña. No lo hice la última vez; mis pulmones me dolían. Yo no estaba en buena condición física. Esta vez yo realmente podré hacerlo," hasta que escalas a medio camino. Entonces empiezas a sentir que te arden tus pulmones y que tus piernas se debilitan. Ahí entonces estás otra vez en la misma situación.

¿Tenemos que hacer grandes cosas?

Oh tú ya lo *estás* haciendo, porque estás sobreviviendo. Tú no tienes que escalar grandes montañas. Sólo el sobrevivir es lo suficiente. En un tiempo u otro, todos hemos escalado esa gran montaña.

Tú no necesitas esforzarte tan duramente, porque tu vida está bien planeada. Cualquier cosa que realmente necesites aparecerá. Saldrá casi del suelo enfrente de ti, si eso es necesario.

Algunas personas auto-destructivas parecen estar desperdiciando sus vidas completas.

Para ti parecerá de esa manera, pero ellos pueden estar aquí como una fuerza de cambio para perfeccionar a todos los que estén alrededor de ellos.

¿Qué tal acerca del suicidio?

Bueno, el suicidio es, por supuesto, un punto de salida muy negativo; nunca se aboga por ello, de ninguna manera. Nunca es una parte esencial del plan. Usualmente es lo que llamamos un código de emergencia que se prende. El alma debe inmediatamente hacerlo todo otra vez. Nunca nadie escapa por medio de un suicidio. Esa persona tiene que volver inmediatamente con todo el trauma y depresión. Ellos se regresan dentro de otra vida que es casi idéntica.

Tú nunca puedes decir que un suicidio es una situación acomodada en el plan, un asesinato lo es. Nada nunca se pierde, porque otras personas pueden aprender de ello. Pero una alma no escoge un suicidio para ayudar a otros a aprender. No. Eso es una falla. Ello quebranta tu contrato con Dios.

Cuando ellos regresan al Otro Lado, los suicidios son inmediatamente encapullados. Eso significa exactamente como lo que suena: los envolvemos y suspendemos rápido, y ellos duermen. Los hacemos que se regresen enseguida. Esta es la única vez que hay cualquier tipo intervención, porque es la única falla que existe. Usualmente, lo que piensas que es "enseguida" pueden ser 40 o 50 años en tu tiempo, lo cual para nosotros no es tanto tiempo.

¿Recordamos conscientemente un suicidio?

Cuando una alma ha cometido suicidio, muy raramente lo atentaran otra vez. Ellos lo recuerdan muy bien. La mayoría de las entidades no cometen suicidio. Realmente esta en la minoría en lugar de la mayoría.

Como vas pasando por diferentes relaciones, busca el entendimiento de que cualquier tipo de aflicción o problema siempre es incurrido por una relación con otra gente—aun las deudas. ¿Por qué te endeudaste? Porque tú estabas tratando de darle gusto a todos los demás. Tú estabas tratando de premiarlos o de presumir. Tus vidas enteras tratan con tales interacciones.

Cuando el iluminamiento llega, puede tener consecuencias inesperadas. Por ejemplo, tú empezaras a ver el porque te colocaste para pasar por tantas cosas y a lo mejor necesites disolver algunas relaciones. Pero no termines sintiéndote como, "¿Por qué soporte esto por tanto tiempo?" Con conocimiento viene el entendimiento.

La única cosa que deseo hacer es él ayudarte a entender el avanzamiento de tu alma, sin ninguna aflicción. Si tú has completado un poco de eso, tú has hecho el camino más fácil para ti mismo.

¿Por qué algunos individuos permanecen en situaciones desagradables?

Cuando sientes que tienes que apretar tu mandíbula porque ya no hay ninguna alegría y la situación se ha convertido en una carga. Ahí ya no se está aprendiendo nada. Solamente estás creando una rebeldía negativa en tu propia alma, y eso no está creando tampoco nada bueno para la otra persona. Entiende esto, en el resultado final, todas las relaciones son pasajeras. Cuando los dos regresen a Casa, ustedes lo entenderán.

Ahora, por favor mira claramente la diferencia entre la descarga simple de un enojo diario de quejas y la seriedad de necesitar dejar a alguien. Me estoy refiriendo a cuando se convierte en una carga real para el alma, y ya no puedes funcionar bien porque estás tan disturbado.

La gente le gusta quejarse de sus dificultades, pero observa sus acciones. ¿Están ellas funcionando y asistiendo a su trabajo? ¿Están básicamente todavía disfrutando de la vida? Entonces nada más es una descarga de tensión. Cuando empieza a ser deprimente y la persona empieza a agacharse por la carga de esa situación, entonces esa experiencia ya no le está sirviendo a nadie.

Ahí es donde la vanidad falsa se eleva. "Soy la única que puede ayudar a esta persona. Si no fuera yo, nadie lo podría hacer," esa declaración nunca es verdadera: Siempre habrá otra persona que lo hará. Nadie nunca será indispensable.

Las cosas que haces por amor, por su belleza deben de permanecer tu secreto callado con Dios. Es de la manera que las iglesias antes decían: "Los premios son ganados *después* de esta vida." Tú no los necesitas ahora, sin importar que tan auto sacrificador seas. Al publicar tus buenas acciones, realmente estás quitándole valor al premio que vas a obtener más tarde. Es como el tener demasiadas ceremonias de boda por toda tu vida. Si sigues pasando por eso, ello pierde la alegría, la belleza, la emoción, la excitación.

Viviendo Tu Vida

Deseo hablarte de la verdadera espiritualidad y darte algunos métodos con los cuales tú puedes combatir a la oscuridad y la falta de prosperidad que parece ser tan común ahora en tu mundo. Deseo hablarte acerca de *vivir* tu vida.

Té pasas la mayor parte de esta vida—como lo has hecho en las pasadas—tratando de encontrar un lugar de felicidad y a una persona con quien estar. No voy a seguir repitiendo acerca de cuanto tú debes amarte a ti mismo, porque eso a sido muy sobre usado. Pero deseo que pienses de ti mismo como una entidad solitaria, totalmente imbuida con cada mecanismo para sobrevivir y recursos a tu disposición. Tú fuiste enviado aquí, como una bala, que bajo por un conducto para entrar a la vida.

Tú vienes a este planeta de negatividad, adversidad, avaricia, calumnias, e infamias. En tu jornada, empiezas a sentir que quieres y necesitas a otro individuo. Te vas de tu madre a hermanos a profesores y más tarde a un compañero. Todas esas cosas son aceptables, pero son demasiado sobre valuadas. Al final, tú avanzas a un punto donde te das cuenta de que todos en tu vida pueden agregar algo, pero que tú debes caminar tu jornada solo—entonces en ese momento estarás elevado espiritualmente.

Esto no quiere decir que no creo en lo que tú llamas el "sacramento matrimonial." Por supuesto que sí, porque tenemos un concepto similar en mi lado, con nuestras almas gemelas. En cualquier relación, la gente que puede vivir confortablemente dentro de sí mismos—y se detiene de buscar constantemente a ese "otro ser"—son más felices y están más avanzados en el camino espiritual, que los que constantemente quieren saber donde está su otra mitad, o quien necesita a alguien en su vida.

Por favor date cuenta de que por medio de muchas vidas, tú probablemente has estado con cientos de personas. Detente y se realista. ¿Con cuantas personas crees que realmente estuviste apegado? Con muchas.

Cuando todos nos reunimos en mi lado, en verdad es una reunión. No te puedo explicar la magnanimidad de lo amoroso que es el tener a muchas entidades juntas. Tus cuerpos físicos están limitados para amar sólo a una persona a la vez. Por toda tu vida te la pasas buscando a un compañero perfecto, aunque tú mismo no seas perfecto.

Se solitario dentro de ti mismo.

Esto no significa o se supone que no debes de dar amor. Porque puedes hacer ambas cosas. Pero no te apegues a otra persona tanto que sientas que no existe nada más allá de esa persona. Muy raramente las almas gemelas encarnan en la vida juntas, por la simple razón de que ambos sienten lo mismo.

Puede que me digas, "Entonces a lo mejor todos deberíamos vivir en conventos." Oh, no. Vive en el amor de Dios y de ti mismo, total y completamente. Ama a otro ser humano sin condiciones. Como Sylvia dice, "Sitúate en el estado de volverte más amoroso."

Tú nunca te has *vuelto* ninguna cosa en esta vida. Tú estás en el estado de volverte más avanzado espiritualmente, centrado de Dios, y libre de fobias. Cuando tú estás muy lastimado, muy cansado y estás demasiado metido en la vida, entonces empiezas a volverte fóbico. Así que empiezas a vivir bajo condiciones impuestas por ti mismo; "Tengo miedo del agua, la altura, la gente, la soledad, o los animales."

Las más condiciones que tengamos puestas en nosotros, las más condiciones pondremos en otros, y lo más fóbicos nos volveremos. Lo más que esperemos que otros vivan de cierta manera, lo más temerosos nos volveremos. Como nuestro mundo se vuelve más estrecho, ya no hay muchas ventanas. En este punto, empezamos a temer a la oscuridad, y a las cosas temerosas que empiezan a saltar en las sombras. Esa es la ley de la vida.

Tú viniste a la vida con creencias verdaderas y con conocimiento verdadero—con todas las maravillas del Otro Lado. Cuando tú entras a la vida, ellas empiezan a deslizarse lejos de ti. ¿No has tenido algunos días que fueron tan largos que se te olvido que tan cómoda estaba la cama? ¿No has tenido años que fueron tan largos que tú actualmente olvidaste como fue la Navidad el año previo? Esto es nada más en esta vida. ¿No ves como el Otro Lado empieza a ser una vaga memoria?

La vida te gasta y te desgarra. Es la mayor y más sublime de las pruebas.

Si tú quieres avanzar rápidamente y no volver, entonces tú absolutamente *debes* encarnar en alguna ocasión. Todos en orden para perfeccionar, deben de bajar a lo que llamamos el terreno de entrenamiento, el campo de aprovechamiento, la escuela.

Venimos a la vida con todo el conocimiento que se supone que tenemos que recordar. Pero en el momento que nos toca la presión del aire y la gravedad, lo olvidamos todo. En un nivel real de la física, tu atmósfera es más densa, más gruesa, y pesada que la nuestra. Tú puedes decir que nosotros somos mucho más *rarificados* que ustedes.

Tú empiezas con el propósito de ejecutar y completar tu tema, en contra de todas las dificultades que hayas escogido. Las variaciones de experiencias son un sin número. Cuando tú ves a la gente planeando sus vidas, ellos se sientan en cuartos llenos de gente intricadamente planeando como ellos conocerán a esa persona; Como ellos le van a dar a alguien un punto principal; adonde van a nacer, etc., etc., etc.

Las personas serán los mensajeros para ti. Un amigo te puede decir, "En caso de que me salga de mi meta, alrededor de mis 39 años, acércate a mí, y dime algo." Todo es una obra colosal en un escenario.

Es maravilloso. Millones de vidas se iluminan. Si pusiéramos esto en una pantalla gigante con millones y millones de luces, ellas sinópticamente se apuntarían y se escurrirían a las otras luces.

Es maravilloso para nosotros el observar esto en los grandes tableros. Tenemos examinadores gigantes. Yo sé que tú puedes encontrar que sea esto verdaderamente asombroso—de que tengamos tecnología adonde estoy—pero tú nunca te imaginarias nuestra tecnología. Tú pensarías que proviene de alguna película de ciencia-ficción. Podemos planear tu vida en un tablero, en archivos, y en examinadoras. Muchas veces, en el estado astral, tú regresas y revisas tú mismo, tu progreso.

Cuando una persona ha tomado su propia vida, ellos usualmente han sido aconsejados, ayudados, y se les dijo que no vinieran a la vida, pero sin embargo y de todas maneras ellos lo hicieron. Sus luces fluctúan y luego se apagan. Es la cosa más asombrosa el ver a otras dos luces reconectar para mantener la línea derecha.

¿Suena como un mapa de caminos, verdad? En cierta manera, lo es. Son millones de gente en una empresa gigante actuando sus partes, poniéndose a prueba ellos mismos contra los peores desafíos. La vida es un juego de pruebas y adiestramiento. Tú lo juegas como si fuera el único juego. Algunos ganan, algunos pierden, pero siempre hay otro juego para jugar en algún lugar en el universo.

Dite a ti mismo durante el día, "Este es un juego." La palabra *juego* connota crueldad o frivolidad, pero este es un juego serio de ganancia, de avanzamiento solitario hacia la perfección. Si tú no te conectas con esta imagen, entonces simplemente realiza que todo esto es pasajero.

Piensa por unos momentos. Permite que tu mente se expanda, y piensa en toda la gente que ha muerto antes y durante tu vida. Piensa en ellos llenando este cuarto—todos ellos llenándolo, porque no hay paredes para nosotros. ¿Cuantos crees que estarían aquí parados? Millones. Tú estuvieras parado aquí también, porque tú has vivido muchas vidas y muerto muchas muertes. Tú eres tan momentáneo y temporáneo en la vida, pero tú lo tomas todo tan terriblemente en serio.

Sylvia dice, "Tú completaras lo que tú planeaste completar, así te guste o no." Hay una "guardianía" adentro de ti de la que nunca se te ha mencionado. Es una seguridad que solo que haya sido dañada, te llevara claramente por todo hasta el final de las cosas sin importar nada. La ciencia lo puede llamar instinto, sobre vivencia, y genética. Es más bien como un impulsor. Algunas veces va rápido; algunas veces va despacio.

¿Permanece tu mente igual en el Otro Lado? Por supuesto que sí, así que desásete de ese temor. Todos los que han tenido una experiencia cercana a la muerte siempre dicen que la única cosa que ellos no sintieron fue temor.

Puede que te digas a ti mismo, "no tengo temor," sin embargo lo tienes. Nadie en un cuerpo físico *no* tiene temor. La vida esta llena de fobias. Pero en la muerte, la ausencia del temor sucede instantáneamente. El temor solo es conocido en una forma fisiológica. Lo más que tú te digas eso, lo más encontraras que estás más cerca de tu propia Conciencia de Dios y de tu centro de Dios.

La única cosa a temer es el temor mismo. Ese refrán es verdadero. Pero debería ser más especifico: el temor en si solo, *debe* de temerse porque puede convertirse en una actual fuerza física. Después de que has vivido tu vida, regresas al Otro Lado, donde estás absolutamente con conocimiento de que no hay temor. Tú vas directamente al Salón de Sabiduría, donde tú y tu guía se sientan y miran en un aparato de examinación en el cual tú puedes observar toda tu vida.

Tú has escuchado a la gente decir, "Mi vida entera paso enfrente de mis ojos." Muchas personas antes de morir realmente viajaron a esos mecanismos de examinación, aunque nadie en ese momento toma asiento y los mira. En las examinadoras, no hay una voz arriba de uno juzgando, "tú realmente fuiste malo aquí." No. Tú te sientas y observas tu vida, con tus guías o solo, como tú lo escojas. Muchas veces la gente escoge ciertas partes de sus vidas para enseñárselos a sus amigos más tarde. Existe una constante investigación. Tú miraras a grupos sentados alrededor observando partes de sus vidas, hablando uno con el otro acerca de lo que se hubiera hecho mejor para ayudar la espiritualidad de esa persona.

Todo esto se hace sin vanidad. Tú no ves a gente que requiera justificar su posición. Ellos están realmente interesados en como ellos pudieron haberlo hecho mejor. Ahora, todo esto es personal, así que ninguna otra entidad nunca tiene que saber de tu experiencia, solo que tú así lo desees. Nadie pone tu vida en observación y te coloca en una situación de ridículo. Eso de todas maneras nunca se haría. En verdad, nadie te pone en ridículo más que tú mismo lo haces.

No hay muchas creencias a las que tú debes llegar, pero para tu propia espiritualidad, tú debes saber que tú *no* tienes un Dios juzgador. Las únicas cosas de la que Dios está hecho son sabiduría y amor.

Después de que has examinado tu vida, te reúnes con tus amigos, aunque a veces esta orden es reversada. Nosotros sabemos cuando una persona está entrando de alguna parte del globo, porque se nos avisa telepáticamente y porque, se podría decir, nosotros sabemos que el tren está llegando porque las luces están brillando. Todos entonces están en asistencia para recibirle.

La gente puede decir que alguien "murió solo." Eso no es una posibilidad. No sólo su guía estaba ahí, pero la probabilidad de que esta fue su primera vida es cerca de un millón a uno. Un sin número de familiares de vidas pasadas y seres queridos pudieron haber estado esperándolo para darle la bienvenida y aun hasta estaban ahí sus queridos animales.

Deseo darte una imagen hermosa. Imagina una montaña alta con unos hermosos pinos. Ahora deseo que pienses de ti que vas más arriba del borde de los árboles. Como tú vas ascendiendo y pasando ese bosque, los árboles se vuelven más esparcidos, a lo mejor un poco más delgados y más separados. Como tú vas subiendo más alto, la luz se vuelve más iridiscente y transluciente. Tú sientes tu espiritualidad avanzar a un alto y rarificado lugar donde hay pocos árboles, pero son más hermosos y brillantes.

Recuerdo haberle explicado esto a Sylvia un día cuando las cosas estaban difíciles. Le dije, "Todo está bien. Te estás moviendo más allá del borde del bosque; ahora estás entrando al punto donde a lo mejor nada más hay un árbol." Sylvia contestó, "y un rayo le acaba de caer a ese árbol."

Otra meditación hermosa trata con la cima de una pirámide. Aquí, tú estás sacando símbolos antiguos. En esta vida, si tú realmente deseas ver el Otro Lado, trata de visualizar una ventana en la forma de una pirámide. Ese objeto simbólico penetra por casi cualquier cosa. Sylvia usa la pirámide para representar la superconciencia y la estructura de la mente; es un símbolo que fue usado por la antigua cultura Azteca-Inca al igual como los Egipcianos.

Piensa que estás ascendiendo a la cima de una pirámide dorada que trae la emanación solitaria de tu propia alma. En la cima, haz que un rayo de luz dorada brote y pase por medio de tu corazón. Vas a encontrar que ello limpia y saca al "uno mismo" más rápidamente, y ciertamente te ayuda a amar sin condiciones.

También, deseo que empieces a escribir en un cuaderno acerca de todas las gentes, los objetos y los animales en tu vida de los que tú posiblemente deseas amar sin ninguna condición. No te desalientes si encuentras esto difícil al principio, porque cada una de esas personas son un paso a lo largo del camino de la espiritualidad.

Tu marcha por la vida siempre está ajustándose en sí misma. Pero no ayuda en nada si tú no estás consciente de ello. ¿Por supuesto que aun te vas a graduar aunque no tengas ese conocimiento, pero en realidad deseas obtener una D en lugar de una A+? Con una D, vas a tener que regresar aquí otra vez o ir a una vida de opción, porque tú no te vas a sentir completo. [Una vida de opción es "un crédito extra para tu alma. Después de que hayas completado tu contrato personal con Dios, algunas personas regresaran a encarnaciones adicionales para el mejoramiento de la humanidad. Porque el tiempo requerido para encarnar está terminado, estás vidas son llamadas "opcionales."]

Deseo decirte, mi querido amigo, tú no vas a desear venir a la vida otra vez. Si tú no has figurado ya eso, es mejor que lo comprendas ahora. No hay nadie que yo conozca que desea volver. Aunque nosotros en el Otro Lado no experimentamos tristeza y dolor, lo más cercano a eso para nosotros es cuando los vemos a *ustedes* entrar a una vida. ¡Si tú crees que hay pena en tu mundo cuando alguien muere, deberías de ver como te sientes cuando *entras* a una vida!

La gente en el Otro Lado se sitúa junto al conducto por lo que tú puedes llamar "días" después corren a las examinadoras, y están "enormemente preocupadas" acerca del dolor que sus seres queridos están pasando. Porque, mira, somos todavía de la misma esencia y personalidad. Sin embargo, no pienses que somos desdichados aquí. No es la misma clase de infelicidad que tú sientes. ¿Recuerdas cuando te dije que el "tablero grande" se prendía y estamos todos conectados? Sí, estamos todos conectados en el Otro Lado, al igual que estamos conectados aquí también.

Estamos todos interconectados.

Cuando uno cae y se lastima, cuando una luz se apaga en el "tablero grande," todas las otras luces centellean. Se te ha dicho que "tú eres el guardián de tu hermano," y tú realmente lo eres. Cuando tú te das por vencido y no completas tu contrato, tú desminuyes a todos los de tu alrededor.

Tú puedes preguntar, "¿No me daría eso culpa y responsabilidad?" Bueno, la vida es una responsabilidad. Al decidir venir aquí, tú tomaste una tremenda responsabilidad. Esa es la razón por la cual la gente tiene el derecho de hacer casi cualquier cosa, pero ellos *no* tienen derecho de removerse de los otros seres humanos. Esto no quiere decir que no puedes ser solitario, pero tú debes socializar con otros seres humanos.

Oh, en penas o a veces cuando estás tratando de identificarte a ti mismo, tú debes de retractarte un poco. Pero no puedes permanecer dentro de ti mismo. Esa es la manera más segura para atraer enfermedades y la demencia.

El ir a un desierto solitario y permanecer ahí por diez años no es perfección. Eso es una cobardía y flojera. Yo nunca he visto un plan de la vida con eso escrito en él. Eso es una falla donde alguien se suponía que iría al desierto por unos pocos días, y ellos lo alargaron. Tú tienes mucho espacio en tu plan de la vida para variaciones, pero no para desviaciones.

Por favor recuerda que cuando la gente habla del "elevado sí mismo," sólo significa la parte más noble y espiritual de ti—pero aun eres tú. Tú estás en completa esencia aquí abajo. No hay una parte de ti flotando por algún otro lugar. Tú no estás en alguna otra vida al mismo tiempo. Tú estás en esencia completa en el ahora—en mente, en cuerpo, y espíritu—pero no te conviertas en alguien atado a la tierra. Sitúate sobre tu ser físico. Tú estás *en* el cuerpo, pero no eres *del* cuerpo. Tu alma está manipulando el cuerpo simplemente para andar por este mundo en orden para completar tu contrato.

¿Tú no estás dentro del motor del carro, verdad? Tú estás atrás del volante. Si estuvieras en el motor, te quemarías. Eso es lo que les pasa a muchos de ustedes: se meten en el motor, y se queman. No puedes ver a donde vas. No puedes ver el camino. Así que regrésate atrás del volante adonde se supone que debes estar.

Déjame decirte de lo que he observado. Nunca he ayudado a Sylvia en el salón de lecturas [donde ella hace sus lecturas psíquicas], pero ciertamente he observado mucho. Más que nada, he visto que cuando una persona permite que la vida los lleve es mucho mejor para esa persona, que en lugar de activarse ellos mismos. No quiero decir que tú *nada más* le permitas a la vida llevarte, pero cuando tú estás en una situación confusa entre dos asuntos, no hagas nada. Permítele a la vida reaccionar. Especialmente la gente que es espiritual, cree que tiene que tomar decisiones instantáneamente. Sin embargo el único compromiso o decisión que tú debes tomar es el ser más espiritual. La meditación es el escuchar a Dios, y la oración es el hablarle a Él. El conocimiento te hace más espiritual.

¿Mantienes tu misma personalidad en el Otro Lado? Por supuesto que sí. Ahora, algunos de ustedes no les van a gustar esto, porque hay ciertas personalidades que no te caen bien. Eso es aceptable, porque diferente a tu lado donde todos están arrojados juntos, aquí, cada personalidad encuentra a su grupo compartible. No todos se vuelven introvertidos o extrovertidos o en comediantes o en una actriz. Algunas personas nunca quieren nada de eso.

Si existe un deseo secreto en tu corazón el cual tú no pudiste llenar en esta vida, seguramente tú harás eso en el Otro Lado. Si tú siempre has querido bailar y no pudiste hacerlo en esta vida, de seguro que eres un bailarín en mi lado y lo has sido en muchas otras vidas.

Tus deseos no cambian en el Otro Lado. Lo que tú deseas que algo sea, tú lo puedes construir. Esta es la verdadera definición del sinergismo. En mi lado, tú puedes hacer que las cosas se vuelvan lo que tú deseas que sean. Tú encontraras a gente parada en un campo abierto, empezando a construir un edificio simplemente con visualizarlo. También vemos a la gente entrar en discusiones uno con el otro. A veces también vemos a los temperamentos emerger a la superficie, pero luego rápidamente se les pasa. Porque, mira, no hay nada allá que pueda sostener un resentimiento. En el Otro Lado, nadie desea lastimar a nadie. El ego no es sofocado.

Todo el tiempo que estás aquí abajo, la gente está buscando, su ser propio; sin embargo ellos ya *son*. No hay tal cosa como el no estar en el estado de ser. Tú eres la suma total de ti mismo.

¿Te preguntaste algún día a ti mismo que querías ser? Todo lo que es requerido, es el convertirte en un adulto, vivir tu vida, hacer todo el bien que puedas hacer, y el regresar a Casa. Eso es todo. A lo largo del camino, tú puedes poner algunas flores y piedras para que los otros las disfruten.

Tú haces que la vida sea tan complicada. A que religión perteneces, cuantos niños tienes, si estás casado o no, si estás viejo o joven, si estás gordo o chaparro o alto o delgado—nada de eso significa nada, excepto a la persona quien te está mirando. Ello no significa nada. Por supuesto, se supone que debes de cuidar de tu cuerpo, pero date cuenta que aun eso es superficial.

Lo más que tú te salgas de ti mismo y si siquiera pienses de *ti*, las menos enfermedades tendrás. Tú puedes hacer toda clase de cosas milagrosas contigo mismo. Si tú tienes aflicción mental, tú puedes transferirlo a tu cuerpo. Es mucho más factible el tratar con eso. Pero por favor escoge algo de lo que tú puedes hacerte cargo, no de algo tormentoso.

He visto a gente infligir cáncer en sí mismos porque ellos no pueden dejar de "comerse vivos a sí mismos" sobre de algún problema, o algo de que ellos se odian a sí mismos. El cáncer no es inducido por el odiar a otro individuo. Es causado por el *odio a uno mismo.* Eso te come vivo. El odiar a otro Individuo puede darte un mal de estomago terrible, o piedras en el riñón, pero no te dará cáncer.

Hace algún tiempo, Sylvia estaba en un programa de televisión y una mujer preguntó, "¿Cómo mi hija, una pequeña niña con cáncer, pueda tener odio a sí misma?"

Ella no lo tenía; sin embargo, ella odió tanto en su vida pasada, que lo trajo con ella a esta. Ahora, como muchos padres te dirían, la cosa más cruel parece ser el perder a un hijo. Es difícil, pero lo mas pronto que ellos vengan a Casa, lo menos "nostálgicos del alma" estarán.

Es una cosa tan horrible para alguien el perder a un hijo, porque todo en la especie humana tiene que ver con la sobre vivencia. El miedo a la extinción es enorme. Así, no sólo estamos predispuestos genéticamente para protegernos a sí mismos de la muerte, pero también a nuestros hijos (porque estamos aquí para aprender). Esto es entonces manifestado como una pena y perdida astronómica. Se supone que nos tenemos que proteger a todo costo. De otra manera, la especie humana nunca hubiera sobrevivido. No habría ningún cuerpo para que las almas usaran como un medio para perfeccionar. Esta es exactamente la razón por la cual nos olvidamos del Otro Lado mientras estamos en la Tierra.

Algunas veces nuestros planes de vida están tan claros.

Eso es cuando tú estás en el sendero principal del plan de tu vida. A veces en otras ocasiones tú te sientes que sales del sendero por meses. Los llamamos el sendero de la "luz" y el de la "oscuridad", porque algunas de las lineas de tu plan de la vida están escritas ligeramente con lápiz. Otras, las líneas principales, son de una línea imborrable de azul fuerte.

¿Qué es un Cristiano Gnóstico?

Ser Cristiano Gnóstico significa el ser un buscador de tu propia verdad y el creer que todo lo que necesitas conocer acerca de Dios puede ser encontrado por medio del razonamiento intelectual. Eso es el Gnosticismo. Eso es lo que Jesús enseñó en su ministerio. Eso es lo que la Sociedad de Novus Spiritus es.

¿Pueden nuestros seres queridos visitarnos después de pasar al Otro Lado?

Ellos primero se presentan en orientación, y luego vuelven alrededor de sus seres queridos; eso es lo que frecuentemente pasa. Una persona se presentará en el Salón de Sabiduría, pone todo en orden ahí, luego se regresa a visitarlos.

La Perfección del Alma

Ten mucho cuidado de la "soberbia espiritual." Hay un periodo en la jornada espiritual en la cual una persona empieza a acelerar. Y en la aceleración, hay una euforia. Esto es todo parte del desarrollo espiritual, pero necesitas mantener una actitud sin juzgamiento hacia los demás. Eso pasa por estas etapas.

Cuando tú desarrollas la espiritualidad, hay un sentimiento maravilloso de euforia. Luego viene un sentimiento tremendo de percepción, y en el final de eso, si tú no tienes cuidado, llega una ostentación espiritual. Siempre permanece alerta acerca de esto.

La espiritualidad siempre es el dueño, y tú eres siempre el servidor a ello. Después de que el periodo de ostentación desaparece, la percepción todavía permanecerá. Siempre el bulto del dolor reside con la persona quien es más perceptiva. La gente que no está desarrollada espiritualmente no es lastimada tan fácilmente o tan profundamente como los que están, eso es por la diferencia en su percepción.

Como tú creces espiritualmente, tú empezaras a ser más psíquico de lo que nunca te has imaginado, por que eso va mano a mano. Tú sentirás más. La responsabilidad de usar apropiadamente tu *percepción* reside en ti.

No sientas que tienes que incurrir a la culpa o de que tú tienes que cargar cualquier tipo de deuda karmica. No te disgustes con esos quienes no perciben tan lejos y tan amplio como lo haces tú.

Ahora, deseo que pienses en tu universo en este punto de tiempo y condénsalo. Medita en el hecho de que cada singular persona es como un pequeño universo. Si tú observas a tu alrededor, tú probablemente podrás encontrar cada tipo diverso de personalidad, cada tema de vida, y cada tipo de dolor y rechazo. Si tú puedes sostenerte a ti mismo en este universo, tú puedes hacerlo en dondequiera.

Vamos a hablar de vidas pivote, y los factores en los que tú debes de trabajar para tu perfección. Esto no es de ninguna manera ningún juzgamiento, de ningún lugar. Si tú sientes que se te ha golpeado en las manos, entonces tú has perdido el punto del asunto. Tú debes de explorar cualquier cosa especifica acerca de tu personalidad que no te hace feliz; ello usualmente se une a una vida pivote pasada.

Explora tales cosas como el ser extrovertido o introvertido, el dar demasiado, el perfeccionismo, el vivir por medio de la familia, preocupación excesiva, miedo fóbico, miedo de estar solo, el criticar, pensar que eres estúpido, sintiendo lástima por ti mismo, el obsesionar, o ser demasiado agradable en el sentido de que estás lleno de *reverencia*.

También, explora el ser servicial, sentir culpabilidad, cualquier crisis de identidad o falta de visión acerca de donde tú perteneces en la vida, la indecisión, el ser demasiado matriarcal, sintiéndote hiperactivo o inseguro, o sentimientos de faltas.

En mi vida, existieron todas esas cosas—yo fui obsesiva, tuve una crisis de identidad, y fastidié terriblemente a otros. Nunca permití que nadie olvidara nada o tuviera un momento de paz, incluyendo a mi esposo. Estaba constantemente fastidiándome a mi misma y a todos los demás acerca de mi desarrollo espiritual.

Pase 19 años viviendo lo que pareció como si fueran 90. Yo fui ambos extrovertida e introvertida. Al pasar por esta vida con Sylvia, también he experimentado mucho. Así que no puede haber realmente ningún juzgamiento de ninguna entidad porque estoy segura que estos asuntos les llegaran a cualquiera de ustedes. Más que sólo escogiendo aspectos tú estás perfeccionando, trata de entender que todo se unirá en el final.

Tú no estás experimentando nada nuevo o diferente que ninguna otra persona en el pasado, presente, o futuro. Todos han tenido un temperamento y han sido críticos, malos, y vengadores. Ahora, trabaja en esas cosas—ellas parecen ser pequeñeces, pero son muy importantes porque ellas definen tu esencia. Estoy convencida que tendrás gran progreso. De la manera que trabajas en tu espiritualidad al ganar conocimiento acerca de ello y modificando los comportamientos negativos.

La gente en la vida puede detener tu crecimiento espiritual con bondad. Si tú le preguntas a alguien, "¿Cómo soy?" Ellos frecuentemente dirán, "Muy bien—yo creo que eres una persona agradable." Sin embargo ellos a lo mejor no piensen de esa manera. Tú puede que actualmente hayas venido a la vida para ser una persona difícil para que los de tu alrededor puedan perfeccionar. Afortunadamente, la mayoría de ustedes son congéniales la mayor parte del tiempo.

¿Qué es un periodo desierto?

En desarrollo espiritual, es un periodo muy aislado, una "crisis de fe." Es muy diferente a cualquier cosa que hayas experimentado antes, pero tú ciertamente sabes cuando estás en él. Es como los dolores de parto. Nadie tiene que decirle a una mujer de que ella los está teniendo o no. Durante este periodo, tú te sientes totalmente ansioso y aislado de cualquier otro ser humano y peor que nada, separado de Dios.

Tú también te sientes que nadie ha pasado por la situación que estás pasando, o de que nadie puede entenderte. Tú te sientes más que solitario—te sientes totalmente solo. Es como el caminar y caminar, pero sin encontrar sonrisas o ternura. Es como si alguien haya cortado un agujero en tu plexo solar. Parece como si hubiera un hueco en la boca de tu estomago. Durante este periodo desierto, si se te dice que eres amado, eso parecerá algo difícil de creer.

Es casi imposible el tener una vida sin un periodo desierto. Estos tiempos ayudan a aprender. Es un tiempo de temor, fóbico, y ansioso. No te sientas deficiente si tú no has pasado por uno. Es probablemente uno de los estados más infernales de los que un individuo pueda pasar, porque es una perdida a la realidad. Tú no sabes lo que es real; es un tipo de episodio sicótico. Los psicólogos lo han llamado una *crisis de identidad*. Esto usualmente pasa cuando tú llegas a una cima que está relacionada con una vida pasada, en la cual tú decidiste obtener y perfeccionar.

Estos periodos son comparables con el año segundo de la preparatoria, el cual es el año más difícil. Aquí es cuando tu tema realmente empieza a situarse, y empiezas a encontrar obstáculos para ver de lo que realmente tú estás hecho. Ello no tiene que ser iniciado por medio de un trauma, pero también puede suceder así.

"Yo Soy"

La palabra *ego* es mal usada universalmente en la actualidad. Ella proviene del Griego "ego," que significa "Yo soy, Yo existo."

Cuando tú ves a alguien con una estructura "ego" sobre envanecida, tú realmente debes de decir, "Ellos tienen un ego pequeño. Ellos no tienen confianza en sí mismos."

La manera principal para obtener alguna sanción dentro de tu centro de Dios es el amarte a ti mismo. El apreciarte a ti mismo por lo que seas o vayas a convertirte. Acéptate a ti mismo al saber que tú vives en un mundo que está distorsionado por las cosas irreales. Busca la verdad dentro de tu propia alma acerca de tus propias reglas para vivir, tu propia manera de vivir, y lo que es correcto para ti.

Desásete de toda ideología descarriada y de todos los conceptos erróneos del pecado. Los únicos pecados que tú puedes cometer en la creación entera son en contra de ti mismo. Cuando llegues al punto de aceptarte totalmente a ti mismo y amarte sin condiciones, entonces tú estarás en el estado que algunas personas llamarían "salvado." Entonces, por supuesto, no existe ahí un ego falso. Tú tendrás un verdadero "Yo soy." Tú serás la mejor persona que tú sabes ser. Tú no estarás abrumado por lo que las culturas e iglesias te han dicho, tales cosas como: "Tú eres un pecador; tú eres malo; tú eres bajo." Eso no es verdad.

Desdichadamente, tú has sido guiado a creer que los lideres religiosos son los únicos que tienen una reciprocación directa con Dios, lo cual es terriblemente erróneo. Cada uno de ustedes pueden hablar con Dios. Tú lo puedes hacer tan simple y profundamente como cualquier obispo, ministro, o reverendo. No hay ninguna estampa que nuestro Padre ha dado a alguna persona en particular, haciéndolos mejor que los demás.

En orden para sobrevivir, el ego coloca revocaciones y capas. Tú puedes haber tenido muchas vidas o a lo mejor nada más una en la cual tú tenias que comportarte de cierta manera en orden para existir. Tú asimilaste una manera de ser. Tú tuviste que sostener esa capa de comportamiento en orden para sobrevivir el bombardeo de negatividad en el cual tú tenias que vivir.

Si tú no has podido llevarte bien en una situación familiar, tú pudiste haber desarrollado una introversión o arrogancia. De ninguna manera es esto un pecado. Es posible que tú seas más sensible que otros y eso te haya causado tener una gruesa capa de comportamiento, en orden para proteger tu propia estructura de ego. Tú no brincarías en agua helada sin nada en tu cuerpo que te proteja de morir congelado. Tú serias absolutamente muy baboso. Tú tienes que adaptar tu comportamiento en orden para sostener tu estructura de ego.

Deja de pensar y verte como una victima o un mártir. Solo cuando tu comportamiento se vuelve una situación metódica, motivada, cruel, mala, deliberada, y manipuladora en orden para lastimar a otra persona, entonces ello se vuelve una frotación negativa en ti.

Muchas personas que han tenido vidas difíciles se vuelven muy "distantes" y parecen crueles por el temor de que alguien toque su vulnerabilidad. Sin embargo ellos son tiernos por dentro, similar a la parte suave del interior de una tortuga, la cual trata de no voltearse en orden para sobrevivir.

Algunas veces es bondadoso, en el verdadero sentido Cristiano, el aproximarse a una persona y decirle, "me da pena que tu vida haya sido tan difícil que hizo que te escondieras atrás de la crueldad." Tú puedes pensar que esto no es muy táctico, pero a veces esa clase de acercamiento penetra por las capas de comportamiento. La persona puede creer que tiene que mantener esa terrible imagen amargada, porque si ellos la dejan, nadie los conocería ya.

Hay también algunas personas muy sufridas que han tenido que mantener tal imagen en orden para satisfacer a los demás. Desde mi lado, es asombroso el observar algunas gentes que actualmente adoptan una posición mártir en orden para mantener a las personas a su alrededor en una crisis constante. Sin ellos, a lo mejor los demás no reaccionarían de la manera que lo hacen. El papel del mártir es entonces reforzado continuamente. Y así ellos no se pueden salir de eso.

¿Así que no necesitamos tener culpa?

La culpa en verdad significa "remordimiento por la transgresión intencional en el alma de otra persona." Esto es solo innato al estado de encarnación. No tenemos nada parecido a la culpa en mi lado.

El alma avanzará por medio de circunstancias diferentes externa e internamente para poner a prueba y crecer en espiritualidad. Tú no puedes ignorar vidas previas, las cuales son el origen de las capas de comportamiento. Pero tampoco aceptes culpa si tu motivo es puro.

Sin ninguna frotación negativa en esta vida o ninguna fobia o preocupaciones, tú no ganarías ningún conocimiento o discernimiento. Tú tienes ciertas lecciones que aprender en la vida, hasta que finalmente aprendas aceptar quien eres, que eres, y donde estás, y la relación que tienes contigo mismo.

El Verdadero "Yo Soy"

Es una bendición el conocer que algún día tu vida terminará. Realmente es verdad. *En eso, hay paz.* Tú *sabes* que te vas a graduar. Cuando venimos a una vida humana, siempre estamos *obsesionados* con, "¿He vivido lo suficiente? ¿Me moriré y no completaré lo que deseo?" El temor a la muerte se vuelve abrumador.

Sin embargo en mi lado, lo tenemos en *reverso*. El temor de *venir a la vida* es lo que es tan abrumador. Una vez que llegamos a la Tierra, no atontamos. Nos olvidamos que tenemos un plan y estamos en una misión para Dios.

En ese tiempo, el tema que trajiste contigo es muy importante. El *compañero* que trajiste contigo es muy importante. Las *personas* que están a tu alrededor son muy importantes. Todos agregan a tu instintiva y creativa habilidad para graduarte y pasar por esta vida.

Especialmente, trata de dejar atrás a tu "enemigo-mayor". Estoy hablando acerca del ego. Ese no es el verdadero "Yo soy," pero es la parte que tenazmente se agarra del vehículo físico. Ello tenazmente quiere, necesita y demanda. Es el "niño interno" en ti que siempre se está quejando y llorando. En lugar de criar a ese ego falso, aniquílalo. Aléjalo de ti. Lo que saldrá de eso es una luz brillante que brota para afuera en lugar de permanecer adentro.

El ego falso, el cual debe de ser aniquilado inmediatamente, *no* es el verdadero ser propio. Es algo como una "infección" que viene con la vida.

La infección es, "Tengo que vivir; tengo que tener. ¿Por qué no puedo tener esto?"

Esa "bebificada," insípida, infección foránea nos está constantemente pellizcando. "¿Seré apreciado y amado lo suficiente? ¿Le importaré a alguien lo suficiente?" Esto constantemente tiene que ser alimentado, se convierte en un dragón. Ese dragón vuelve todo oscuro. Es insaciable.

Di, "voy a callar esta voz llorosa. Del silencio llegará el verdadero ser propio." La verdadera alma no puede ver o sentir a través de la infección que viene con la vida. Es una clase de mutación cuando venimos a este planeta.

Di esto diariamente: "Yo soy el suma total de Padre Dios, Madre Dios, y la perfección de mi alma." Al hacerlo así, la belleza total de tu alma empieza a elevarse. Tú no estás tan preocupado de que tan caluroso estás, que lleno estás, que feliz estás, que nutrido estás, o que tanto necesitas.

La lamentación principal de la mayoría de los seres humanos es de que ellos quieren a alguien en sus vidas. Tantas personas tienen una necesidad constante de compañerismo. Sin embargo estas personas no se dan cuenta que su compañero de la vida a veces puede ser del mismo sexo o un niño. La *ternura* de amistades espirituales siempre excede a cualquier relación física.

Siempre pensamos que los compañeros son del sexo opuesto u otro *cuerpo* con nosotros. El verdadero compañerismo que tendrás es tu propio "otro lado" de ti mismo. Esa es la forma verdadera de una alma gemela.

Observa cuantos hombres están trabajando duro para sus familias, y cuantas mujeres se enfocan en levantar a sus familias, ellos *no tienen tiempo* para esa voz del ego. Están demasiado ocupados cuidando, amando, y trabajando hacia una visión *afuera* de ellos mismos. Esa voz del ego es apacible y aniquilada eventualmente.

Se te aconseja frecuentemente que "nutras al niño interior." Pero en cierto punto, tú debes de darte cuenta que esta táctica está bloqueando tu crecimiento espiritual. Reprímelo. Es uno de los obstáculos que viene contigo. Al remover el ego falso que parece estar en nuestras raíces, un sanamiento grandioso en el mundo llega.

Lo hemos visto en todos los grandes lideres del mundo. Hubo muy pocas ocasiones cuando ellos se voltearon dentro de sí mismos. Sus enfoques fueron hacia fuera para ayudar a todos los demás, no simplemente el nutrirse a sí mismos.

Cada día que pasa sin ayudar a un ser humano, de alguna forma sea pequeña o grande, es un día que no haces marca en tu libreto. Por supuesto, en esta vida, tú tiendes a hacer cosas en cantidades grandes. Pasamos por años y nunca hacemos una cosa. Y de repente hacemos 1,000 cosas buenas en dos semanas.

La gente está llegando ahora al punto donde quieren saber si están haciendo el bien lo suficientemente. Haz *una* cosa buena cada día— eso es suficiente. Una cosa pequeña. Ello puede ser nada más pararte en una señal de alto y permitir que alguien proceda antes que tú. Ello puede ser el ir al banco y permitir que alguien vaya enfrente de ti, no importa que tan ocupado estés.Un solitario acto dorado pone una "bolita dorada" en tu plan de la vida.

Tu plan de la vida, por supuesto, sólo te aplica a ti. Esa es la razón que todos los libros religiosos han dado, de una o otra manera, que tú estabas acumulando tu tesoro en el Otro Lado o paraíso o cualquier nombre que le hayan dado. Eso es verdad. Tú *estás* avanzando ahí, pero no lo sabes mientras estés en la vida. Tú estás tomando tus cursos aquí, pero la meta yace después de este mundo.

Es muy parecido como cuando Sylvia, después de tomar año tras año de clases, fue a ver a su consejero y descubrió que ella prácticamente tenia un grado de maestría. Todo lo que ella tenia que hacer era escribir su tesis. Ella no tenía idea de que había acumulado tantas horas. De la misma manera, es tan común el desconocer de los créditos que han sido acumulados. Los misterios que tienes en tu propia alma son probablemente los más maravillosos de todos.

Si tu luz no está brillando para adentro del lado oscuro de tu ego, entonces ella brillará para afuera. Tú estarás listo para servirle a Dios y completar la misión que está enfrente de ti, en lugar de preocuparte por todo lo demás.

Estoy de acuerdo con Sylvia. Una noche ella estaba obsesionada acerca del porque tanta gente es controlada por sus genitales—es verdad. ¿Por supuesto es maravilloso que Dios nos dio cuerpos que le quedan uno al otro, pero por qué es este asunto tan predominante? ¿Ello atrae al ego, verdad?

A lo mejor esa es la razón que tantas veces, en las religiones, la gente obtuvo la creencia equivocada de que ellos deben de llegar hasta el extremo opuesto. Ciertamente los Católicos empezaron el celibato solamente porque ellos no querían *mantener* a familias completas. Eso fue absolutamente un mandato de la iglesia. *No* fue porque querían ser santos. Fue porque la iglesia no quiso mantener económicamente a los esposos y a un montón de niños.

Creo que algunas personas se salieron de las alturas del celibato sólo porque se dieron cuenta que reduce las complicaciones y que no hacia nada para aumentar la espiritualidad. Parece extraño pero cuando que la mayoría de la gente se da cuenta de esto, ya están tan viejos para importarles de una u otra manera.

Si has alguna vez notado, que la persona que amas es alguien a quien le tienes sentimientos emocionales, sexuales o parecidos. En la forma opuesta, tú puedes sentir repulsión por algunas personas por medio de una reacción química "ante-sexual" similar. Ambas son causadas por tu percepción de la *belleza del alma.*

Esta completa idea de emparejar es hermosa. Todos desean a alguien, pero hasta que tú puedas emparejarte contigo mismo—aun el llegar tan lejos como el tener una unión sexual contigo mismo, el amar el lado masculino o femenino de ti mismo—sólo así entonces conocerás el verdadero "Yo Soy." Nadie puede destrozar eso. Pueden tratar de difamarte o de quitarte cosas, pero tu cuerpo—tu casa, tu templo— permanecerá en pie.

Tantos de ustedes han estado lo suficientemente avanzados para preguntar, "¿Estoy en el sendero correcto?" El sendero se vuelve todo loco y volteado cuando tu "pobrecito de mi" ego pregunta, "¿Se me cuidará? ¿Se me dará cariño? ¿Seré amado?" Cuando eso empieza a salir, sácalo de ahí. Reemplázalo con, "¿A quien voy a cuidar? ¿A quien voy a amar? ¿A quien le voy a servir?" El servir a Su gente es el servirle a Dios.

Una Meditación Que Te Llevara Al Otro Lado

Deseo llevarte a una jornada. Pídele a los arquetipos y a tus guías espirituales que te rodeen. Coloca en tus piernas tus manos volteadas hacia arriba en orden para recibir la gracia. Ahora cierra tus ojos. Deseo que te rodees con una luz morada, el color royal de espiritualidad, y pide que todos esos quienes has amado— de todas tus vidas, no sólo de esta—vengan a tu alrededor para bendecir y cuidarte.

Tú estás rodeado por un círculo de gente parada en hilera tras hilera—seres queridos, tus queridas mascotas que has amado, niños que has perdido, padres que se han ido, y esposos que piensas que no están ahí. Todos ellos, vienen.

Deseo que te veas a ti mismo caminando a través de un hermoso tubo plateado. Como vas caminando. La cosa más maravillosa pasa. Es casi como si el tubo vibrara con millones de centellas de luz, tanto que algunos de ustedes caminan más rápido, hasta brincan un poco, asombrados de cómo cada paso, estas centellas plateadas entran a tu alma y la purifican.

En el final de este túnel está una luz dorada en la hermosa forma de una cruz. Enfrente de ti están tres círculos dorados que representan tu total infinidad, tu total Conciencia de Dios y a Padre y Madre Dios. Haces un círculo con las Divinidades y te sientes parte del aro dorado que está entrelazado.

Ahora, cuando tú pasas a través de este tubo, sientes la presencia de tus guías en cada lado. De repente, una neblina muy espesa aparece a tu alrededor. Temes un poco el caminar porque no puedes ver enfrente de ti; eso es muy parecido a esta vida.

Pero entonces sientes unas manos tibias que té tocan—el amor de una madre o abuela; que a lo mejor volvió. Sientes que suavemente te presionan a seguir adelante y de repente te das cuenta de un hermoso puente dorado que brilla muy débilmente al principio por el rocío de un hermoso arroyo con agua que corre. Te acercas rápidamente y luego lo cruzas caminando, sin temor.

Entonces una hermosa pradera se aparece enfrente de tus ojos. En la distancia, ves a hermosos caballos de crinado blanco retozar, a árboles con frutas y flores en los arbustos creciendo profusamente por dondequiera.

Acercándose a ti están todas las personas que te rodearon antes. Sientes sus manos tibias tocándote. Sientes la ternura de ese amor que te rodea y el embrace que te dan. La luz verde parece emanar de ellos hacia ti, la cual sana a tu entero cuerpo. Toma el tiempo que desees ahora, pasando esta luz verde a través de todas las partes de tu cuerpo. Desde abajo hasta arriba.

Siente los brazos de tu padre a tu alrededor; siente los besos de tu madre ligeramente en tu mejilla; siente a tu esposo sostenerte en sus brazos; siente a tu hermano venir del otro lado. Habla con ellos.

Ves que tan familiar es todo esto. Aquí es de donde tú provienes y donde tú regresaras; este hermoso lugar dio a luz a la humanidad. Es de donde todos venimos, el Dios Todopoderoso, adonde vivo, y donde tú regresaras a vivir.

Tú no puedes permanecer aquí por mucho tiempo, ahora. Pero de esta hermosa visión que cargaras contigo, podrás visitar aquí muchas veces. Cada vez que hagas esto cuidadosamente—en la mente, cuerpo, y espíritu—el sanamiento será total y completo.

En medio de este campo, la cosa más importante es un cristal amatista gigante. Ve ahí y toca ese cristal morado que resuena a tu alma. Tócalo. Siéntelo. Pide por algún mensaje que sea enviado del cristal a dentro de ti.

Pide perdón de ti mismo—no de Dios, pero pide perdonarte a ti mismo. Pide que tu ego sea aniquilado como el dragón que es, y que el verdadero "Yo Soy" de ti salga. Lo hará. Al hacer eso así, tú acabaras con los dragones de enfermedad, dolor, aflicción y penas que estén dentro de ti.

Siente que estás relajado. Siente que estás inhalando las centellas moradas y verdes de los que están a tu alrededor. No te entristezcas por dejar este lugar. Tú estarás aquí lo suficientemente pronto; aun así sea de hoy a 60 años. Es lo suficientemente pronto. Tú sólo viniste aquí a visitar de todas maneras.

Regrésate por el tubo plateado de luz, cargando contigo las luces esmeralda y amatista. Tráete a ti mismo hacia fuera al contar hasta el numero tres.

No Juzgues

Sylvia: Muchos de ustedes han hablado de ser retados por sus creencias dentro de su propio grupo. Vamos a tener más de eso, en ambos dominios, publico y privado. Tú debes de permanecer fuerte— recuerda, ambos los Hindis y Budistas fueron acuchillados a muerte cuando empezaron, al igual como los Cristianos fueron enviados a los corrales de leones.

Todos tienen que pasar por un juicio de fuego por sus creencias. Dime honestamente: ¿En tu corazón, no pasaste por ello para tener un hijo? ¿Para casarte? ¿Para empezar un nuevo trabajo? Esos son asuntos menores comparados con nuestras creencias espirituales. Tenemos que permanecer firmes.

Una mañana estuve escuchando a un ministro evangelista que hablaba que el día de Gracias se aproximaba, y no teníamos mucho de que estar agradecidos porque todos somos "pecadores." Eso es quejumbrosamente falso. ¿Alguna vez, temprano en la mañana cuando no tenías nada que hacer, no empezaste a cambiar los canales de televisión y terminaste escuchando a esta gente? Es asombroso lo que dicen.

Empecé a pensar acerca de la palabra *pecadores*. Permíteme contarte acerca de este asunto pequeño, luego iremos a las cosas mayores. ¿No le mentirías a alguien si ellos se estuvieran muriendo, y tú sabes sin la menor duda que ellos no pueden tratar con la verdad? ¿O si alguien viene vestido con ropa extravagante—pero están tan contentos y se sienten tan bien por eso—les dirías que se miran ridículos? No.

Entonces pensé a mi misma, *¿He matado?* No, *no a un ser humano.* Pero probablemente, en alguna parte en el camino, he matado el espíritu de alguien sin saberlo. Pude haber lastimado a alguien inadvertidamente—pero no puedo tomar culpa de eso porque no trate de hacerles daño. En otras palabras, si realmente de corazón quería dañar a alguien, entonces sí debería de tener culpa.

Ahora, vamos a llevar esta manera de pensar más lejos. Vamos a decir que alguien está atacando a uno de mis hijos. Créemelo que sin pensarlo—yo sé de corazón ahora—que puedo levantar un arma o un cuchillo y atacarlos.

¿He alguna vez robado? No que yo sepa, pero si mi familia estuviera hambrienta, entonces créemelo que robaría. Mentiría, haría trampa, y robaría si eso salvase a mis seres queridos. Como siempre, tu motivo es el único determinante de las acciones del "bien" o del "mal".

Realmente temo escuchar a la gente decir, "Yo nunca haría tal y tal cosa." Yo he dejado de decir eso. Yo no sé de ustedes, pero Dios ha instalado en mi un botón de "karma instantánea" en el momento de que digo "yo nunca . . . ," me como esas palabras en unos tres segundos. Sin ninguna tardanza. Así que no hay que ser tan engreídos. Hay que estar agradecidos que somos humanos—de que somos espíritus en forma humana, con todos los atributos que Dios quiso que tuviéramos.

En Novus Spiritus, nosotros creemos en no juzgar al alma de alguna persona. Por medio de todas las penas y tribulaciones de la vida, la gente gana conocimiento. ¿Sin embargo, quien no ha tenido pensamientos de venganza? Estamos tan temerosos, o no, de desear que alguien se caiga muerto y nos deje en paz. Como si de veras fuéramos tan poderosos.

Escuche a alguien decir el otro día, "estoy tratando de comprar una casa nueva. No hay que hablar de eso ahora por que es de mala suerte." Dije, "¿Qué? ¿Va Dios a decir, 'Escuchen, yo oí eso; ahora voy a detenerlo'"?

Cuando nos graduemos de este planeta, podremos brincar por todos los lugares. Sólo los más valientes vienen aquí, porque este es el manicomio del universo. Ahora, tú no tienes que creerme, pero nada más observa a tu alrededor mientras sigues tu vida diaria. Veras que estoy diciendo la verdad de Dios.

Necesitamos formar una unidad de fuerza, de poder y de agradecimiento. No te esfuerces en sentirte agradecido por todo. Nada más di, "estoy agradecido que vine en un tiempo cuando puedo efectuar un cambio por medio de mis creencias."

Esos que no te apoyan—déjalos ir. Tú tienes muchos caminos que cubrir.

Tenemos una larga jornada, pero te prometo que nunca será aburrida. Puede que sea tonta, puede ser divertida y puede también ser trágica, pero nunca será aburrida. El aburrimiento es un aniquilador real. Mi abuela me pregunto una vez, "¿Qué es lo que pasa contigo?" Yo estaba joven, y dije, "estoy aburrida." Y ella contestó, "Sólo la gente estúpida se aburre." Sólo dije eso una vez. ¿Sabes que hasta la fecha si estoy aburrida, nunca lo menciono? Me aburro mucho, pero digo, "estoy inquieta." Si realmente eres inteligente, siempre podrás encontrar algo que hacer. Agradece que encontraste tu espiritualidad. Tú aun no has arribado, pero de seguro estás en el sendero correcto.

Recuerdo el día que Francine me *dijo* que yo iba a empezar una religión. Ella me preguntó, cuando iba empezar a trabajar en ello y abrir las puertas. Novus tenia un año cuando ella dijo, "Esta religión hace que Dios se estreche. Lo hace sonreír." Eso fue suficiente para mí. Dios ya no está sujetado por el dogma que el hombre pone en Él.

¿No odiarías que alguien hablara por ti? La gente hace esto todo el tiempo, lo cual no es justo. ¿No odiarías que alguien siempre repitiera lo que supuestamente se dijo y que hablara por ti?

Nosotros permitimos que Madre y Padre Dios hablen por ellos mismos, porque ellos son amor. El amor habla continuamente con perdón y gracia. No empieza con "Tú vas a seguir estas reglas . . ."

Moisés bajo de la montaña con una lista grande de reglas. Yo creo que Moisés las escribió cuando estuvo arriba. No tengo nada que compruebe eso, pero lo creo con todo mi corazón. Considera cuanto tiempo él estuvo ausente. ¿Ahora, si Dios es toda perfección y poderoso, no hubiera podido Él escribir los Mandamientos instantáneamente? Moisés lo hizo para controlar a su gente. Por supuesto, todos innatamente conocen de no robar, matar, o acusar en falso. Pero los Diez Mandamientos fueron los primeros de muchos "no hagas esto" que fueron usados para controlar a las masas.

Tengo un viejo amigo mío que se llama Warren con quien salí en nuestra adolescencia en Kansas City, Missouri. A través de los años, nos hemos mantenido en comunicación. Lo llamé en su cumpleaños no hace mucho para platicar con él. Habían pasado ya 12 años desde la ultima vez que habíamos hablado. Él dijo que recientemente había estado sentado en una junta, y que mencionaron mi nombre. Ellos querían saber el por qué empecé una religión.

Él les dijo, "Bueno, Sylvia y yo nos conocemos desde hace mucho. Permítanme contarles una historia. Teníamos 15 años de edad, y estábamos caminando a través del Parque Gillum en Kansas City." Él les dijo que habíamos estado hablando del hecho de que él no creía en Dios, y que yo me enojé tremendamente. (Yo sé que ustedes no pueden creer que yo haría eso.)

Le dije a él en ese momento, "Eso es ridículo y estúpido. Tú tienes que creer," y no pare de hablar de Dios. "Todo lo bueno en este mundo viene de Dios del Paraíso." Yo tenia mis manos abiertas como usualmente las tengo, y *un pájaro ensucio en mi mano*. Ambos Warren y yo sentimos que nuestras posiciones habían sido justificadas.

Pero el punto es de que él dijo, "Me sorprende que, considerando el fervor que tú tienes para hacer conocer la verdad, no hayas empezado una religión hace muchos años." Se llevo un gran valor para profesar al mundo que Soy psíquica, y pienso que se tomo el doble valor para empezar una religión.

Nuestra fe en nosotros mismos es puesta a prueba constantemente. Últimamente, es una prueba de nuestra fe en Dios, aunque nunca lo vemos de esa manera. Un ministro de Novus me pregunto una mañana, "¿Por qué es tan fácil cuando estamos juntos en la iglesia, sin embargo tan difícil cuando estamos afuera?" Nos reunimos los Domingos y nos conectamos para cargar nuestra batería espiritual; luego salimos y peleamos las batallas diarias. La gente tiende a pasar sus vidas enteras con "pecados" y "demonios" porque son familiares y bien conocidos. ¿Tú sabes por qué? Ellos son cómodos. Ellos ya son esperados y repetitivos, así que son conocidos para nosotros, a donde lo desconocido nos da más temor.

Decimos, "Oh, ni modo, estoy siguiendo las reglas. Sufro, me siento sin valor, bajo mi cabeza, y doy reverencia porque Dios es siniestro y da miedo."

No nuestro Dios. No el centro de Dios adentro de cada uno de nosotros. Así que para quebrar ese patrón, tienes que auditarte a ti mismo. Hacemos esto para todo lo demás. Leemos libros para mejorar absolutamente todo, luego pasamos los libros a nuestros amigos. No nos damos cuenta que el éxito significa el no repetir esos círculos de dolor. Tú siempre tendrás un círculo, pero encuentra un círculo que tenga menos oscuridad en él.

Si tu cónyuge es malo hoy, a lo mejor él o ella será mas mala mañana y la próxima semana. Pero tú decides permanecer con esta persona porque es algo que tú conoces. Tú tienes que decidir cuanto misterio puedes soportar. ¿Quiere esto decir que debemos de dejar todos nuestros círculos viejos? No, pero los podemos alejar de nosotros.

La maldad produce maldad. La violencia produce violencia. La negatividad produce negatividad. Así que aléjalos de ti. No le des energía a ello.

"Tengo que sostener esto", tú dices, "Porque esto me está sosteniendo. Esto es algo que necesito enfrente de mí." Eso es lo que la vida parece ser. Sustentos. Ellos nada más son sustentos. El termino de una vida, comparado a la eternidad, es un cerrar de ojos. ¿Has alguna vez pensado que tan maravilloso es eso?

También es inspirador el llegar al conocimiento de que no necesitas nada. El no tener nada que te ate, te hace sentir tan libre. Lo más que conoces, lo menos que necesitas, como dicen los aborígenes.

Siempre estaba tan preocupada de que iba a perder cosas; creía que tenia que conservar las cosas por las cuales había trabajado tan duramente. Entonces de repente un día, deje de pensar así. Me sentía tan feliz. No se me identifica por mi casa o carro, o ni siquiera por mis ministros o mis hijos.

¿Soy identificada por mí misma?

Tú debes identificar tu centro de Dios por ti mismo. Entonces abre tus manos y suéltalos. Hasta que tú, verdaderamente, en tu propia mente, sueltes todo el dolor y sufrimiento—todas las cosas que están atadas a ti— nunca podrás ser libre y estar bien. Aun cuando tú adquieres algo, es solo temporáneo. Tú tienes que abrir tus manos y soltarlo con una bendición. Se como un padre que cuida a sus niños hasta que ellos crecen— entonces los dejan ir. No te mantengas repitiendo los círculos viejos.

Las cosas que están libres volaran de regreso hacia ti. Si no lo hacen y tú no tienes nada que te sostenga, entonces tú sostente a ti mismo. Así es el sistema del juego. Dios nos quiere aquí para experimentar para Él. Nosotros somos los dedos de Dios que se mueven en este mundo.

Seguido, nuestros miembros me dicen, "Aquí en tu iglesia, me siento como que he venido a casa." Escucho eso constantemente. Eso significa más para mí de lo que puedo expresarlo. Deberías de ver las cartas que recibo diciéndome como la gente pudo ser sanada y ayudada, lo cual llena mi alma con gratitud hacia Dios. Debe de seguir esto. Por supuesto que seguirá.

Creo que por mucho tiempo la gente pensó, *se va a poner muy difícil para esos Gnósticos, y nada mas van a levantar las manos cuando se den por vencidos.* Si me conoces, entonces sabes esto: nunca me voy a dar por vencida. No hasta que me saquen cargando con los pies primero, y luego los ministros seguirán después.

Mi abuela me decía, "Dentro de tu debilidad yace tu fuerza, durmiendo." Nunca te des por vencido. Todas las cosas llegarán a quienes creen y esperan. Confía en mi. Soy un ejemplo viviente de eso. Esos de ustedes que no pueden esperar y se dan por vencidos muy fácilmente. Lo pierden todo.

La iglesia debe de ser una comunidad, un cuerpo de gente moviéndose junta para ayudarse uno al otro moralmente, mentalmente, físicamente, espiritualmente, y económicamente si lo podemos hacer. Mi iglesia, Novus Spiritus, casi nunca menciona nada acerca de dinero. Yo ni siquiera creo en la limosna. De hecho, nuestra póliza siempre ha sido de que si no tienes ningún dinero cuando la canasta de donación pase por tu lado, saca algo. ¿Tengo gente maravillosa quien no puede dar una ofrenda, pero sabes lo que ellos hacen? Ellos nos ofrecen sus talentos, sus habilidades de escritura o de prensa. De eso es lo que se trata todo. Si no puedes hacer cualquier otra cosa, entonces te daré un servicio y tú me puedes traer una bolsa de papas. El mundo va ha ser así. Créeme cuando te digo. Habrá un sistema de trueque.

Cada día de todas maneras, rodéate más y más fuertemente con las luces blancas, moradas y doradas.

Cuando estén las cosas muy difíciles, abre tus manos. ¿Has notado que cerramos nuestros puños demasiado? Abre las manos y di, "Todo es por ti, Dios—todo es para el bien supremo por el cual estoy viviendo." *Tú* eres el Dios Conciencia. Hasta que tú pases por *ti*, nunca vas a encontrar a Dios.

MEDITACIÓN PARA CONOCER A DIOS

Deseo que veas o sientas una total inmersión. Tú estás respirando dentro de ello. Tú sientes una total y completa unidad con Madre Dios, Padre Dios, y tu propio centro de Dios. Medita en Madre Dios. El principio femenino que gobierna en este planeta. Le damos homenaje a Su fuerza, justicia, y dicha. Enseguida, piensa en Padre Dios, quien es el principio intelectual, el asiento del "Yo Soy." Ahora imagina a la Conciencia de Dios dentro de ti, como Jesús quería que fuera en orden para que experimentaras la fe Gnóstica completa y tu búsqueda por la verdad.

La luz rosada que cubre todo a nuestro alrededor empieza a entrelazar y cuidar de todos nuestros seres queridos—nuestros niños, nuestra familia, nuestros padres. Pedimos por rayos de luz verde ahora que pasen a través de cada uno de ellos y de cualquiera que esté enfermo, trayéndoles alegría, paz, y sanamiento de la mente, cuerpo y espíritu. Permite que el círculo se agrande y agrande. Ruega que tú asciendas hacia Dios y de que tu conocimiento absoluto—no la fe—se haga más fuerte, conociendo a Dios es la clave.

Tú no nada más esperas que Él esté ahí—tú sabes que está. El Espíritu Santo, el amor entre Padre y Madre Dios, ha sido irradiado a todos nosotros. Este es el poder de la Trinidad que brilla sobre nosotros. Ello es colocado adentro y a nuestro alrededor. Siente el poder que exude de cada uno de ustedes como hilos dorados que nos unen juntos, ayudándonos a través de nuestras dificultades. Cada uno de nosotros es un cable que se puede conectar a Dios para recibir la gracia.

Di de todo corazón, ahora, "Es todo por ti, Dios. Te lo doy todo a ti." La voluntad de Dios no es diferente de nuestra voluntad. Es la misma.

Pedimos esto en el nombre de la Madre, el Padre, el hijo, y el Espíritu Santo, y la Conciencia de Dios en todos nosotros: Sostennos, límpianos, danos esperanza, danos la verdad, y danos infusión de conocimiento psíquico acerca de cual sendero tomar.

Tráete a ti mismo de regreso al estado despierto, sintiéndote absolutamente maravilloso.

Apreciación

Escucho todo el tiempo en el salón de lecturas, "Sylvia, no recibo gratitud o apreciación de la gente. Esta es una vida tan desagradecida." Y les digo a ellos, "Sí, eso es verdad."

Sin embargo, es verdad en un nivel, pero no lo es en otro. Cuando venimos a esta vida con nuestro plan, estuvimos de acuerdo en venir aquí a experimentar la vida para Dios Todopoderoso, Quien, en Su total conocimiento e inteligencia estática, no la puede experimentar. Nosotros somos la parte de experiencia de Dios.

Cuándo venimos aquí del Otro Lado, ninguno de nosotros dijo, "¿Voy a ser apreciado por eso? ¿Obtendré gratitud o cualquier otra clase de compensación?" No había ninguna garantía.

En el Otro Lado, no estamos interesados en tales cosas, pero este mundo nos lava el cerebro. Llegamos a creer que "debemos" de tener un cierto color de pelo, peso, altura, casa, y un número de hijos y carros. Se "supone" que debemos de subir la escalera del éxito.

Coleccionamos a la gente a nuestro alrededor quien nos lava el cerebro y nos dice que cosa hacer. Ellos pueden ser nuestras madres, padres, hermanas, hermanos, familia, o cualquier otra gente. Mi madre nos decía a mi hermana y a mí, "Sylvia será la que se quede en casa y la que tendrá todos los bebés, y Sharon será la muchacha con carrera profesional." Que tan equivocada estaba.

Pero desde este momento, por favor escribe a través de tu alma inmortal: "Lo que escoja saldrá de mí. Esto proviene de adentro de mí." Lo que originalmente fue escrito en tu alma fue apreciación, gratitud, remuneración, y gracia de Dios. Ahora, esto no quiere decir que tú tienes que vivir tu vida sin recibir gracias y reconocimiento, pero no vivas tu vida con esa expectación. ¿Sabes por qué? Bueno mi esposo, Larry, lo explica muy bien: "La vida hará lo que ella quiera contigo."

Nos escondemos en esquinas obscuras. Entregamos nuestras vidas por cosas. Tomamos senderos que no necesariamente queremos tomar por nuestros hijos, o por alguien a quien amamos, o por una iglesia, o las personas que nos importan. Pero por favor deja de quejarte de eso.

Si tú vas por un sendero de lado en lugar de la carretera principal, di, "Bueno, el paisaje está bonito por aquí también." Si te metes en un arbusto de espinas, puedes decir, "Bueno, esta es una nueva experiencia," en lugar de quejarte de ello. ¿Qué apreciación tienes para ti mismo por que tú decidiste venir aquí abajo? *Hay* la apreciación y el premio que tú debes de tener para ti mismo. Di, "Que bueno es para mí. Voy a darme un abrazo y le estoy agradecido a mí mismo ser, por que aun puedo pasar por esto."

Hace algunos años cuando mi vida era muy difícil y mi mundo estaba derrumbándose, nada más me paraba diario en la mañana y simplemente me movía y sobrevivía. Hice todo a un lado excepto mi iglesia y la gente que amo. No hubiera salido adelante sin ese enfoque externo.

Después cuando salí de eso, me dije a mi misma, pero no de una manera presumida, Caramba, lo lograste." No me importo si alguien más estaba orgulloso. Yo estaba orgullosa de que sobreviví. Muchas personas dijeron, "Tú nunca saldrás de esto. Nadie lo ha hecho, de verdad." Eso hizo que me enojara. El enojo es un gran motivador. Dije, "¿Tú crees qué estoy acabada? Te demostraré que no."

¿En cada vida, se te golpea de una y otra forma, y a veces los golpes más duros pueden salir de tu propio hogar, verdad? Esos realmente son los que afectan más. Nuestro querido Dios sabe lo que Él está haciendo, y Ella sabe lo que Ella está haciendo. Últimamente, *tú* sabes lo que estás haciendo. No te des por vencido.

Hay otro fenómeno. Vamos a llamarlo "superstición," el cual abunda en este mundo, aun hasta hoy en día. Tengo que decirte la verdad—si a alguien se le cae la sal, la arrojo sobre mi hombro izquierdo. No sé por qué. Mi abuela y todos siempre lo hicieron, así que yo nada más lo imito. En realidad me ha tocado ver a un salero tirado de lado vaciándose, y pensé, *no lo voy ha hacer esta vez*, pero lo hago de todas maneras.

Cuantos de ustedes pueden decir, "¿Todo lo que siempre he querido me ha llegado fácilmente?" Todo lo que siempre he querido en mi vida fue difícil. Sin embargo, en nuestras entrañas, en nuestro corazón, la Conciencia de Dios, hay un mensaje de Dios que dice, "Mantente avanzando."

¿De vez en cuando, nada más para mantenernos aquí, hay un pequeño premio de gracia que cae sobre nosotros, verdad? Te sientes tan afortunado por ganar la planta en la mesa de la reunión. Esa es la clase de cosas que obtengo—"Viva, yo tengo el boleto ganador. Gané la planta navideña. ¿No soy yo, una mujer afortunada?" ¿Estos son premios muy pequeños, verdad? Pero te lo ganaste y es tuyo.

Nunca te des por vencida y digas, "Oh, es demasiado difícil el crecer espiritualmente. Estoy bien de la manera que soy." Eso es estúpido. Aunque las cosas sean difíciles, aun tienes que pasar por ellas. Pelea por las cosas que deseas. De otra manera, nos sentaríamos todos nada más como unas bolas. No lo hagas.

Cuando tomes la mano de Madre y Padre Dios, di, "Oigan, caminen conmigo." Ellos son tus amigos. No los visualices demasiados elevados de ti. Ellos están aquí. Sostente de ellos. Y si no caminan lo suficientemente rápido, entonces jálalos: "Di, Vengan aquí. Escúchenme."

Algunas veces así es como tenemos que ser con Dios: "Voy a gritar tan fuerte que Tú me vas a prestar atención." Dios siempre presta atención. Pero cuando *tu* alma presta atención, tú te elevas hacia Dios. Entonces Dios puede activarse. Abre tu corazón a la Conciencia de Dios. No temas.

Uno de mis ministros me dijo, "Sylvia, es tan difícil el ser positivo." Claro que lo es. Cualquiera que te diga lo contrario es un idiota. Es difícil el estar aquí por lo que vemos que pasa en el mundo, y no se está componiendo.

Pero vamos a ser positivos a través de toda la negatividad, porque ese es el sendero para obtener la espiritualidad elevada.

MEDITACIÓN DE LUZ

Pide que la Conciencia de Dios venga y descienda sobre ti. Coloca tus manos hacia arriba en tus piernas, y mantén la luz blanca del precioso Espíritu Santo a tu alrededor—es el amor entre la Madre y Padre Dios, el cual desciende sobre de ti en forma de una burbuja de luz.

Haz esta luz tan brillante que no solamente se extienda a tu alrededor, pero que de vueltas al salir y rodee a tus seres queridos, a tu familia, y a toda la gente en el mundo quien necesite ayuda. De tu luz, la fuerza de que tú puedes llamar de Dios brota y envuelve a todos los animales, a los niños, y la gente que está enferma.

Luego, pasa una luz verde a través de tu propio cuerpo para ponerte sano y fuerte. Extiéndela hacia afuera ahora para todos tus seres queridos de aquí y en el Otro Lado. Pide a esos quienes han fallecido que te atiendan a ti hoy y que permanezcan atrás de ti con los arcángeles, los arquetipos, y tus guías espirituales.

Mantennos, Dios, alejados de adicciones. Mantennos alejados de daños y dolores. Querido Dios, bendice nuestros días. Remueve el dolor. Calma a nuestras mentes, oh Dios. Aligera nuestras penas y nuestros pensamientos. Mantén nuestros motivos puros. Permíteme tener la habilidad, querido Dios, de sanarme a mí mismo y a otros.

Permíteme ser fuerte hasta el final. Y cuando el final llegue, permite que me vaya rápidamente, con dignidad y sin dolor, Dios, para que pueda estar ante Ti con ojos brillantes y Tú puedas ver directamente en mi corazón, libre de todas las equivocaciones—aun de las fallas humanas.

Siente la gracia de Dios entrar a tu alma, corazón, y mente. Siente la energía venir dentro de ti directamente desde Dios. Siente a ti mismo ir directamente al corazón de Dios. Siente esa paz bendita en la reunión; siente tú nostalgia desvanecerse. Estamos de regreso con nuestro Creador.

Sostiene esta paz y amor contigo. Daselo a otros como si cargaras una canasta gigante de amor y espiritualidad. Profusamente rocíalo entre todos los que tú amas.

Siente la energía subir desde las plantas de los pies—subir a través de tus pies, tus tobillos, tus pantorrillas, tus rodillas, tus muslos, y la área del trasero. Todo hasta el tronco. Bajando a través de tus hombros, por la parte superior de los brazos, pasando por la parte inferior, las manos, hasta las puntas de los dedos. Alrededor de la cara, la boca, la nariz, los ojos, la frente.

Al contar al tres, volverás sintiéndote absolutamente maravilloso, mejor de lo que nunca te has sentido antes. Uno, dos . . . tres.

Yunque o Martillo

Edwin Markham, un Poeta Estadounidense, dijo, "Cuando tú eres el yunque, sopórtalo—si eres el martillo, golpea." Un yunque es un objeto largo de metal en el cual el metal de hierro caliente es golpeado para cambiarlo de forma. El yunque es inmovible, pero el martillo es lo que golpea el bulto derretido de hierro para cambiarlo en una forma que se pueda usar.

Algunos de nosotros somos yunques, y algunos son martillos. A través de nuestras vidas, hay secciones grandes en las cuales tenemos que intercambiar papeles. Muchas veces, *no deseamos ser ninguno de ellos.* ¿No deseamos recibir o dar la golpiza, verdad?

Aquí está la cosa asombrosa. Siempre pensamos, cuando somos el yunque o el martillo, de que lo estamos haciendo para nosotros mismos. Y sí, eso es parte de ello. Pero hay otra parte que debes de saber: Todos en el Otro Lado observan tu vida y tu misión. Ellos aprenden de ello y absorben tu experiencia junto contigo.

¿Qué es lo que haces cuando te preparas para una batalla? Te entrenas, investigas, y escuchas a tus lideres. El general se para enfrente de ti y dice, "Este tipo de táctica fue usada en el Tempestad del Desierto, y esta en el Waterloo."

Cada vida es una batalla, así sea grande o pequeña. Es luchada en algún campo de batalla. Todo está relacionado a *ti.* ¿Cuantas batallas has peleado en tu vida? ¿Fueron inútiles? No.

Tú a lo mejor dijiste, "¿Bueno, nadie sabe por lo que estoy pasando?" Los del Otro Lado observan y aprenden. El Consejo dice, "Miren que tan fuertes son ellos. ¿Ahora, no puedes hacer lo mismo?" ¿Quién sabe cuantas almas salen con tu experiencia y van y dan una buena batalla en contra de la oscuridad?

Tú vivirás y morirás en este mundo—y nunca pienses que es por nada. ¿Qué es lo que realmente significa este mundo? ¿Vivirás como una leyenda? ¿En infamia? ¿Qué es lo que importa? Lo que importa es que Dios conoce tu alma, y cuanto caminas en la Conciencia de Dios.

Cuando regreses al Otro Lado, tú observaras el pasado y estarás orgulloso de que tan fuerte fuiste en tu vida. Tú sobreviviste. Tú criaste niños. Tú ayudaste a tus seres queridos con sus problemas. Lo lograste. Tú viviste cada día para Dios, buscando a tu propia verdad.

Así que piensa, ahora: ¿Eres un yunque, o eres un martillo? Conoce cuando debes de estar inmovible y sólido, pero también conoce cuando debes de golpear. No te sientas adolorido si es que te puedes activar. Salte, haz algo, camina hacia adelante.

No hay nada más precioso que tu libertad para amar a Dios y el venerar como tú lo creas necesario. Si tú pierdes eso, sin importar a donde estás, tú has perdido la verdad de ti mismo. Eso es lo que el Gnosticismo es. Se verdadero contigo mismo, cualquier cosa que ello sea.

Algunas veces, debemos de ser guerreros—debemos de ser el martillo que golpea y golpea. No hay nada peor que la apatía. La única cosa que se le parece es la aflicción. Estas dos emociones pueden traer tanta maldad en tu vida.

Lucha contra este pensamiento, "Me voy a sentar y esperar y ver." No, ni siquiera en tu propia vida. Ahora tú debes de ser un guerrero, un martillo, para Dios y para ti mismo. Ponte la armadura. Esa armadura significa, "Yo soy para la verdad y la luz y la Conciencia de Dios. Deseo quitar del mundo la culpabilidad, el dolor y el sufrimiento."

¿No es eso irreal? Probablemente, juzgando por mi vida, pero entonces, vamos a pensar en esto: ¿Qué es la realidad? La realidad es un sinergismo que creamos. Es nuestra verdad ante Dios, la cual estamos siguiendo en la luz, en el sendero de Jesús y Buda y Mohammed. Ese es un sendero comprobado de escrituras antiguas. ¿Así que piensa ahora, en tu propia vida, deseas ser el martillo que amolda a algo, o deseas ser el yunque que se sienta? Está bien cualquiera de las dos maneras, pero cuando estés sentado, se fuerte. Se hierro sólido, no un aguamar.

Cada alma singular agrega a la parte de experiencia de Dios, lo cual contiene todo. Así que si tratas de complacer a la gente solamente *en este* plano, estás errando el punto. Estamos experimentando y marcando nuestras almas con la luz blanca para que el *Otro Lado* sea testigo. Ellos son los que debemos complacer. Conoce que muchas gentes son testigos de tus acciones. ¿Te sientes ahora que estás siendo visto microscópicamente? Bueno, así es. No hay la menor duda de eso. ¿Debería esto hacerte sentir consciente de ti mismo? No. Te debe de hacer sentir *orgulloso*, porque muchas almas temen demasiado el venir aquí abajo.

Así es la manera que las iglesias realmente empezaron. Ellos dijeron, "Ven y da testimonio a lo que tú crees." Ellos no dijeron, "Si tú no vienes,

Dios te va a enviar derecho al infierno." Eso es una locura. Original y simplemente fue para dar testimonio a lo que creías.

Si tú no eres testigo de tu verdad, entonces una parte entera de tu vida ha sido cortada. Se testigo de lo que crees—cualquier cosa que ello sea—en tu propia vida, en tu familia y trabajo, en tu espiritualidad. Levántate y se testigo de tu verdad. Si algo anda mal, levántate y se escuchado. Ahora cuando lo hagas así, te pueden abofetear un poco o a lo mejor mucho. ¿Pero al final, no es maravilloso el saber que todavía nos podemos parar no importa que "hondas y flechas de fortuna desenfrenada" sean infligidas sobre nosotros?

Se el martillo ahora, si es que tú crees que debes de serlo, y golpea. Golpea por tu propia justicia, tu propia paz. Encuentra un lugar en el cual puedes tener paz en tu propio corazón. A lo mejor alguien te está causando dolor. Entonces aléjate. No hay otra cosa peor que aprender el tomar un abuso continuo. ¿A veces no te puedes apartar de ello, pero frecuentemente permanecemos en situaciones así por demasiado tiempo, verdad? Seguimos creyendo que podemos "componerlo". Algunas veces no lo puedes hacer. Algunos tienen temor de estar solos. Todos estamos solos, aunque raramente paramos y pensamos en ello. Podemos entrelazar los brazos, manos, y cuerpos, pero estamos solos. Cuando regresemos a Casa, podremos integrarnos y estar cerca y feliz. Esta vida es un camino largo con muchas alegrías para tener. Nada más que se toma tiempo para encontrar a alguien que sea merecedor de tu amor.

La prueba de individuos es de cuanto dolor ellos pueden soportar, y cuanta fuerza entra en ellos en sus puntos débiles. Algunas veces la fuerza significa el sólo moverse—en pararse por la mañana y seguir adelante, aunque parezca que esto no requiera inteligencia.

Se imbuido con el fuego del Espíritu Santo y tus propias convicciones de la vida. Jálalo dentro de ti. El fuego que sentirás será un creciente, constante, interrogatorio espiritual; un amor de Dios; y el sentir de que has completado tu contrato. Tú haz el bien, no lastimes a nadie, y luego regresa a Casa.

MEDITACIÓN DE SANAMIENTO

Coloca tus manos abiertas hacia arriba en tus piernas, y rodéate hoy con una luz verde esmeralda. Ella empieza a expandirse, viniendo directamente de los corazones de Madre y Padre Dios. Maravillosos trozos verdes parecen desprenderse de sus auras y venir directamente dentro de tu corazón y alma.

Tú sientes el amor de Padre y Madre Dios, y del Espíritu Santo que te rodea. Pide que el espíritu de Dios venga, sanando y lavando todas las penas.

Mueve esta luz verde hacia fuera tan lejos que pides por el Espíritu Santo que lo lleve a través de los corazones y mentes de la gente que son crueles, juiciosas, que no perdonan, o vengativas. Pide que nadie en el mundo vea ya el color de la piel.

Pedimos que los desamparados encuentren hogares; que haya una cura para el SIDA; que la gente no sufra tan tormentosamente en el silencio de sus propios corazones; y de que haya un sanamiento mental, físico, y espiritual.

Que cada corazón se vuelva un tamborcito suave que, al golpear, empiece a decir, "Hay que deshacernos del dogma, el miedo y el control." Oramos por eso. El tambor toca más fuerte. Mi tambor siempre ha sido muy fuerte. Hoy te paso mi tambor a ti. Escucha la cadencia. Hay que formarnos y marchar con el sentido de bienestar, soltando todas las resonancias de vidaspasadas, todo dolor y sufrimiento. Todos los errores que creemos haber hecho, o que hayamos hecho—déjalos ir hoy.

Atrás de esta luz verde esmeralda que sana, están Madre y Padre Dios. Ahora ellos nos están abrazando. Pídeles que intercepten y remuevan el dolor, la pena, el sufrimiento, y la injusticia. Libera a tu alma.

Envuelve todo tu dolor—cuerpo, mente, y alma—en una bola, daselo a Dios, y míralo disolverse. Siente el alivio. El aire que exhalas está soltando todo el humo oscuro del cuerpo.

Pide que algún día seas un faro espiritual de luz en el desierto solitario que es este mundo. Que traigamos paz hoy. Oramos en nuestros corazones por la salud y la fuerza de los animales y niños quienes han sido lastimados. Con la fuerza de voluntad, lo podemos hacer—y tenemos las voluntades indomables de muchos. Quien sabe que pequeño trozo de luz alcanzará a alguien en algún lugar y alumbrará a su alma.

Respira hondo y deja todo salir. Empieza a traerte de regreso, manteniendo esta brillante luz esmeralda a tu alrededor junto con la luz blanca. Tráete a ti mismo hacia el estado de conciencia, al contar hasta el tres. Uno, dos, TRES . . .

---

[1] Ve el Libro 1 en la series de Sylvia LA JORNADA DEL ALMA: *Dios, La Creación, e Instrumentos para la Vida,* Hay House, 1999.

❦ Capítulo Dos ❦

KARMA Y DHARMA

Sylvia: *Karma* es una palabra extraña. No importa cuantas veces salgo en televisión, no importa cuantas veces hablo de este asunto, la gente todavía está convencida que el karma es algo en lo ellos están trabajando con otra persona. No—tú estás trabajando por tu *propia* karma, lo cual significa tu *propia* experiencia.

Le pregunte a Francine, "¿Por qué empecé una iglesia?" Bueno, fue para ayudarnos a permanecer en el sendero correcto. Si estamos alrededor de la negatividad todo el tiempo, no tenemos a donde ir para volver a cargar nuestras baterías espirituales. Para mí, nuestra iglesia es más importante, llenadora, e iluminadora que cualquier "trampa de miedo." Porque es positiva y da gracia. Todos nosotros estamos afuera durante toda la semana, negociando con gente, manejando en transito, teniendo a nuestros egos hechos pedazos, preocupándonos acerca de nosotros mismos y de todos los demás. No hay ningún lugar en el que podamos ir para quitarnos esas capas de comportamiento que cargamos, y encontrar amor y gracia.

La gracia y karma ambas son consideradas místicas. ¿Qué es la gracia? Es el comunicarte con tu centro de Dios. Pero no siempre podemos hacer eso nosotros mismos. Cuando venimos a esta vida, bajamos aquí con un tema y un propósito. Hay muchos temas de vida—algunos ejemplos son Tolerancia, Guerrero, Catalizador, Comodatario, Humanitario y

Solitario. Mantenemos un tema por toda nuestra vida. Experimentando para nuestra propia alma, escribimos cualquier número de negatividad para nosotros mismos. Así, sobrepasamos obstáculos para obtener tantas "A's" como sea posible en la boleta de calificaciones para nuestro tema.

Pero porque estamos separados de Dios y el Espíritu Santo, a veces *nos* salimos del sendero correcto. Esto no quiere decir que vamos a perder nuestra alma inmortal, pero hace de la vida más difícil. Uno de mis ministros me dijo, "Cada prueba ahora es una lección para ser aprendida. Yo sé que voy a aprender y pasarla, porque es mucho más fácil con este conocimiento."

Deja de pensar acerca de ti mismo. Deja de preocuparte. Permítele a Dios que maneje eso. "Que se haga su voluntad" es probablemente una de las cosas más difíciles de seguir. Cuando se considera esa frase, es fácil el decir, "Espera un minuto . . . a lo mejor Su voluntad no es la mía." ¿De qué estas hablando? Tiene que ser, porque tu voluntad y Su voluntad es la misma. Tú eres una parte de Él.

Karma sólo significa que estás experimentado para el desarrollo de tu propia alma. Tú no estas atado a nadie más en esta vida. Eso no quiere decir que no amamos y damos a otros. Si no lo hacemos, entonces estamos teniendo el tipo equivocado de experiencia karmica.

Se racional. Si se suponía que tenias que estar solo, tú no tendrías manos que tocan a otros, bocas que besan, ojos que ven, y un cuerpo que le queda a otro. Tú no podrías hablar, porque no habría ninguna razón para la comunicación.

Sin embargo, la única persona con la que tú tienes que contar para la experiencia de tu alma eres *tú*. Tú no puedes hacer eso sin gracia y amor. No se suponía que debías hacerlo así. Ciertamente, la vida es negativa. ¿No nos enseño eso Jesús? Pero eso no quiere decir que no podemos pasar por ella con gracia, amor y buen humor.

Así que tenemos que deshacernos de la culpabilidad, fuego infernal, condenación, y todas esas tonterías que han mantenido a la gente bajo control. La religión verdadera tiene que crecer y ser una bastión para la ayuda, el amor, y la caridad. Tiene que ser un templo, un hogar para los ancianos, un lugar para los niños. Tiene que ser la manera que lo Cristiano tenía que ser—la manera que Jesús quiso que fuera—sin la amenaza del fuego infernal o condenación. Tenemos que terminar con esta rotación de vidas.

Esos de ustedes que quieren regresar a la vida—aunque pienso que están locos—por supuesto lo podrán hacer. La mayoría de la gente que veo no quiere volver. Ellos desean terminar, ir al Otro Lado, y pasarla bien. Como dijo uno de mis ministros, "Todo lo que tú tienes que hacer es ir al pabellón (o cualquier lugar en meditación), acalla tu mente, y pide por el primer mensaje que venga."

Haz una pregunta. Espera por el primer mensaje que llegue. Y por favor desásete de la palabra *imaginación*. Esa es probablemente la peor palabra que se ha inventado. Tú no puedes imaginar algo que nunca estuvo ahí. El imaginario es parte de tu mente. Es real.

Todos pueden comunicarse con sus guías espirituales. Como dijo Francine, "todos estamos aquí para poner en acorde a la estación correcta." A lo mejor se te dijo que no eras lo suficientemente digno para alcanzar a Dios. Por supuesto que lo eres.

Dios no juega con favoritismos. Deja de tratar de humanizarlo. Dios no tiene, mezquindad, celos, maldad, caprichos, o enojos. Él es omnipotentemente perfecto. Nosotros estamos evolviendo hacia nuestra propia perfección para Dios.

Mi religión nunca carga ningún fuego infernal y azufre, pero si imparte una carga pesada porque coloca nuestra propia carga sobre de nosotros mismos. A la gente no le gusta eso. Ellos prefieren culpar sus vidas a algún dios nebuloso, o en el "karma" o en "mi tema."

Tú eres quien se lo está haciendo a ti mismo. Eso es alentador, porque significa que el poder está completamente dentro de ti. Dios no te envió aquí; al contrario, tú *escogiste* venir. Tú hiciste un contrato con Dios para venir y experimentar para Él. Y dentro de ti, si nada mas te abres, están todas las propuestas y creencias y todas las facultades que necesitas. Abre la parte superior de tu cabeza y permítele entrar.

¿Haz alguna vez visto fotografías de monjes que se han rasurado la parte superior de sus cabezas? El círculo que resuelta de pelo es llamado un *tonsure*. La razón para ello es el permitir que entre la infusión del conocimiento de Dios. Ahora, tú no necesitas rasurarte la cabeza, pero abre tu mente a Dios y al conocimiento.

Por favor ámate a ti mismo al igual que Dios te ama. ¿Que importa si alguien te demuestra desprecio un día? ¿Vas a recordar eso en diez años? No juzgues a la persona, solamente el acto.

No necesitas tampoco ser sobre placido o humilde. No deseo que te vayas escondiendo—si alguien te hace algo, habla. Demuestra dignidad. Si alguien te lastima, demuestra tu derecho de enojarte. Sin embargo eso no quiere decir que debes de ser un militante.

No permitas que la gente te pisotee, porque tú cargas una centella del Divino. Cuando alguien te lastime, habla y diles que eso duele. Si alguien te agravia, diles eso. Tú puedes encontrar que tú eres igualmente de agraviante, pero eso también es bueno saber.

El Martillo Karmico

La palabra *karma* ha sido tomada como burla y ha sido mal usada tanto que estoy segura que todos están confundidos. Muy frecuentemente es mal entendida como si fuera alguna tremenda reciprocación—alguna clase de castigo del "Gran Más Allá" o algo parecido.

Esta idea falsa ha convertido a la gente tan represiva al igual que a los que llamo los "juzgadores." Hace que te "bases en el temor" en lugar de que te bases en lo espiritual. Cada emoción tales como el enojo, la venganza, o el dolor parecen cargar en si una flecha karmica, pero eso no es verdad.

Ahora en los textos originales, el concepto de karma no tenía nada que ver con el juzgamiento. No había un Dios sentado que nada más juzgaba. ¿Cómo Él hubiera hecho eso, cuando Él es omnipotente, sosteniendo y amándote al igual que lo hace Madre Dios?

Cuando viniste a la vida, dijiste, al igual que todos nosotros, "No puedo poner mi alma a prueba en un ambiente perfecto. Voy a bajar "por el conducto" para aprender. Voy a ir al campo de entrenamiento; voy a bajar a la Tierra."

Decidimos por el que iba a ser nuestro tema, así fuere Tolerancia, Experiencia, o Humanitario, con nuestra pequeña línea de opción al titular de la prueba. [La línea de opción se refiere a una área de tu vida que no has definido claramente en tu plan de la vida; es dejada abierta.]

Reencarnamos; esto así debe de ser. No es lógico que un Dios amoroso permita que un hermoso bebé sea atropellado por un camión en medio de la calle. ¿Por qué alguien quien ha hecho el bien toda su vida termina todo deshabilitado y torcido? ¿Por qué alguien quien ha sido cruel y malo sobresale por todo?

En el futuro, vamos a ver que ocurre más y más "el karma instantánea". En otras palabras, cuando sea victimada de una manera deliberadamente hostil y premeditada, la gente responderá. Las cosas buenas que hemos hecho saldrán fuera, pero no sin algún esfuerzo. Si realmente quieres aprender acerca de separar la paja del trigo, entonces ten un trauma en tu vida.

Algunas personas tienen la superstición de que si ellas se acercan demasiado a otros, a ellas se les van a "pegar" sus problemas. Es como, "si tu fueras a entrar a una bancarrota o obtener un divorcio y estoy a tu alrededor, a lo mejor también obtendré uno." Como resultado a esta manera de pensar, perdemos la oportunidad de aumentar nuestra propia karma buena ayudando a alguien que lo necesite. Yo lo he hecho. Tú lo has hecho con solo leer todo esto. Estamos empujando a una sociedad que no entiende. Más y más van a acompañarnos.

Deja de usar "el karma" como un martillo sobre tu propia cabeza. He escuchado a gente decir, "No puedo dejar mi esposo aunque él me golpea a mi y a los niños, porque esta es mi karma." Tal persona puede, en actualidad, ser destinada karmicamente a crecer por medio de la experiencia de empujar a esa persona abusiva fuera de su vida. Dios no quiere que nadie venga aquí abajo a sufrir sin final.

Ahora, tú tienes que preguntarte a ti mismo, "¿Estoy creando mis propios problemas, o es algo fuera de mí mismo? ¿Son las cosas exteriores realmente tan malas, o las estoy jalando dentro de mí?" ¿Revisa tu vida. Es realmente tan mala? ¿Estás realmente tan enfermo que no te puedes levantar tu mismo otra vez? ¿Es realmente tan horrendo que no puedes seguir adelante? ¿No hay nadie en este mundo quien te ame? ¿Vas a terminar viviendo en la calle? No. Es el grito interior del alma.

Viviré y moriré y creeré que un ser humano puede salir adelante y amar a su Dios con la sola razón de amar. ¿Porque soy madre y tú has sido padre en otras vidas, podrías tolerar si tu niño solo viene a amarte por temor? ¡Qué horrendo es eso! ¿Sabes lo que un sacerdote me dijo hace años cuando le pregunte acerca de eso? Él dijo, "Bueno, estoy seguro que Dios prefiere el amor sin temor. Pero los seres humanos, de la manera que son, no pueden hacerlo." Al escuchar esto, estaba gritando dentro de mi cabeza porque eso es tan erróneo.

Amo a Dios por que Él está ahí, omnipotente y bueno. De lo que necesitas tener temor es de ti mismo. Como lo ha dicho Francine, "Es lo que *tú* en forma humana te haces *a ti mismo* que te pone inquieto."

¿La rutina del "pobrecito de mí" está bien por cerca de una hora y media, y luego que tan bueno es todo eso? ¿De todas manera, por qué es tan importarte? A lo mejor tú dirás "No tengo a nadie en mi vida." "No tengo al Señor o a la Señorita perfecta para mí." Pero si tú ya has abierto esa puerta una vez, tú lo puedes hacer otra vez más.

¿Te has dado cuenta de que no existe la persona perfecta para ti? No me importa que tan maravillosa sea la persona—no hay una perfecta. Nadie te garantiza que la relación va ha ser justa o de que vas a ser feliz. ¿Piensas siempre, como lo hice yo una vez, que las personas buenas salen ganando? No, no siempre es así. Sin embargo, podemos tomar consuelo porque la maldad sí recibe castigo—no inmediatamente, pero en cualquier momento. Eso es realmente de lo que se trata el karma.

No es difícil, el verdaderamente entender el karma. Cuando tú lo aceptas. Tú alma entera se llena con espiritualidad. Entonces entiendes, que este es sólo un lugar transitorio. ¿Entonces que tan importantes son las preocupaciones y penas de hoy día?

Francine y mi abuela siempre decían, "¿A quien le va a importar esto dentro de 100 años?" ¿Crees que nuestros pequeños problemas serán archivados? ¿Importa si se nos recuerda por algo? Somos nada más ejes en una rueda que circula sin parar. ¿No preferirías estar en algo que tú sabes esparce el bien, el amor y la ternura? ¿No es esa una misión eternal, mucho mejor que el vivir con temor, pecado y adulteración de la parte de ti que es Dios?

¿Cómo se atreve alguien a tratar de destruir tu estimación del alma individual que reside dentro de ti? Y luego ellos te dicen que es una "critica constructiva." Debemos de amar el alma—la personalidad es otro asunto diferente. Es una capa que usamos.

Sin embargo, conozco a gente que espero que sus personalidades cambien antes de que regresen al Otro Lado. Y sé que no me van a caer bien allá tampoco. Algunas personas a quienes he conocido simplemente tienen algo muy mal en ellos, la esencia de la cual es muy profunda. No me importa lo que hacen ellos en el Otro Lado—ellos no van a ser mejor ni allá. Francine dice que ellos lo serán eventualmente, pero tienen que pasar por muchas vidas. Que bueno. Entonces ellos no van a estar ahí cuando yo regrese.

Tienes que permitir que no te gusten ciertas cosas. Eso es humano. Nunca mantengas esa clase de cosa adentro de ti. Ello causa cáncer. Esos son sentimientos normales; hay una razón por la cual tenemos el odio. Se supone que tienes que pasar por eso para que puedas dar y recibir amor. Todavía conozco a gente que están convencidas que permanecen aquí abajo porque han sido maldecidos y tienen karma que resolver. Por favor, por favor, detente. Nunca le permitas a la gente que te diga eso. ¡Detenlos—limpia eso de tu ser!

¿Esta "Nueva Era" de religión, el camino nuevo de todo—por qué supones que empezó todo esto? La gente está enfadada y fastidiada de ser engañada y criticada por gente que dice una cosa y hace otra. Esa es la razón por la cual todos empezaron a buscar.

Nos permitimos a nosotros mismos, a nuestras almas, el entregarnos a la gente en la que creíamos que se podía confiar. Pero ellos nunca investigaron por sí mismos. Los gnósticos, en lo opuesto, son investigadores. Decimos, "¿Oh, de veras? ¿Es eso verdad? Vamos a investigar para encontrar el origen. Vamos a los Pergaminos del Mar Muerto, el Nag Hammadi, las enseñanzas antiguas, las escrituras de los Esenes y las primeras enseñanzas que fueron omitidas en la Biblia."

Ve, lee, y permanece completamente en la luz. Conoce que estás con la verdad de lo que Jesús creyó. Conoce en tu corazón que tú eres la Verdad y el Camino y la Luz.

La Experiencia

La gente usa el karma como una excusa. Tú *no* puedes decir que vives con alguien horroroso porque es tu karma. Tú no tienes que soportar a un hijo malcriado, familiares malos, un trabajo que no te satisface, un matrimonio, salud, o cualquier otra cosa por el karma.

La única obligación que tienes, karmicamente, es el de *terminar* lo que tú empezaste. Permíteme decirte como debes terminar tu propia karma. Vamos a decir, hipotéticamente, que empiezas una relación así sea un romance o una amistad—y tú eres el principal instigador detrás de ella. Entonces durante la relación tú la sobrecreces, o ella te sobrecrece, o cualquier otra cosa. Tú obligación karmica desdichadamente, dice que tú debes de ser quien enfrente la relación y la termine. Este principio es similar en los trabajos o cualquier otra cosa.

¿Tantas veces cuando entramos en malas situaciones o problemas de dinero, nos sentamos y esperamos que alguien llegue y nos ayude, verdad? Pensamos que si esperamos el tiempo suficiente y nos detenemos lo suficientemente, entonces algo pasara. En ocasiones, para algunas personas, un "caballero blanco" aparece para darles una mano. Pero la mayoría del tiempo, tú eres quien tiene que enfrentar la música y terminar con la situación.

Tú debes de decir, "Ya no puedo gastar más dinero," o algo similar. Entonces procede de ahí. De otra manera, nuestras vidas se convierten demasiado atadas en situaciones largas y lentas. Esto también puede ocurrir con nuestros hijos. ¿Ahora, como puedes terminar una relación con hijos? Tú en realidad nunca la *terminaras* con tus hijos, pero lo que tienes que hacer es detener el atamiento karmico. En otras palabras, tú la empezaste con tu embarazo—tú querías el hijo. Así que, en algún punto, tú debes de soltar la obligación karmica con tu hijo. El karma significa, en este caso, ese sentimiento horrible desgarrador donde tú estás atado dolorosamente a ese hijo.

Deseo que pienses hoy, acerca de quien en tu vida, realmente té está causando dolor. ¿Quién es? ¿Por qué estás perpetuando esta relación? ¿Es esta persona un familiar tuyo? Con hijos, tú realmente no te puedes deshacer de ellos, especialmente si te caen bien. Pero lo que hice, porque tuve una tremenda atadura karmica con mi hijo el más joven, fue de finalmente dejarlo ir. No fue porque nos estábamos causando dolor, pero estábamos conectados tan cercanamente que todo lo que le lastimaba a él me lastimaba a mí, y viceversa. Finalmente dije, "Por favor, por favor, en el nombre de Dios, tú debes de empezar a seguir tu camino fuera de mi vida—no solo físicamente, pero mentalmente, así para que ambos puédanos obtener paz en todo esto."

Francine siempre me dijo esto, lo cual pienso que es absolutamente maravilloso: " El honrar a tu padre y a tu madre está bien, pero solamente si ellos son honorables." ¿Sabes que tan maravilloso es el oír eso? ¿Sabes la carga que quita sobre de ti eso? ¿Si tienes a tus padres viviendo por la misma calle, los escogerías para amigos? Muchas veces no lo harías. Como vamos envejeciendo, *vamos* escogiendo. Si tenemos una madre miserable, nos volvemos mejores madres como resultado de ello. Y así estamos agradecidas a ella, porque por medio de ella aprendimos lo que *no* teníamos que hacer. Así que estas cosas negativas pueden volverse maravillosas. Nadie sabe si son buenas madres o buenas esposas. La única prueba es en el resultado de las cosas. Ello depende de que tan satisfechas están con la situación, y cuanto han dado.

Yo deseo querer como madre a todos, cuidarlos, darles sopa de pollo con bolitas de pan matzo. Muchos de nosotros somos así. Francine dice, "Como la Nueva Era cae sobre nosotros, la mayoría vamos a querer ayudar a la demás gente." Escucha a tu propia alma, y date cuenta cuantas veces tú piensas, *¿Cómo puedo ayudar más? ¿Cómo puedo hacer más para los demás?* Entonces hazlo.

Está empezando a esparcirse ahora más que nunca en la historia del mundo. Existe una inquietud dentro del alma. Hemos visto el cambio al otro milenio, y en todo nuestro alrededor la gente habla del karma que ellos han creado para sí mismos y en esta misma tierra.

Vamos a detener el karma negativo de culpa, pecado, y temor. *Debemos* poner un hasta aquí a eso.

Realmente recomiendo que veas una película, aunque es algo laboriosa y tediosa, es titulada *La Ultima Tentación de Cristo.* Hay unas buenas líneas, especialmente cuando San Pablo se encuentra con Jesús durante la secuencia del sueño. Jesús se le acerca a San Pablo, quien está gritando acerca del hecho que Jesús murió por nuestros pecados y es resucitado y de que Jesús hizo un trato con el demonio, el cual él no se dio cuenta.

Jesús le dice a Pablo, "Yo no morí en la cruz. Mírame, todavía estoy vivo." Pablo se voltea y le dice, "Si deseo que tú seas el Cristo crucificado, *tú lo serás.*"

Todo fue una cosa de relaciones publicas, pero en realidad eso no importa. La Cristiandad verdadera no depende en que si Jesús fue crucificado. Pero por todos los tiempos, y ciertamente hoy, la Cristiandad ha sido basada en el hecho de que Jesús *tenia que ser* sacrificado.

Eso está mal. La Conciencia de Dios dentro de nosotros seguirá experimentando la vida sin la crucifixión. Este estado mental está basado en quien fue Jesús *cuando él vivió como un hombre.*

La completa idea de la culpabilidad siempre ha sido, "Tú *debes* sufrir y ser miserable e infeliz." Este es un "velo de lagrimas," un "valle de muerte." ¿No es un picnic, verdad? Si alguien dice que lo es, entonces me preocupo muy seriamente acerca de su sanidad.

Lo más avanzado que te conviertas espiritualmente, lo más que tendrás nociones independientes e ideas y creencias. Lo más previsor que eres, lo más que ello te dolerá. El saber no trae consigo un barril de carcajadas. Trae con ello penas y dolor. Mientras estamos avanzando espiritualmente y volviéndonos más conocedores, nuestras antenas salen: Nos volvemos más psíquicos, más intuitivos, y sentimos más.

¿Eso es su propio precio que se tiene que pagar, verdad? Tú no puedes alcanzar un nivel espiritual sin ser psíquico. Los dos son absolutos. Hay muy pocas cosas en esta vida que son absolutas. Pero lo más que tú ames a Dios y lo más que trates de seguir lo que está pasando en esta vida, lo más que vendrá en totalidad a tu conciencia que tú eres absolutamente una entidad espiritual y debes experimentar el dolor de la vida.

La cosa principal que tenemos que entender acerca de las relaciones es de que existe un emparejamiento. Nos gusta estar de dos-en-dos, pero hay algunos de nosotros que no lo podemos hacer así. Algunos somos solitarios. Pero por toda la vida, hay emparejamientos, con un amigo y con tu centro de Dios. Pero el tener otra entidad en tu vida—de eso es lo que realmente se trata.

Por favor, cuando leas esto, usa tu propio juicio. Toma lo que tú deseas y deja el resto. La gente a veces cree cualquier cosa en lugar de depender en la dirección de sus propios centros de Dios. Yo sólo les puedo dar una sobre pasada amplia. Yo no puedo apuntar hacia ti y decir, "Tú debes de hacer exactamente lo que digo en estas reglas."

Yo no puedo experimentar tu centro de Dios. Yo sé que está ahí, pero es algo individual. Tu experiencia karmica en la vida es totalmente diferente a la mía. ¿Eso es lo que nos hace tan solos—no ves que esto es para Dios? Como cada uno de nosotros tocamos, olemos, sentimos, nuestras almas se elevan y la emoción se suelta en ciertos momentos. Cada una de esas cosas es una experiencia karmica. Si té cortas tu dedo, también, esa es una experiencia. Pero otra persona pasara por la misma experiencia de una manera totalmente diferente. ¿Sabes en lo que nos pasamos buscando la mayoría de nuestras vidas? Decimos, "¿Por favor, alguien sabe como me siento?" Nuestras vidas enteras la pasamos buscando el amor, aun más que la felicidad material. En las lecturas, la gente desea saber acerca de sus finanzas y salud, pero más importante, ellos preguntan. "¿A quien puedo amar, y que me ame a mí?" Esa es la cosa que siempre hará que el mundo siga rodando.

Cómo vamos buscando el amor, siempre estamos preguntando a nuestro compañero, "¿Sientes lo que yo siento?" De vez en cuando, la persona dice sí. ¿Pero cuantas veces podemos confesar a una persona los pensamientos oscuros que tenemos? Pensamos, *Nadie ha tenido estos pensamientos; nadie ha tenido el mismo pánico o ansiedades; nadie nunca ha amado a su niño o esposo como yo lo he hecho.*

Sí, lo han hecho. No igualmente que tú—no. Nadie puede ser igual que tú. Solo existe uno como tú en el universo completo. Tu experiencia y tu karma son diferentes de cualquier otra persona. Pero ustedes hacen un circulo. Y una vez que hayas completado el círculo, entonces *ciérralo.*

Cuando las cosas empiezan a verse demasiado sincronizadas, tu dices, "Un momento. ¿Yo he hecho esto antes, verdad? ¿No es este nuevo hombre en mi vida el mismo tipo de hombre del que me divorcie? ¿No es este ambiente de trabajo terrible el mismo en el que estaba yo antes? ¿No me mude al lado de la misma clase de patán?

Estoy hablando acerca de errores. Entonces tu tienes que cerrarlo. Sin importar la resistencia que sientas, tú lo puedes hacer. Tú te puedes mudar; tu puedes irte; tu puedes hacer lo que necesites para sobrevivir. Es tan estúpido como el decir, "Estoy ahora en arena movediza. ¿Qué es lo que tengo que hacer?" Alguien dice, " Te voy a aventar una cuerda." Tú dices, "De ninguna manera. Voy a permanecer aquí, y hundirme felizmente diciendo, 'Mira, esta es mi karma.'"

En *La Ultima Tentación de Cristo,* Jesús dijo, "tuve que hacer esto." Su tiempo en Gethsemane fue en realidad algo importante. Él realmente *se enfureció* en contra de Dios. En una línea que me encanta, él dijo, "Yo sé que Dios me ama. Desearía que no fuera así."

Y, por supuesto, Él nos ama. En el conocimiento del amor de Dios, en la estirada de nuestra alma a la altura espiritual, eso lastima. Cualquier cosa duele cuando está volviendo a la vida. ¿Has observado alguna vez a un recién nacido? Así sea un animal o ser humano, se estira y mueve, y puedes verlo esforzarse hacia la vida. ¿O siéntate en tu mano por un rato, o ten una pierna en un solo lugar—que es lo que pasa? ¿Cuándo empieza a regresar a la vida, como se siente eso? ¿Horrible, verdad? Cosquillea y arde. De esa manera es tu alma.

Cuando el alma se estira, ello *sí* magnifica al Señor, pero estamos tan temerosos de tocar las orillas de nuestras propias emociones. "¿Qué tal si amo demasiado y salgo lastimado? ¿Qué tal si lo doy todo y salgo desilusionado?" Y así será. ¿Sin embargo como sería si tu nunca has dado el todo hasta que estas vacío? Tú nunca sabrías que existe otra persona viva y respirando, o aun un ideal de lo que tu puedes vaciarlo todo por ello. ¿Tú sabes de lo que tememos tanto? ¿Si lo vació todo, habrá alguna vez algo que me llene otra vez? Oh, sí, a aun profundidades mayores.

Cada vez que te vacíes tú mismo en la vida, te conviertes en más hondo. Si tu nunca lo haces, tú permaneces muy pequeño y bajo. Así que dalo todo, y sigue dándolo todo. Tú todavía seguirás perdiendo gente en esta vida. Pero solo en este plano de la Tierra, y es por una razón. Muy pocas cosas existen para ser permanentes en este plano. Al darlo todo, existe una bendición de Dios. Al darlo todo, algo te llenara. Ese algo, por supuesto que es Dios.

Sin embargo, no escojas amar a gente que no son merecedoras de tu amor. Ahora tú dirás, "¿Sylvia, como voy a saber eso?" Porque ellos están putrefactos. Tú lo podrás sentir por que eres lo suficientemente psíquico. La gente se volteara en contra de ti como si fuera mala carne. ¿Ellos se vuelven rancios, verdad? Entonces tú debes, por el bien de tu alma, seguir adelante. Alguna otra persona los recogerá y hará picadillo con ellos.

Tú no puedes perder tu tiempo con algo que se echo a perder. Lo rancio que percibes se volverá fresco para alguien más. Piensa en la jornada de tu alma—tú pasas por el camino a través de la vida, experimentando, amando, queriendo, dándolo todo. Piensa en ti como si fueras un faro de luz. Sal y dile a la gente de tus creencias, como te sientes acerca de las cosas. Desásete de tu culpa y negatividad.

Haz de tu círculo positivo más amplio. Cásate con alguien quien sea realmente diferente. Tú no tienes que desear tampoco que todos tus hijos sean iguales. La gente piensa que deben de tratar a todos sus hijos igual. Espero que no lo hagan, porque todos ellos son diferentes. A lo mejor se te trata muy mal en el trabajo o en tu propia familia. La gente es mala contigo. No le permitas a nadie que te trate así.

Que no se te ocurra dejar a alguien que te trate menos que a un Dios, porque tú eres Dios. Tú eres una centella que se mueve y respira de Dios. No permitas a ti mismo que te traten mal. Se bueno contigo mismo. Se generoso. Esa es parte de tu karma.

Ahora, desdichadamente, tienes que anticipar que esa persona que has estado cargando se va a sorprender. Esta es tu culpa. Tú lo has hecho—tú los has mimado. ¿Todos hacemos esto, verdad? Entonces de repente, decimos, "Bueno, escojo no hacer eso ya," y ellos se enojan con nosotros. Entonces, debemos permanecer fuertes y terminar con todo eso. Debemos de completar el círculo, y eso es difícil. ¿Sabes por qué? ¿Porque tememos que no se nos va a amar, verdad?

¿Y eso, que importa? La mejor cosa que he aprendido es de que no importa si es que me amas. Lo que importa es de que yo te ame. Una vez que eso me entro en mi cráneo duro, fue algo maravilloso. Yo solo camino con la dicha de poder amarte. Yo no espero que tu me ames de regreso. Esto es maravilloso—sin más expectaciones de "pago." ¿Yo he hecho esto; qué tal tú? ¿Empezamos a auditar en nuestra mente, verdad? " He hecho diez cosas buenas para ti hoy. Ahora estoy en la casa cocinando, limpiando y trabajando como esclava. ¿Me das las gracias? No." Pero eso no importa. Si no quisieras los pisos limpios, entonces no hubieras perdido tu tiempo limpiándolos. En el final, tú haces estas cosas para ti mismo, para nadie más.

Malas concepciones

Francine: Me gustaría darte más información acerca de lo que realmente es la parte de "experimentar" el karma. Sabemos que existe tal cosa como el karma retributivo, lo cual sucede muy raramente. Mucha gente te dirá que la razón por la cual tu vida es terrible es porque tú has hecho algo malo en una vida pasada. Sin embargo, eso casi nunca es el caso, porque tú estás experimentando para Dios.

Cuando experimentas penas en tu vida diaria, por favor está completamente seguro de que no es porque tú has hecho algo malo en una vida pasada—sólo que, por supuesto, tú seas una entidad "obscura. El karma *no* aplica a las entidades obscuras, quienes su entera experiencia karmica es el de interrumpir, lastimar, mutilar, y destruir. Ellos no te pueden mutilar físicamente, pero ellos mutilan a tu alma en el sentido de que te vuelves melancólico, con sentimientos de futilidad y aflicción.

Esta es la razón por la cual siempre hemos estado tan en contra del suicidio, porque tales acciones son causadas por la oscuridad, la cual puede invadir tu alma. Ello no te convierte en entidad obscura, pero el "ataque psíquico" te hace lo suficientemente *fútil* para que así no te importe el seguir viviendo ya. De *eso* es lo que tú debes de protegerte a ti mismo.

El karma retributivo es el aspecto menos común. Es muy raro y sólo pasa de vez en cuando. Como Sylvia dice, en sus muchos años de consejo, ella ha encontrado que puede contar el karma retributivo con una mano y con dedos de sobra. Eso es absolutamente un hecho. De todas las miles de personas que ella les ha leído psíquicamente, ella raramente ha visto el karma retributivo—es tan raro. Es posible que, por ejemplo, una persona le haya sacado los ojos a alguien, y luego esa persona escogió el volver sin un ojo, pero eso solamente sería *el escoger la experiencia* de lo que ellos le han hecho a otra persona—no por la retribución, pero sólo para experimentarlo.

Entonces tú dices, "¿Adonde está la justicia para los que han sido violados, lastimados y martirizados?" Es difícil para la mayoría de la gente el creer o entender esto, pero cada persona *escoge* estas experiencias para completar su tema, o alguna otra meta que ellos tengan. Tú experimentaras todos los aspectos de la vida, así sean malos, buenos, horribles, o cualquier otra cosa. Tú tendrás experiencias en *todo*.

Esto no quiere decir que en alguna vida tú necesariamente *tienes* que experimentar el tema de Victima. Pero *algunos* lo escogen para experimentar para Dios.

Sylvia ciertamente está de acuerdo de que por cada persona que ha pasado por una vida horriblemente difícil, hay muchos cientos quienes tienen vidas sin tensiones, las cuales tú verías como vidas normales. Ellas no son tan dramáticas—puede que hasta parezcan ser vidas laboriosas, agotadas y aburridas—sin embargo esas personas también están aprendiendo.

Para una persona, un trauma puede ser algo mayor. Para otra, ese mismo trauma puede parecer algo muy pequeño. Ello depende en la individualidad de esa persona. Cuando tú te eleves muy arriba de esta vida dentro del realmo espiritual te darás cuenta cuando mires sobre esta masa de humanidad que está siendo sacrificada o lastimada o está hambrienta (y se ve que está todo tan disparejo), que en el termino largo, *todo se emparejará.*

Todos eventualmente regresan al Otro Lado, miran para atrás, y la mayoría del tiempo dicen, "hice un buen trabajo. Yo experimenté eso". Sólo las almas *más avanzadas* escogen experiencias horrendas. Algunas hacen esto porque quieren una vida breve. Aunque de muchas maneras observamos el acto como algo horrible y atroz, conoce que eso fue lo que esa *alma escogió.*

Muy frecuentemente cuando observas a alguien quien brinca en paracaídas o hace cosas peligrosas, te pones a pensar del por qué lo hacen. Bueno, ellos lo hacen por la emoción. El karma es el experimentar para tu alma. Tú escogerás experiencias innumerables. Así sea el obtener una enfermedad, o el ser perfectamente feliz (lo cual la mayoría de las entidades no son capaces de ser), o el tener algún tipo de fragilidad—todas esas son experiencias para el Dios Todopoderoso. Así que cuando tú estás pasando por tus penas y tribulaciones, tú debes de decirte a ti mismo, "Prepara otro para *mí*. Porque *no* he sucumbido a la pena, futilidad, o aflicción."

Sobre de todo esto, hay una parte *dichosa* de la vida que dice, "yo *he* sobrevivido. Yo *he* brincado las vallas. Yo me *he* convertido magnificente en mi experiencia para Dios" Cuando tú entras realmente a una etapa horrible de pena, asegúrate de que te colocas muy arriba de tu cuerpo para que así estés más o menos volando sobre de él.

¿Pueden las "almas transitorias" entrar en uno en los tiempos difíciles?

No hay tal cosa como una "alma transitoria." Estoy segura de que cada uno de ustedes han deseado, en algún momento de sus vidas, el tener a alguien que entre en ustedes y sea quien termine la experiencia karmica. ¿Cuándo tú experimentas demasiado dolor, pena, y desaliento, no te encantaría decir, "Oigan, alguien háganse cargo de esta vida?"

Ni modo—tú estás adentro. Tú lo tienes que terminar. Nadie más puede hacerse cargo de esto. Esa es una maravillosa fantasía de cuento de hadas, la cual posiblemente hizo sentir bien a la gente en algún momento del tiempo. Pero *no* es verdad.

Sin embargo, hay un sentir en el cual todas tus vidas son igualmente reales; ese es el tiempo de Dios. Cada archivo está siendo visto por Dios de cada vida que hayas tenido. Pero tú estás en conciencia completa experimentando aquí y en este momento. No hay ninguna parte de ti en el Otro Lado observando y diciendo, "Me da gusto que ellos están ahí y yo estoy aquí." No. Sólo tus guías dicen eso.

Existe, sin embargo, un fenómeno llamado la *cadena karmica* que es algo muy similar; y a lo mejor es la raíz de la confusión. Algunas veces, el karma de una persona se vuelve tan fuerte de que su experiencia karmica es pasada a otra entidad para que prosiga con ella. Así que tú no sólo estás llevando tu propia experiencia, pero tu propio plan de la vida está atado a un trabajo incompleto. Al hacer esto, tú empiezas a vivir el karma *incompleto* de la otra persona.

Permíteme darte un ejemplo. La abuela de Sylvia, Ada Coil, fue una gran psíquica, muy notable en Kansas City—tanto de que todavía hay personas hoy en día que le rezan a ella. Estoy segura de que si ella hubiera estado envuelta de lleno en el catolicismo, a ella la hubieran hecho santa. Cuando la gente le reza a Ada, las cosas se resuelven porque ella fue una entidad magnifica. Su vida termino a los 88 años.

Sylvia vino (no solamente por medio de la genética) y pidió seguir con el linaje. Por supuesto, que ella iba a ser una psíquica; eso ya estaba arreglado. Pero ella aun quería ser *más*. Así que ella recogió los hilos de su abuela. Mas tarde, Sylvia rezo y pidió que uno de sus hijos, si eso iba a crear felicidad, recogiera el hilo de su karma. Benditamente,

Christopher recogió el hilo y lo hizo un cordón. Así que el linaje sigue adelante. Esto puede suceder con el arte, el sufrimiento, la felicidad, la escritura, o cualquier otra cosa.

¿Sabes cuantas veces la gente dice, "estoy viviendo la misma vida que mi madre o padre vivió?" La sicología tiene toda clase de palabras magnificas para esto, tales como *dependencia* o *rasgos hereditarios*. Ellos aun no han llegado al nivel de la espiritualidad para saber que esa alma ha escogido el recoger los pedazos.

Ahora, también esto puede funcionar en reverso. Lo que harías, muchas veces, es el continuar karmicamente con ese dolor o sufrimiento. O convertirlo en lo opuesto. ¿No ves de cómo todo esto empieza a nivelar la desigualdad aparente?

Piensa en una pintura grande, en una pared. Algunas personas están trabajando en la parte de abajo. Y otras están trabajando en la de arriba. Todos los artistas juntos crean la pintura gigantesca. Todos están agregando a ello para hacer algo hermoso. ¿Ahora, no ves como tú también estás ayudando a poner una brocha de pintura en el lienzo? Tus acciones hacen la diferencia, no importa que tan trivial o aburrida ello parezca. Cuando el alma sea dirigida hacia una causa espiritual, ese individuo agrega un poquito de color al lienzo y ello le da fuerza a la pintura.

Ahora, tú también tienes un *karma de grupo colectivo* a la que muchas personas le agregan algo. Esa experiencia se vuelve hermosa. La más gente que tú envuelves en un grupo, lo más brillante que se vuelve esa pintura. Cada color entonces se vuelve más fuerte. Ese es el propósito completo y la razón para que la gente se reúna en una iglesia. No es tanto porque le importe a Dios, pero por supuesto, ello *magnifica a Dios*, y así tú te magnificas a ti mismo.

Sin embargo, el karma de grupo también puede funcionar de una manera adversa tal como en cultos, como el que dirigió Jim Jones. Ese es un ejemplo de karma que se distorsiono. Esa experiencia fue un *desviamiento negativo*. Sin embargo, si tu lo miras con un punto de vista amplio, eso hizo que todos conocieran del ocultismo. Algunas veces tiene que suceder una conglomeración negativa, tal como la de Dachau, tan horrible como eso fue, para que el mundo se diera cuenta de lo que estaba pasando.

Jim Jones, te diré sin la menor duda, fue una entidad obscura. Tú no siempre puedes juzgar eso, pero él definitivamente lo fue. Pero esas personas que lo siguieron *no* eran obscuras. Ellas nada más fueron susceptibles a sus declaraciones erróneas persuasivas de la verdad. Desdichadamente, ellos se fueron al matadero con él. Aun así, cuando un desviamiento como ese se desarrolla, algo como el *escoger* aun existe. Esa realmente fue la línea de opción para todos en el grupo, y ellos sólo se distorsionaron con ello. Eso fue diferente a Dachau. Dachau no fue una opción; esas personas fueron llevadas a sus muertes por la fuerza brutal.

¿Así que las cadenas karmicas son planeadas, no escogidas después del nacimiento?

Sucede casi inmediatamente *antes* de que vengas a la vida. Una vida es intricada y planeada ante el Consejo, tus guías y tus maestros en enseñanza. Pero siempre existe una cadena opcional que tú puedes jalar antes de que "caigas por la portezuela," como le decimos. Es como un escrito de semestre a ultima hora en el que puedes recoger crédito extra. Alguien puede decir, "voy a escribir el libro que mi madre no pudo terminar." O, "porque fulanito de tal murió demasiado pronto, yo misma voy a hacer que sus palabras sean conocidas."

Así que una persona levanta la carga, por llamarle así. Una entidad que ha creado algo erróneo usualmente trata de repararlo en esta vida, y la mayoría del tiempo tiene éxito. Ellos a lo mejor no lo reparan con la persona que victimaron, pero ellos crean algo bueno en algún otro lugar para balancear eso.

¿Puede un nemesis seguirnos de vida tras vida?

A veces, sólo para el propósito de la experiencia. Este individuo puede ser la persona más malvada en el mundo para ti para que así tu alma pueda aprender la tolerancia o la paciencia. Algunas veces esas personas son más poderosas en su negatividad que alguna buena persona que llegue a tu vida. Entonces todos decimos. "Pero en el nombre de Dios, otra vez eso." Cuantas veces has sido influenciado positivamente *porque* viste el demonio en alguien que tú nunca quisiste imitar. Esas personas, en cierto sentido, están completando (tan loco como esto suene) sus papeles karmicos mucho mejor que esos tipos insípidos que profesan la bondad pero nunca siguen sus propias creencias.

La relación nemesis es casi lo opuesto a la de con una alma querida; ellos son los antitesis de tu alma. Ellos te pueden seguir hasta que ambos choquen fuertemente uno contra el otro, que finalmente aprenden. En muchos casos esa alma puede ser gris o obscura.

¿Aprendemos de la gente negativa?

Ciertamente. Si tu no conoces a alguien que te irrite karmicamente, entonces tu no tienes nada que aprender de ellos. Los niños son buenos para eso. Ellos exhiben comportamiento negativo pero no necesariamente son almas obscuras.

Sylvia dijo que estaba estancada en una "cúpula karmica" y tuvo que agarrar el hilo dorado para poder salir.

Existe un fenómeno extraño que sucede ocasionalmente. Tú puedes ser atrapado y *copulado* por el karma de otra persona. Ellos empiezan a tejer una telaraña a tu alrededor. Primero piensas que estás corriendo libremente, hasta que tratas de escapar y encuentras que estás atrapado por las intricarías del karma. Frecuentemente esto sucede por medio de desastres financieros, decepción, o también la muerte. Algunas personas nunca se liberan de esa cúpula. Ellos dicen, "Bueno, estoy atrapado. En lugar de resistir, nada más me voy a sentar aquí y voy a quejarme de esto."

El hilo dorado es tu espiritualidad. Te saca hacia afuera. Tú tomas la mano de Dios, corres y atraviesas la cúpula. Es como el pensar que la telaraña es sólida. Entonces te arrojas a ella, y descubres que se puede romper. Algunas personas no tienen el suficiente sentido para romperla. Ellas no van hacia la orilla de ello.

¿Nunca estuviste atrapado en las telarañas ilusorias de tus padres? Ellos dicen, "si tú haces eso, algo terrible pasará." Tú estás convencido de que eso es verdad. Muchas veces es una profecía completada por sí misma, porque tú lo crees tan enteramente.

¿Cuándo escribió Dios el plan principal?

Él escribió los planes desde un "principio", y Él continuo escribiéndolos, por decirlo así—ellos incluyen los patrones globales con los que nos forzamos. Todo eso fue escrito en una escala del por mayor como un escenario para nuestro avanzamiento individual.

Pero, tú dirás, "¿Qué tal acerca de los desamparados, la gente que está hambrienta, y las guerras?"

Tú debes de volver a la premisa original: *Esas personas lo escribieron* en sus planes de la vida. ¿Ahora, estás bajo alguna obligación para rezar y ayudar? Por supuesto que lo estás. Esa es la manera, de cómo todos seguimos adelante, para *mejorar* nuestro plan. El plan como es escrito originalmente es muy simple, pero siempre reunimos créditos extras por el camino.

¿Ciertamente se supone que viajas al trabajo y de regreso, pero por que no parar en el camino, recoger unas rosas, y ayudar a alguien a salir de un agujero? Tú no te "sales de tu sendero" al hacer eso. Eso es de lo que se trata la vida—el dar de uno mismo. Frecuentemente, se ve a alguien en un carro veloz que va volando por la carretera sin importarle nadie más—y entonces alguien en un carro viejo y destartalado se para y ayuda a todo mundo.

¿La culpabilidad nos afecta al planear una vida?

La mayoría de las entidades *no nacen* con culpabilidad, pero todo en tu sociedad lo programa. El bautismo fue creado originalmente para deshacer cualquier carga transportada de las vidas pasadas y para limpiarte de deudas karmicas y de la culpabilidad. En el minuto en que tu alma entra al cuerpo humano, automáticamente asume culpa por alguna razón. No sabemos el por que es esto. Es casi como, si pusieras un barco en el agua por un tiempo, él formará caracolillos marinos. Esto parece venir con el cuerpo. Es una estampilla, una estigma del alma.

Aunque tú no hayas crecido en un ambiente religioso, tus padres te lo pasan a ti en vida humana: "tú lastimaste a tu madre; tú hiciste esto o eso. Tú eres malo; tú te vas a ir al infierno. Dios no te ama."

Y la lista sigue, así que el alma está estampada otra vez con la culpa. Por esa razón los que nacen en las culturas primitivas se portan mejor uno con el otro, que la gente "civilizada". La gente educada crea guerras más frecuentemente. Ahora, la gente primitiva peleara si hay una invasión de territorio o por la comida—pero no nada más porque están locos o sienten *avaricia*. Ellos no hacen guerra con otro ser humano solo que sean provocados, al igual como no lo hacen los animales.

Pero lo más educada y sofisticada que sea la gente, lo más que ellos piensan, y lo más complicados ellos se vuelven. Ellos desarrollan un conocimiento de avaricia, luego *ellos crean esos actos.* A ellos se les dice que no deben de hacerlos; entonces, por supuesto, *ellos sienten culpa.* Esto se vuelve un círculo vicioso. La culpa es una real y funcional emoción, pero nunca fue para que se saliera del borde. En otras palabras, si tú haces algo con *intención maliciosa,* tú *debes* de sentir culpa. Pero la mayoría de la gente no lo hace con mala intención. La mayoría de la gente hace cosas inadvertidamente, y luego se voltean y dicen "Oh Dios mío." En reflexión, ellos asumen una culpabilidad innecesaria.

¿Podemos interrumpir el karma al salvar a un bebé que se esta ahogando?

Existen culturas que absolutamente creen que si un bebé cae en el agua, ellos deben nada más mirar al bebé hundirse. Eso es lo que llamamos la interpretación de *no-interferencia* del karma, lo cual nada más es tan vil como la *demasiada* interferencia. Ellos no tienen el suficiente sentido para saber que a ellos se les a dado un *sentido común* para sacar al bebé. Es ridículo el permitir que un niño muera por causa de semejante creencia.

Dharma

Vamos hablar brevemente acerca del dharma—un fenómeno muy interesante que se une con la cadena karmica. El dharma es la responsabilidad que tú asumes en la jornada de la vida.

Tú puedes recoger flores, ayudar a los desamparados, y hacer todas esas cosas que tú deseas hacer. Tú puedes aceptar o rechazar las responsabilidades que tú desees.

Cuando tú vienes aquí, tú no escoges toda tu dharma. Vamos a decir que tú viniste con el tema de Experimentador o Catalizador. Los temas más activadores tienden a formar un circulo protectivo. Ellos recogen más los problemas de otras gentes que los demás. Algunas veces lo más espiritual que te vuelvas, la más dharma que incurrirá.

Dharma es sólo otra palabra para *responsabilidades*. Pero ten cuidado de eso, porque la espiritualidad y la magnificación del alma también cargan en ellas advertencias. Ten mucho cuidado de que no recojas el karma de alguien más mientras ellos estén viviendo. Tú no deseas estar atrapado en ello.

Así que cuando estés recogiendo estas responsabilidades—como el cuidar de otros y haciendo el bien—empieza a preguntarte a ti mismo, "¿Cuánto me molesta esto? ¿Me la estoy pasando bien? ¿Cuánto lo resiento?" Cuando llegues a estas frases, entonces puedes estar seguro de que has recogido *demasiado* dharma.

Simplemente puede que estés agravado y cansado, pero si en tu corazón tú verdaderamente sientes que tú nunca podrías hacer algo diferente, entonces tú no estás *tan* cansado. Pero cuando llegues al punto de que un esposo o hijo o una persona o un trabajo se ha vuelto más bien una responsabilidad horrenda que una dicha, tú estás afuera de tu sendero escrito. Tú no estás caminando por la línea azul del renglón. Es algo muy espiritual el pedir por lo que es bueno para ti. El pedir para ti no es ser egoísta. Pregúntate, "¿Qué es lo que estoy ganando con esto?" Si sigues saliendo con la respuesta, cero, entonces ya no lo hagas.

Un tema espiritual significa que vas a buscar la espiritualidad en todo lo que tú haces. El maravilloso producto de este conocimiento espiritual es de que cuando seas confrontado con problemas, tú puedes decir, "Aunque ello parezca descabellado, voy a usar las luces plateadas y blancas. Voy a usar espejos y envolverme en dorado."

Muy pronto, aunque tú no lo esperes, cosas positivas empezarán a pasar. Tú pedirás a Madre Dios que use su espada y corte a través de la negatividad. Esto no significa que Madre Dios en Su gloria vendrá aquí abajo y le cortará la cabeza a alguien enfrente de ti. No. Ello significa que los hilos de estás conexiones dharmicas pueden ser cortadas.

Algunas veces tú necesitas ayuda foránea. Ciertos brillantes, alumbrantes humanos vendrán y romperán la cúpula de aflicción. Tales personas han tomado la dharma, la responsabilidad, de aniquilar la oscuridad. ¿Ahora, lo que es agravante para ti, para mí y para todos, es el de que cuantas veces algunas personas necesitan ser salvados? Estoy segura de que tienes amigos como esos, de los que tu dirías, "repetidamente los he sacado de la oscuridad, pero cuando me doy la vuelta, ellos vuelven a gatear de regreso a ella."

Déjalos ahí. Permite que alguien más continué esta búsqueda particular, porque tú no puedes ayudarlos ya. Tú necesitas brillar más fuerte, para ayudar a otras personas quienes pueden ser ayudados. Esa es una de las cosas más difíciles de conocer: cuando es hora de seguir adelante.

¿Somos a veces puestos a prueba en la vida?

Todos tienen periodos planeados como pruebas en sus vidas. Está escrito el tener esas pruebas, y los detalles han sido bloqueados para tus guías, porque si tú recibes alguna reciprocación o ayuda, ya no sería una prueba. Esto es el por que Sylvia, o cualquier psíquico, no conoce acerca de su propia vida.

Si fuera así, entonces ellos ganarían la lotería y tendrían una vida con matrimonios ideales, hijos maravillosos y todo sería perfecto. Aun yo, siendo la guía de Sylvia, estoy aprendiendo todo el tiempo, al igual que lo está haciendo tu guía. Así que los bloqueos también son escritos. Es muy parecido al perderse en un bosque con tu radio muerto. Estos periodos "desierto" están ahí a propósito.

Si siempre tienes a alguien diciéndote, "Vete por aquí, vete por allá," tu vida sería perfecta. Tú nada más pasarías por la carretera mientras todos los demás chocarían. Pero el guía está aprendiendo junto con la persona que están guiando.

Ciertamente nosotros los guías tenemos un conocimiento elevado. Pero si fuéramos perfectos, no seriamos guías. Ambos, los guías y los que están en vida están perfeccionando.

¿Algunos de nosotros tenemos más de un guía espiritual?

Tú necesitas más de uno. Sylvia tiene cuatro—nada más que no has escuchado acerca de los otros que tiene ella. Ella tiene a Axier, Raheim, Salomón, y a mí.

¿Es verdad que algunas veces la gente se aferra a la vida y se rehúsa a cruzarse?

Sí, ellos nada más se esperan y se esperan. Es una buena idea el tratar de hablarles para que se regresen. Di, "Vete. Tú ya no eres bienvenido aquí. La única cosa que estás obteniendo es la agravación." Eso *no* es malo decir. Ponlo en ti mismo. Diles a ellos, "Por mi bien, por tus seres queridos, vamos a terminar esto ahora." Sin embargo, eso *no* incluye la eutanasia. Simplemente dales permiso para que se vayan.

¿Has alguna vez tenido invitados que nada más se quedan parados en la puerta y siguen hablando y hablando hasta que estás listo para enviarlos a patadas a sus carros, o decirles, "Váyanse?" Ellos nada más te agotan con sólo estar hablando y quedándose parados ahí.

¿Pasan los guías por penas con nosotros?

Sufrimos terriblemente junto con la persona. Para terapia, vamos al Consejo. Ocasionalmente ellos nos gritan, pero más frecuentemente yo les grito a ellos, gritando que se suponía que no iba a suceder de esa manera. Sí, yo he ido sobre sus mandos, todos los guías lo hacemos. El Consejo es muy parecido al Senado Griego. Nosotros podemos apelar a un poder más elevado y a veces lo hacemos, no como tu llamada democracia.

Tenemos un periodo de consejo, luego podemos consultar con esos quienes han ido ante el Divino. Si eso no funciona, podemos entonces ir directamente a Azna (Madre Dios). Podemos tener una audiencia. También tengo que tomar en cuenta la diferencia de la medida del tiempo. Todos los guías tienen que volverse lo suficiente humanizados para sentir. Si un guía es demasiado elevado o sin sentimientos, a ellos no les importará lo que te esté pasando.

Los guías "humanizados" son mantenidos separados en el Otro Lado. Sabes que de seguro todos ustedes lo han sido, o serán guías espirituales para otras entidades en algún tiempo. Cuando tú eres un guía, bajas el ti mismo un poco más bajo en espiritualidad. Eso no significa que el resto de las entidades te ignoran. Pero tú estás tan envuelto en guiando a tu persona y aprendiendo junto con ellos que tú realmente no te mezclas con el escalón elevado, por llamarles así. Cuando el tiempo de vida de tu persona termina, entonces tú también asciendes. Es muy parecido como lo que dijo el guía Fletcher después de que murió Arthur Ford. A Fletcher se le pregunto por medio de otro médium si él otra vez iba a escoger ser un guía. Él dijo, "Ni por una descarriada imaginación."

Estoy segura que todos los guías se sienten de la misma manera. Así que, de seguro, tú lo desearas hacer sólo una vez.

¿Podemos pedir que las lecciones se apresuren?

Sí, que sean apresuradas, y también para soltarlas. Podemos también pedir que el proceso sea apresurado para las demás personas que tengan parte en la lección. No sentimos la negatividad, pero la vemos llegar. Pide que eso se disipe.

Los guías pueden abrir ventanas de oportunidades que tú realmente debes completar para tu propia dharma. Si tú permites que esas ventanas pasen, tu dirás, "yo tuve la llave. Debería haber brincado dentro, pero me fui de paso." En este caso, no te aflijas; tú perdiste un poco de terreno, por decirlo así, pero luego otra puerta se abrirá.

Por medio del logro humano, las oraciones pueden ser contestadas. Siempre pensamos que es Dios Quien debe contestar nuestras oraciones, pero muchas veces tú escucharas a alguien decir, "*Tú* eres la respuesta a mis plegarias." La otra persona es la mano de Dios que está moviéndose. Su ayuda usualmente viene por medio de forma humana.

Sería maravilloso si todos pudiéramos orar, "Permítenos tener dinero," y una canasta gigante llena de dinero cayera del cielo. Y, ciertamente, Dios en Su omnipotente gracia podría hacer que el dinero apareciera en este estilo. Pero mira, lo que no ves es de que alguna gente está karmicamente puesta aquí para dar y ayudar siempre que sea posible.

¿Tienes celebraciones espirituales en el Otro Lado?

Sí. También celebramos a Azna. Construimos un templo absolutamente hermoso de brillante oro, plata, y vidrio para la noche de tu solsticio de verano. Tuvimos millones y millones de velas, y hubo un sin numero de millones de nosotros bajando por las escaleras doradas.

Cada vez que tenemos uno de estos festivales, construimos un templo diferente. Algunas veces lo tenemos en forma espiral, algunas veces cubierto, algunas veces de cristal. Azna nada más baja caminando. Está todo en el examinador, así que pueden ver los festivales si lo desean cuando vuelvan a Casa en el Otro Lado.

¿Francine cómo fue tu vida?

Viví de 1500 a 1519. tuve una hija. Morí porque me clavaron una lanza en el pecho al tratar de protegerla, y eso fue lo que paso. Pero durante esos 19 años—puede que no hayas sabido de esto—yo fui una Gran Sacerdotisa en la comunidad *Azteca-Inca*, en la cual venerábamos a la Madre Diosa.

Volviéndose Uno Más Espiritual

Junto con nuestra discusión acerca del karma y dharma, me gustaría agregar un poco acerca de cómo tú puedes convertirte más espiritual. Todos están preguntando ahora acerca de esto. No por ser negativa, pero el mundo da vueltas de una manera que es extraña y ferozmente diferente de lo que tú conocerías. Tus noticias constantemente enseñan el terror en tus calles y en el mundo—alguien siempre empieza a repetirte las Revelaciones, que hablan del fin del mundo. Lo siento mucho pero te diré que eso *no es verdad*. Sería demasiado fácil si hubiera un final a todo esto para que así tú pudieras regresar a Casa pronto, pero desdichadamente, queda todavía mucho tiempo para que llegue ese fin. Con esto en mente, por favor mantén una actitud positiva. Probablemente nunca antes en la historia de este planeta ha habido un mejor tiempo para crecer, para perfeccionar tu alma y volverte más avanzado en la mente y ojo de Dios.

Es casi como si este planeta por si solo se ha vuelto un universo muy selecto. Se ha convertido en una universidad en la cual sólo los más fuertes serán admitidos—eso suena muy selectivo, pero algunas personas no están buscando el conocimiento, y en lugar de eso están ciegamente siguiendo la palabra de uno o dos orígenes. Ellos nunca encontraran su centro interno de conocimiento como tú lo harás, porque tú buscas e investigas.

La única cosa de la que te debes de cuidar es la vanidad. Hemos estado observando esto muy cuidadosamente y hemos visto un aumento del número de estructuras de vanidad que empiezan a salir a flote. De esto tú te tienes que cuidar. La vanidad es probablemente tu peor enemigo.

Si existe tal cosa como un satanismo (si es que usas esa palabra tonta), es tu propia vanidad que esté impresionada contigo mismo. No importa que trabajo tú hagas, tú debes de mantener en mente que alguien puede venir después de ti y hacer también ese trabajo. Eso no es deprecación propia—es la verdad. Aunque tú puedas gloriarte en tu propia alma y en tu propia individualidad, observa las palabras que salgan de tu boca. Tus palabras pueden ser tan odiosas, tan autoritativas. Esta es de la única manera en que té bajas tú mismo de nivel espiritual a como estabas y te *sacas* a ti mismo de una vida espiritual.

En lugar de eso di, "No voy a estar envuelto con mi propia vanidad falsa, pero solo con mi verdadero 'Yo Soy'". El ultimo es la suma total de lo que tu eres, hermoso y único. Cuando empiezas a pensar que tu eres "tan importante," ahí es adonde caes presa de la oscuridad.

De lo que puedo recordar del tiempo de mi vida (aunque fue corta), en el minuto en que creí que era de una gran importancia, siempre se me derrumbó un renglón o dos por algo que llego pronto después de sentir eso. Así que cada vez que te sientas tan impresionado contigo mismo, algo siempre te golpeará en la rodilla.

El karma que sale de eso es casi instantáneo. Este "karma instantáneo" asegura que en el minuto de que te sientes irremplazable, entonces alguien probará que tan equivocado estás. Se ve casi como que tu estás enviando el mensaje: "Nadie nunca podrá hacer este trabajo tan bien como yo lo hago." Entonces, de seguro, alguien vendrá y lo hará mejor.

¿Así que la retribución karmica es dirigida a la vanidad falsa?

Nunca es dirigido contra el verdadero "Yo soy". Aquí en el Otro Lado, tenemos un ego verdadero. El falso solamente ocurre en el vehículo humano. Esto pasa en cualquier lugar de la vida. Tú dices, "Mi carro es más brilloso que tu carro," y luego tu carro recibe un golpe. " Mis piernas son mejores que las tuyas," y te caes y te rompes una. "Mi pelo es mejor que el de él," y luego se te cae.

Ello parece estar en un asalto directo contra de ti mismo. Ahora, tú has escrito esto en tu plan de la vida. Nosotros no lo hemos hecho. Tú has escrito este maravilloso quebrador de ego que entra a jugar a cualquier hora que te estás volviendo muy impresionado contigo mismo.

Salte de ti mismo, no entres en ti mismo. Larry [el esposo de Sylvia] tiene una expresión que me gusta: "El mundo de algunas personas es tan largo como sus pestañas." Cuando tu mundo está centrado completamente alrededor de *ti mismo*, te estás parando sobre un terreno peligroso. Esto es verdad así estés enfocado en que tan maravilloso eres o que es lo que está mal en ti y que tan bajo estás. Ello nada más es yo, yo, yo. Cuando una persona esta constantemente mórbida, mal humorada, y mal geniosa, eso afecta su aura; ello sale hacia otros, y es reflejada para atrás, y se regresará a abofetearte.

"Pobre de mí. ¿Por qué no tengo lo suficiente? ¿Por qué estoy metido en este lío? Yo merezco mejor. ¿Por qué siempre soy el que siempre atacan?" Esta es una manera de pensar peligrosa, sólo porque tú empiezas a construir bloques de carbón obscuros alrededor de ti. Yo uso bloques de carbón como una analogía porque ellos son fáciles de atravesar. Las entidades obscuras construyen bloques de granito, y permanecen dentro de ellos. Tú nada más construyes bloques de carbón. Esa es la razón por la cual yo pienso que tú siempre has usado la expresión, "me siento bloqueado." Tú *estás* bloqueado, pero solamente por tu propio ego falso.

Mira la vida con un buen sentido del humor. Esto siempre será la mejor manera para dispersar el karma. Un buen sentido del humor parece tomarse muy a la ligera, pero probablemente es una de las maneras más reales de que se demuestra el amor de Dios. ¿Sabías eso? La risa trae con ella la felicidad, lo cual dispersa a la oscuridad.

Si una persona te pueda hacer reír, eso trae en sí a la dicha. Ello llena a tu alma. Una persona sin un buen sentido del humor se vuelve obscura y obscura y más obscura. Si puedes reírte de ti mismo, es mucho mejor. Tú ahora estás avanzando a un nivel diferente. Si puedes reírte de ti mismo y del vehículo en el que tú estás (así estés pesado, delgado, con dolores de cabeza, o cansado), entonces el dolor de la vida y todo se disipará. Realmente, realmente nada importará.

La mayoría de ustedes fueron lo suficientemente afortunados para nacer con un "Yo Soy" que funciona. Eso es muy importante. La vanidad falsa solo llega con la vida. Recuerda, tus problemas son sólo importantes porque tú has afirmado que así sean. Tú siempre has escuchado, si no puedo hacerme feliz, yo no puedo hacer a nadie feliz." No. Eso es erróneo. Cuando tú haces felices a otros, así es como te haces a ti mismo feliz. Esa es la ley del universo.

La gente dice, " Pero no puedo encontrar una manera de hacerme feliz." Eso es porque tú estás sentado en un cuarto todo el tiempo tratando de alegrarte a ti mismo. La única manera de hacerlo es enfocándote hacia fuera, hacia los otros seres humanos, haciéndolos feliz a *ellos*. En eso, la luz brilla de regreso hacia ti. Nunca se supuso que ibas a ser una entidad aislada, escondiendo tu luz, nunca haciendo a alguien reír o sonreír. Parece ser con muchos de ustedes como si sonrieran sus caras se fueran a romper.

La gente invariablemente dice, "no tengo nada de que sonreír." En verdad, tú tienes *todo* de que sonreír:

* Dios te ama.
* Tu alma está perfeccionando.
* Tú tienes la valentía de estar aquí.
* Tú eres un guerrero espiritual de Dios.

Eso es algo de que sonreír. Hay mucha gente quien toma su apariencia física como algo que es muy importante. Pero, como Sylvia lo ha dicho por muchos años, "Con algunas de las personas más hermosas físicamente en el mundo, lo más que tú las conoces, lo más *feas* ellas se vuelven. O en lo opuesto, cuando uno parece ser muy común, así los vas conociendo más, su belleza empieza a *brillar*."

¿Has alguna vez notado que con seres queridos, lo más que los conozcas, lo menos que tú les notas sus facciones? Lo que importa más es la presencia de la persona. Su *esencia* es a donde la belleza verdadera reside, no en el cuerpo.

Ahora, puedo seguir y seguir hablando acerca del karma retributivo que resulta de la intención maliciosa. Te diré como funciona eso: El intento malicioso significa que tú activadamente empiezas un proceso que es dirigido para lastimar a otra persona. No te preocupes de los pensamientos vengativos que cruzan por tu mente cuando alguien te lastime. No hay poder asociado con la fantasía de la mente acerca de la venganza; solo no actúes siguiendo esos sentimientos.

No te preocupes tanto de cómo tus palabras van a ser recibidas, especialmente si tú no los quisiste lastimar intencionalmente. Si ellas son recibidas de una mala manera. Eso es la culpa del que está escuchando. Por ejemplo, diremos que alguien ha sido lastimado terriblemente, y tú, en defensa, vas tras el que hizo el mal en orden para corregir las cosas. Eso no es retributivo.

Vamos a decir que no puedes defenderte a ti mismo, y alguien sale al frente y te defiende. Eso es una cosa buena. No hay ninguna intención maliciosa. Tú estás usando el enojo justificado en la persona ofensora. Más que nada, defiende la dignidad de tu alma o de tus seres queridos.

¡No le permitas a la gente que té pisotee—di o haz algo! Jesús fue a donde estaban los cobradores de dinero y volteo sus mesas. Él no fue un hombre débil, calmado, o tímido. Él estaba en contra de las injusticias con convicción y fuerza.

¿Cuándo debemos parar de dar a otros?

Cuando impide la perfección de tu alma. El desafío es el de discernir quien necesita ser ayudado a los que simplemente desean usarte. No pierdas tu tiempo en una persona que no quiere mejorar, cuando hay otros diez a los que tú puedes ayudar. Si tú siempre cargas a alguien, entonces sus piernas no van a funcionar. Pide a Dios que te ayude a saber quien es merecedor de tu tiempo.

¿Qué tal si usamos profanidad?

Ninguna palabra es ofensiva a Dios. Si ellas fueran, entonces Dios seria humanizado. El *no puede* disgustarse acerca de cualquier palabra que tú puedas decir. Dios está más allá de vigilar tu vocabulario. ¿Puedes imaginar a Dios evaluando cada una, solitaria palabra que tú digas? ¿Si te refieres a la materia fecal, como seria posible que a Él le importara? Dios hizo tu cuerpo con materia fecal. Palabras de fornicación *no* tienen ninguna relación con Dios—Él hizo a la gente para que se hiciera pareja.

¿Por qué a Dios le importaría si tú usas "profanidad?" Eso fue empezado por los lideres religiosos en orden para mantener la gente bajo control, al igual como los códigos del vestir, reglas de comportamiento, o cualquier otra cosa. Se razonable. Dios está constantemente en el estado de amar. Él no tiene ninguna emoción acerca de todas esas cosas tontas. Yo sé que es muy difícil para ti recordar a veces que Dios está sobre las preocupaciones humanas. Pero tú debes de recordarlo, si es que vas a entender al Dios verdadero.

Ciertamente algunos modos de expresión pueden ser ofensivos para ti. Tú no deseas que la gente vaya por ahí nada más escupiendo profanidades por todos lados, porque eso es ofensivo. El Dios *dentro de ti* puede reaccionar, y eso es muy valido. Pero la profanidad no rebaja al alma o afecta a Dios.

Ha existido la profanidad a través de toda la historia. Sólo depende en las costumbres de la área. Tú puedes ir a otros países y decir las palabras más simples, y ellas pueden ser interpretadas negativamente. Así que como puedes ver, la moralidad y espiritualidad, también como la profanidad es situacional. En Kenya, las mujeres caminan con el pecho expuesto en público, pero en los Estados Unidos eso es ilegal.

Todos estos asuntos se disipan cuando te das cuenta de que tú no *quieres* ser ofensivo con los otros dioses a tu alrededor. Todos son parte de Dios. Así que si tú necesitas verbalmente emitirlo, vete al baño y "di groserías hasta que te pongas morado". No importa. Dios no va a escuchar y condenarte. Tu infierno ya está aquí. Como dijo Milton, "La mente está en su propio lugar, y puede hacer un paraíso del infierno, o un infierno del paraíso."

¿Qué es lo que pasa con el karma de uno en crímenes de pasión o demencia?

Hay un karma prendida a él, pero es tan mínimo. Por ejemplo, si una madre ve a su niño que está siendo atacado y ella reacciona disparándole al atacante, entonces no hay karma. Eso es pasión. Similarmente, si ella está demente o es llevada a tal punto, el karma muy poco estará prendida a eso. *Todo está en la intención.* Un motivo puro no carga karma.

Puede ser difícil de determinar si una intención dañina existió ahí o no. Muchas veces, después de que se hace la cosa, empiezas a preguntarte acerca de cuales fueron tus intenciones. Entonces tú construyes culpa innecesaria para ti mismo, en lugar de nada más dárselo a Dios. Ahora, esto no te autoriza que salgas y hagas cualquier cosa que tú quieras. La intención es tan vitalmente importante. Cuando tú realmente entras a los dolores espirituales de esta teología, tú vas a dudar tu intención. ¿Qué tan importante es el buscar la venganza? ¿Estás haciendo esto por tu propio ego, o estás tratando de arreglar algo?

En el último minuto, la misericordia se apoderará, y eso aun es mucho mejor. Eso refleja a una alma más avanzada. La misericordia es el dejar ir al odio. Tú llegas al punto donde deseas aniquilar a alguien, y entonces se lo dejas todo a Dios.

La filosofía Oriental dice, "Cuando tú buscas venganza, tú debes de excavar dos tumbas." Es mejor el tratar de ver a la verdad de la otra persona. El tratar de ver cómo piensan ellos. La espiritualidad significa la iluminación. Cuando tú vives más completamente dentro de tu espiritualidad, tú veras los motivos. Ello será clarificado para ti por el Espíritu Santo. Tú verás el porque la gente piensa así.

¿Ves el intento malicioso en tu lado?

Oh, sí, absolutamente lo vemos. Ello realmente coloca una marca en tu plan de la vida. Tú ya solicitaste el recibir lo que llamamos "la marca roja." Cuando tú vuelves, no eres juzgado, pero ves que marcas rojas están en tu archivo. Entonces te sientas por un largo tiempo en el Salón de la Sabiduría y hablas con el Consejo. Tú actualmente eres *aconsejado* en eso.

¿Qué tal acerca de las maldiciones y vudú?

Cuando alguien te envía energía negativa, a veces ni siquiera ellos saben que lo están haciendo, pero tú puedes sentir sus celos, avaricia, o envidia. Eso es llamado un *ataque psíquico.* Ello usualmente rebota directamente de regreso al que lo envió, aunque a veces eso se toma un poco de tiempo. Sylvia cree que son tan ridículas las llamadas maldiciones vudú, o ceremonias de encendimiento de veladoras, hechas por un precio. Lo que pasa es de que esas personas simplemente amontonan la oscuridad sobre de ellos mismos, pero no tiene ningún impacto sobre de ti.

Usualmente, tú no ves que esas personas reciban de regreso ningún karma retributivo. A lo mejor preguntas de cómo puede ser eso—la razón es de que ellas son obscuras. Así que te preguntas, "¿Por qué esa gente maldadosa no 'recibe castigo' en la vida?" Ellas nunca lo van a recibir. Sin embargo, ellos tampoco nunca irán al Otro Lado; ellos seguirán regresándose a la vida. La tierra es la única realidad que ellos tienen. La retribución que ellos sufren es de que ellos nunca irán al Otro Lado. *¡Eso es suficiente!* Ellos nunca ven a Dios; ellos nada más siguen reciclándose.

¿Ayudaría si tu efectúas la retribución en ellos? No. Ello no los afecta; ello sólo afecta a las entidades blancas. Las entidades obscuras nunca son lastimadas.

¿Así que como detienes "a las obscuras" de tropezar contigo? Neutralízalos enviando una luz blanca. Piensa de ti mismo que estás envuelto en plomo. Piensa que ellos te envían flechas, las cuales se doblan y caen al suelo. Envuélvelos con plomo y un circulo de espejos volteados hacia dentro. Esto realmente funciona.

¿Llevamos el karma al Otro Lado?

No, todo lo que tú haces es mirar en tu "página de calificación." La mayoría de ustedes estarán muy sorprendidos cuando *no* encuentren muchas marcas rojas. Demasiada gente camina por ahí sintiéndose que están "llenos de pecados" y vileza ante Dios, pero eso no es verdad. Si existe algún pecado, es el pecado de la aflicción.

Una cosa de la que tienes que tener cuidado es en el desvío de la estructura de tu ego. Todos vienen aquí con la necesidad de ser amados, porque el cuerpo humano te separa del uno al otro; te hace sentir terriblemente apartado. Te sientes tan aislado que tú puedes salirte de tu sendero hasta que tu intelecto toma el control de nuevo.

Para ganar aceptación, algunas veces te envuelves en el vivir la experiencia karmica de alguien más. Tú puedes encontrarte a ti mismo viviendo sus vidas y no quiero decir que lo haces por que es una dicha. Eso es aniquilador para tu perfección. Tu alma no va a ser dañada, pero puedes hacer a un lado a tu plan de la vida.

Si te encuentras a ti mismo en una cúpula karmica, entonces mira tus intenciones. Si ellas son puras, a lo mejor no te gusta lo que estás haciendo, pero últimamente tú lo estás haciendo por Dios. Ese es un sendero válido. Pero si tú estás simplemente alimentando a tu ego, entonces tú debes de salirte de eso.

Por nada en este mundo Dios desea que sean infelices. Esa es una cosa de la que puedes estar seguro. Los únicos sentimientos puros son el amor y la felicidad—esas son hermanas una otra.

Tú nada más lo puedes hacer un tiempo y después tienes que alejarte de ello. Algunas personas, trágicamente, desean ser mantenidas por todas sus vidas enteras. Ellas necesitan ser aconsejadas sin fin. He encontrado tanta gente simbióticamente que está colgándose del uno al otro, sintiéndose importante porque ellos se dan consejo constantemente. Nadie necesita eso. Es aniquilador para ambos de ustedes. Después de que has aconsejado y ayudado, no puedes seguir sacrificando tu vida.

Algunas personas están tremendamente encantadas con cuidar un invalido o a una persona enferma o alguien que está quejumbroso o deprimido. Tú dices, "¿Cómo lo hacen?" Ellos son felices haciéndolo. Pero si tú no estás contento haciéndolo, tú estás destruyendo la luz que tienes en ti.

La excepción es con los niños pequeños quienes todavía necesitan tu cuidado. Cualquier padre ha tomado un peso agregado de responsabilidad. El tener hijos es un dharma—es una *responsabilidad*. Tú tienes el hijo; así que, tú eres responsable por él o ella.

Algunas veces tú encontraras a alguien que necesita ayuda y se supone que debes ayudarlos. ¿Ahora, los vas a llevar a tu casa para siempre? No. No lleves eso a tales extremos. Pero si tú amas el hacer algo (volvemos a la intención), sigue haciéndolo. Ti tú amas el llevar a muchos niños con desabilidades a tu hogar, entonces que Dios te bendiga por eso. Pero *no* mires a alguien y digas, "Tú eres inferior a mí porque tú no has hecho lo que yo hago."

Ahí es a donde el ego falso entra. La gente empieza a hacer una lista en su propia mente acerca de que tan buenos ellos han sido—o de que tan malos. Tú debes de entender que tú pre planeaste el tener lecciones karmicas, incluyendo el vencer tu ego falso, y el ser bondadoso. Así que vigila tus palabras que no tienen motivos bondadosos. Salte de ti mismo. Esa es una responsabilidad que todos ustedes tienen.

Ahora, a lo mejor tú tienes una madre quien es malvada, cruel, mala, y odiosa. ¿Se supone que debes de permanecer junto a ella y tomar su abuso? No. Lo mismo va para un patrón o esposo. Tú no necesitas mantener acercándote a esa persona para que constantemente te golpee y rebaje. Al hacerlo, eso ahogará tu espiritualidad y apagara tu luz interna. Entonces realmente estarás afuera de tu sendero.

Ahora, tú todavía necesitas el evitar ser malo y de lastimarlos intencionalmente. Neutraliza la situación, haz lo que debes de hacer por ellos y después sigue tu camino. Ello no te apresará en tu mente si tú no se lo *permites*. Entiende que esa persona es simplemente un obstáculo colocado ahí para tu desarrollo de tolerancia. Al igual que te vuelves más espiritual, la gente que tú amas, quien comparte una similar espiritualidad, serán mucho más cercana a ti que cualquiera de tu sangre.

La espiritualidad exacta un tremendo precio. Cuando tú empiezas a cambiar espiritualmente y ya no permites a la gente que te pisotee, a algunos no les van a gustar los cambios en ti. La familia es el primer lugar en el cual esto saldrá a flote. Entonces tú tendrás que encontrar a gente que son lo suficientemente espiritual para que caminen el mismo sendero contigo.

¿Puede haber consecuencias dharmicas?

Si tú eres una mujer que está manejando en una carretera solitaria y ves a un carro parado a un lado. ¿Serias inteligente si pararas? Por supuesto que no. Eso seria estúpido, porque el potencial de ser lastimado es tan grande. Así, aquí tenemos la obligación primaria, lo cual debe de ser el completar tu propio plan de la vida.

Tú preguntarías, "¿No debería arrojarme a cada batalla?" No. Eso es una estupidez. Tú debes de entender que el alma y el cuerpo que estás salvando podría a lo mejor ser el tuyo. Tú tienes el derecho de tomar precauciones con el cuerpo que estás usando. El vehículo que escogiste ha sido prestado por Dios. Tú no tienes derecho de abusarlo.

¿Cómo nos protegemos de quienes no entienden nuestra espiritualidad?

Primero que nada—y esta es la parte más difícil—trata de ser generoso y simpático con ellos. Algunas veces eso los hace más furiosos, pero tu progreso espiritual se volverá tan tremendo que mucha gente no te conocerá ya. Y eso es aceptable. De todas maneras tú *no* deseas cargar a esa gente contigo por toda la eternidad.

Tú sólo necesitas envolverlos con la "luz blanca" y enviar la gracia de Dios a su alrededor. De muchas maneras, esto suena muy pasivo, pero es realmente *muy activo y dinámico*. Ello coincide también con los conceptos de las antiguas religiones del Orientales.

§ § § § § §

ॐ Capítulo Tres ॐ

LOS TEMAS DE LA VIDA

Francine: Deseo hablarte acerca de tu *esencia,* la cual es esa centella de Dios de lo que estás hecho, lo cual continuara contigo por toda la eternidad. Esta parte de Dios fue creada individualmente en ti, únicamente formada, y enviada en su camino para regresar con su individualidad a Dios. Tú nunca vas a perder esta identidad; es el centro de tu ser.

Estoy haciendo un punto explicativo de esto porque en tantas religiones, se implica que cuando alcanzas un nivel de perfección, tú entraras dentro de una masa nebulosa y te perderás en un mar de anonimato. No lo haces así. Eso nunca será posible. En absorber y acompañadamente tomando de esa esencia individual de Dios, tú te elevas a un punto de divinidad, con una personalidad distintiva.

La mayoría de la gente tiene temor de decir en voz alta que ellos son Dios. Pero ellos lo *son.* Esto no tiene nada que ver con el ego. Ello tiene que ver con el centello Divino que reside en tu alma. Tu divinidad no puede ser ahogada, no importan las capas de comportamiento que puedas haber adquirido. Cruzado, gruñón, infirme, enfermo, a veces malo, el no sentirte bien—estas emociones no tienen nada que ver con tu esencia individual. Solo tienen que ver con el comportamiento que es adquirido por vivir en tu mundo.

Permíteme decirte de las maneras diferentes en las cuales tu perfección es traída, porque el conocimiento trae la libertad. Tu centello da vueltas a través de estas experiencias, recogiendo a su paso. El único problema es de que en forma humana, tú no sabes como deshacerte de todo lo sucio que colectas en medio de los centellos.

Ese es mi trabajo—el decirte como puedes limpiar lo sucio que está encajado en tu estrella. Ha sido adquirido por muchas áreas. La mayoría de la negatividad que tú has absorbido no es por el tiempo o espacio o lugar. Siempre proviene de otras entidades. Los animales y lugares no crean eso.

"Pero," a lo mejor tu dirás, "hay lugares que no soporto." Eso es por la negatividad que ha sido colocada ahí por la gente—por ejemplo, a lo mejor gente ha sido asesinada o lastimada ahí. Aun un pantano puede que no sea malo, excepto por el peligro de pararte en el lugar equivocado. Lo que tú haces es el recoger algo de la esencia de eso.

Es maravilloso si te dices a ti mismo diariamente, "deseo que mi esencia esté limpia." Es tan sencillo como el limpiar una casa. Enjuagándolo limpia la negatividad del día. Yo sé que algunos de ustedes usan la luz blanca y los espejos, pero actualmente piensa de tu alma como un centellador que necesita ser abrillantado y liberado del lodo de la vida.

La mayor parte del tiempo, ni te das cuenta que estás levantando lo sucio de la vida, tales como los males modos, la negatividad, los dolores de cabeza, o penas. El problema es de que lo más que tu canal espiritual esté abierto lo más apto estarás para mezclar algo de lo sucio con el agua clara. Piensa en agua que corre limpia y pura dentro de tu alma. Tú nunca podrás usar esto de mas, o ser muy escrupuloso con ello, aun así lo hagas cada hora. Yo lo hago antes de ir dormir para que me ayude a no tener pesadillas o con la intranquilidad.

Usa la pena, como ejemplo. Uno puede venir al Otro Lado para visitar a seres queridos las veces que deseemos. Eso no está mal, pero cuando alguien regresa aquí, es apto a visitar demasiado y regresas más agotado que antes. Mientras visitas tu mente no está descansando. Esa es la razón por la que te despiertas a veces sintiendo que has estado con ellos pero ellos no están ahí, y deberían de estar—¿Por qué no están? Tú los has estado visitando. Eso no está mal, pero tú debes decirte, "deseo permanecer aquí," por lo menos el par de semanas próximas para que así no estés tan cansado. Eso ayudara a reducir el sentir de que si tu té volteas, ellos estarán ahí.

¿Cómo logramos este efecto de limpiamiento?

Imagínate parado bajo una cascada hermosa con el sol brillando sobre de ti; mira el agua que desprende las capas de piel muerta y tú estás parado ahí brillante y esplendoroso con el agua bautismal corriendo sobre de ti. Cuando el agua te toca tú te vuelves más y más de color dorado.

Tú puedes hacer que el agua empiece de color azul celeste desde arriba, luego vuélvela verde y del color verde a morada y después a dorada. Asegúrate que la dorada te toque cuando estés abajo de la cascada. Tú sientes que tu alma está siendo refrescada. Realmente se te dará la gracia del Espíritu Santo.

Esto es maravilloso de usar. Es algo que es tangible a la tierra, porque así otra vez estás ofreciendo homenaje a Azna. El agua es de la Madre Dios—que está sanando, purificando, y bautizando. Así que cada día puedes enjuagar hacia afuera tus preocupaciones. Esa es la razón por la cual no importa que tan cansado estés después de que te bañas en tina o en regadera, te sientes rejuvenecido. Te has quitado la capa de negatividad. Después de que te bañes, siempre sécate con la toalla usando movimientos hacia arriba. Eso es vigoroso y renovador.

Es desafortunado que tales rituales ya no son tan comunes como lo fueron en los tiempos antiguos. La paloma por mucho tiempo ha simbolizado la pureza de un alma enjuagada limpia de todas las tragedias de la vida. Los Gnósticos antiguos hicieron esto intermitentemente uno con el otro—no solo simbólicamente y meditativamente, pero también en la realidad. El ritual del bautismo originalmente fue nada más un proceso de sanamiento del alma. Tú sabes que esto es verdad. Considera todos los rituales basados en baños y enjuagues, usando ambas, agua caliente o fría.

Todos ustedes han escuchado la expresión, "El tiempo cura todas las heridas." Si tú participas en rituales, entonces el tiempo se acelera y el sanamiento viene más rápido. Entonces es cuando tu pena se aligera y se vuelve manejable, lo vemos porque tu aura empieza a volverse más azuleja, o a veces amarilla. Cuando te vemos con enojo o con una terrible pena, el color se vuelve rojo flameante. En una depresión terrible, la vemos volverse café sucio y a veces negra. Eso no tiene nada que ver si tú eres una entidad blanca o obscura. Es tu aura, una manifestación que vemos.

También recuerda que no podemos leer tu mente sólo que tú nos los permitas. Si tú me lo pides, yo no podría leer tu mente sólo si tú me das permiso. Así que debemos mirar a tu aura para discernir tu estado emocional. Nosotros no quitamos la experiencia; sólo ayudamos a quitar las orillas filosas.

En tu proceso de aprendizaje, tú también puedes perfeccionar *sin* las orillas filosas. Tú experimentas no sólo por medio de tu propia vida, pero por la gente que tú amas. Tú sabes que esto es verdad. Cuando alguien que tú amas está siendo lastimado o condenado, tú tienes empatía, dolor y un sentimiento de abatimiento por esa persona.

Raheim: Una manera de crecer espiritualmente es por medio del compartimiento. Si tú puedes escuchar una historia y hepatizar o simpatizar con otra persona acerca de lo que ellos han pasado, tú no tienes que experimentar eso. Esto no significa que quiero que tú salgas corriendo y escuches todas las historias horrendas que posiblemente puedas escuchar para que así sientas que lo has experimentado, pero la palabra *substitución* toma un significado más profundo aquí.

¿Nunca has tenido a alguien que te cuente una historia y la lástima fue tan enorme de que tú actualmente sentiste que pasaste por eso con ellos? Al hacerlo así, tú no lo tienes que experimentar otra vez. Piensa acerca de eso. Una y otra vez, tú has experimentado ciertos patrones en millares de formas. Tú no los tienes que experimentar otra vez, sólo que tú todavía no hayas aprendido de ellos. En ese caso, tu seguirás recogiendo los mismos patrones hasta que se hayan aprendido.

Francine: nadie es lo suficientemente fuerte para no venir con las memorias de nuestras vidas pasadas. Tú llegas a cada vida con ellas. Ellas son parte de ti.

Llevando este tema más lejos, en el Otro Lado, tú puedes integrarte con una persona y experimentar lo que ellos hicieron en una vida. De esta manera, tú estás perfeccionando y absorbiendo su experiencia. Cuando tú haces eso, tú no tienes que pasar por lo que ellos pasaron. Realmente, tú sólo estás obteniendo el contenido de información, no la completa experiencia de emociones.

Mucha gente puede entender lo que se puede sentir al perder un hijo. Al tocar esa pena, ellos dicen, "yo estuve lo suficientemente cerca; yo no deseo sentir todo eso." Pero en el Otro Lado, estamos rodeados con amor, comodidad y seguridad. No hay preocupaciones económicas, ni temores de enfermedades o cualquiera de esas otras cosas. Podemos compartir el conocimiento de ese tipo de dolor sin *pasar* por la misma pena. La vida es tan difícil para ti. Tú vives en un mundo aislado por paredes. Encuentro tan deprimente cuando entro en el cuerpo de Sylvia, porque es tan confinado. Pero es maravilloso el poder hablarles a ustedes.

Por supuesto, tengo un cuerpo en mi lado, pero es elevadamente mutable y yo puedo integrarme con otras entidades quienes han regresado a este lado. Puedo compartir sus experiencias.

¿Es bueno o malo el donar un órgano?

Está bien el hacer eso. No necesitamos nuestros órganos cuando regresamos aquí. Está escrito en la Biblia: "El hombre no demuestra amor más grande que el de dar su propia vida [o partes de su cuerpo] a otro."

¿Cuánto dolor se comparte en la integración?

Es como el observarte a ti mismo pasar por una cirugía y sentirte mal por ello, pero sin necesitar ninguna anestesia. La integración imparte no tanto lo emocional, como el conocimiento intelectual de lo que una persona paso, lo cual es mucho menos espantoso para el alma. Pero por lo menos tú estás asimilando algo de ello. Si fuéramos a experimentar la emoción total, sería una cosa horrible para nosotros. Entonces mi lado no sería un lugar dichoso. Las únicas emociones que realmente experimentamos a lo máximo son las emanaciones positivas tales como el amor, la felicidad, la dicha, la paz, y muchas más.

Tú vas a la Tierra no por el conocimiento intelectual, pero por el conocimiento emocional. Somos el lado de la experiencia de Dios.

Deseo que observes que en las penas severas o en el abandono, si es que tú realmente has llorado duro, hay una clase de chillido extraño que audiblemente sale del alma. Los antepasados sabían de eso y lo llamaron el chillido, el maullido o el lloriqueo. La mayoría de las mujeres primitivas y los hombres dejaban salir en las penas extremas estos chillidos de sonido agudo o lloriqueos. En las Islas Británicas, este maullido saca al "duende de lamentos," lo cual es una construcción de ese lloriqueo que actualmente se condensa en sí mismo en una forma y es escuchado y sentido por el subconsciente.

Cuando tu alma está en pena, permítete a ti mismo, meditativamente, el ir a un campo y chillar. Permítete a ti mismo el gritar este lloriqueo primitivo, este chillido que desea emanar de tus labios. Observa que tan similar es el lloriqueo al de un bebé. Observa que cuando los niños pequeños lloran así, sabemos que ellos están bien. ¿Por qué? El primer sonido que tú escuchas es un chillido penetrador. La mayor parte de eso tiene que ver con el hecho de que están furiosos por estar aquí otra vez; ellos recuerdan que tan malo es el estar aquí y que tan pesado es el cuerpo. El alma empieza el lloriqueo.

El ser emocional inmaduro adentro de ti, sólo puede crecer al permitirle que las lagrimas broten y que el niño interno crezca. Se te ha enseñado religiosa y culturalmente, por mucho tiempo que tú no debes de soltar libre el lado emocional de ti mismo. Pero es como el mantener a un niño encerrado en una jaula muy pequeña. Eso es lo que tú le has hecho a tu lado emocional. La persona pequeña dentro de ti nunca crece más.

Los hombres, desdichadamente, pasan por un tiempo peor. Aun más que las mujeres, se les dicen a ellos que no lloren o demuestren sentimientos. ¿Qué es lo que pasa entonces? Ellos se vuelven represados en eso y eventualmente mueren a una edad joven. Las mujeres que mantienen sus emociones sumergidas también se vuelven muy pendencieras, amargadas, solitarias y aisladas. ¿Por qué? A ellas no se les permitió estirar ese lado emocional dentro de sí mismas para que así ello creciera.

¿Tú mundo ve el alcance intelectual como algo que es lo más grandioso, verdad? ¿Cuánta educación has obtenido? ¿Cuál es tu educación? ¿Qué tan bien hablas? ¿Cuánto has leído? Todo eso está bien, pero no es tan importante como el lado emocional.

Las personas quienes viven en sus emociones están completando sus destinos más que las llamadas personas intelectuales. Esto no es para rebajar la búsqueda intelectual, pero ambos lados deben de elevarse. En el Otro Lado ya tenemos el conocimiento intelectual, así que tu plano es para estirarte emocionalmente. Sin embargo cuando llegas aquí, se te dice, "No llores. No permitas que tu niño interno salga afuera."

¿Cuantos de ustedes expresan su lado amoroso, aun con solo ir a algún lugar con amigos, el ir a comprar un cono de nieve, o ir a un paseo? Ese es el niño. Ten una fiesta. Juega vistiéndote elegantemente. Admítete a ti mismo que eres un niño dentro de ti—de que todavía te pueden lastimar y te puedes sentir solitario. Si la gente habla mal de ti, tu te vas a enojar. Yo no quiero decir que seas un petulante que arroja berrinches—eso es algo completamente diferente.

No le permitas a la gente que te diga que "crezcas." Eso no tiene conexión con lo que es real.

El Tema en contraste con el Karma

A estas fechas ya sabes que el karma se refiere a las experiencias para el alma y las lecciones que debes de aprender. Tu karma empezó en el segundo que tu centella emano del Centellador Divino, el cual Sylvia y yo siempre nos referimos como la "Divinidad." Como viajaste a través del tiempo—sin importar que tan largo tiempo te tomo para venir aquí o cuantas vidas has escogido experimentar—tú por lo menos vas a completar dos temas de la vida.

Los temas son estados de la mente. Ellos son situaciones que tienes que sobrellevar para aprender de ellos. Porque tú tienes que aprender por medio de ellos, ellos no van a ser fácil. Encontraras, la mayor parte del tiempo, de que obtuviste un tema primario y uno secundario. Los temas pueden plegarse. En otras palabras, si tú eres un Peleador de Causa, tú puedes ser también un Edificador. No sólo sirves en la causa, pero también ayudaras a edificar una.

También, veras que existen diferentes etapas de progresión. Yo sé que en la vida, frecuentemente te sientes que estás andando muy lentamente o que realmente no estás en tu sendero. Cada vez que tengas estas preocupaciones, es una señal de que tú *estás* en el sendero correcto. Una persona que no está en su sendero *nunca* busca la verdad, nunca pregunta, nunca busca la espiritualidad y nunca busca a su ser interno.

Antes de venir a la vida, tú puedes haber examinado cada sendero—cada molestia, caminos cortos, y desviaciones—para descubrir cual ayudaría más al tema mayor. Esta es la razón por la cual cuando empiezas a salirte lejos de tu sendero te sientes deprimido. El alma trata de recordarte por medio de la depresión de que estás fuera de tu sendero; enfermedades pueden ocurrir si te sales demasiado lejos.

Cada uno obtiene su propio sendero que debe tomar, así que no imites la de otra persona. Tú puedes tener la veneración de héroe o amor o respeto hacia otra persona, pero tu sendero es tuyo propio. La gente seguido pregunta, "¿Estoy en el sendero correcto?" Tú empiezas la jornada en el sendero correcto. Tales preguntas acerca de tu identidad verdadera son, en sí mismas, una jornada espiritual continua. Si tú crees que todos se sienten de esta manera, ve a ver a un conocido y pregúntale, "¿Cómo está tu espiritualidad en estos fechas?" La mayoría de las personas te responderán con una mirada en blanco.

Esto ciertamente no significa que tú debes de desarrollar una ostentación espiritual, en la cual te enfocas por ser más avanzado que los demás. Pero hay un tipo de separación que sucede cuando te vuelves más avanzado espiritualmente. Al encontrar esta maravillosa, espiritualidad eufórica, la única gente que tú desearás estar cerca serán los que están *en el mismo sendero*.

45 *Temas de la Vida*

Sylvia: De miles de sesiones hipnóticas, aquí están los Temas de la Vida que he descubierto hasta ahora:

Activador—El enfoque aquí es el de ejecutar tareas que otros han fallado de terminar. Estas pueden ser verdaderamente enormes o muy insignificantes, pero el enfoque es siempre el de terminar y hacer el trabajo correctamente. Los activadores, frecuentemente conocidos como activistas, son los innovadores artistas o los solucionadores de problemas del mundo, los que exitosamente reparan las fallas. Naturalmente, estas entidades están en gran demanda y así que tienen la tendencia de esparcirse muy estrechadamente. Los activadores deben de hacer cualquier esfuerzo para confinar sus energías a tareas donde existe una oportunidad genuina para obtener cambios benefíciales.

Seguimiento Artístico—Música, drama, pintura, escultura y escritura están incluidas en esta categoría. Un tema artístico no es para ser confundido con un pequeño "talento" por una de esas empresas. Cuando un tema artístico está presente, la entidad es empujada por su talento innato. Una necesidad para crear es manifestada por si sola a una temprana edad y domina al individuo su entera vida. Si el tema secundario es uno complementario, la entidad tendrá una larga y productiva carrera. Si no, cualquier aclamación y privilegio que la entidad reciba puede dirigir a una tragedia. La existencia agonizadora de Vincent van Gogh refleja un caso trágico de un conflictivo tema secundario.

Analizador—Esta entidad no sólo lo quiere saber todo, pero también como funciona y el por qué. Los analizadores temen que van a perderse de algo o de que algún detalle será olvidado. El resto de nosotros aprendemos de su averiguación continua de los detalles más pequeños. Estas entidades prosperan en lugares científicos o altamente tecnológicos, adonde sus habilidades son vitales. En situaciones de vida diaria, su reto es el de relajarse y confiar en sus sentidos. Los analizadores deben después de un análisis discreto del comportamiento de otros, pedir al Espíritu Santo por iluminamiento para propasar la evidencia física.

Cargador de Estandarte—El primer teniente del Peleador de Causa (explicado más adelante) puede ser encontrado en protestas, demostraciones, o posiblemente cabildeando; estas entidades también pelean la batalla en contra de la injusticia. La clave del éxito en perfeccionar este tema es la moderación, tacto, y discriminación. Es mucho mejor para estas entidades el seleccionar una causa y estar ahí hasta que termine, en lugar de esparcir su impacto dentro de muchas.

Edificador—Estas entidades son fundamentales en la sociedad, los héroes no celebrados y las heroínas de las guerras, la vida hogareña y organizaciones. Frecuentemente los buenos padres son edificadores, habilitando a sus niños para que sigan adelante a un lienzo mucho más grande. Sin estas partes las ruedas nunca darían vuelta, sin embargo los edificadores raramente reciben crédito por las consumaciones que se hicieron posible por sus esfuerzos. Ellos necesitan mantener en mente de que no todos los precios son ganados en este plano de existencia. Frecuentemente los que reciben el crédito en la Tierra no están perfeccionando tan rápidamente como los edificadores quienes ayudan a hacer sus consumaciones posibles.

Catalizador—Aquí están los trabajadores e innovadores, esos agentes de acción que hacen que pasen las cosas. Los Catalizadores son las estrellas del salón de escuela quienes todos aspiran a llegar a ser, los que son invitados a las fiestas para asegurar un buen tiempo. Los catalizadores—Ralph Nader es un gran ejemplo—son esenciales a la sociedad por sus innovaciones. Los Catalizadores generalmente tienen una gran energía y actualmente parecen prosperar en la tensión. Ellos deben de tener una arena en la cual deben de actuar, o ellos se vuelven morosos y contra productivos.

Peleador de Causa—El numero de causas es infinito—la paz, las ballenas, el hambre, y muchas más—y el peleador de causa será atraído por ellas o creara más. Estas entidades completan una función importante al hablar en representación de otros quienes a lo mejor están tan absorbidos con sus propios temas para hablar de asuntos sociales. Los peleadores de causa tienen una tendencia hacia la impulsividad que los puede colocar *y a otros* en peligro. También es necesario de que los peleadores de causa consideren la posibilidad de que la causa misma es mínima comparada con el ego del envolvimiento.

Controlador—El desafío de esta entidad es obvio. Napoleón y Hitler fueron ejemplos típicos de este tema manifestado en su sentido más negativo. El controlador se siente obligado de no solamente dirigir toda la situación, pero el de dictar a otros como deben de hacer hasta los más pequeños detalles de sus vidas. En orden para perfeccionar, estas entidades deben de aprender a contenerse y control-propio.

Emocional—No solo las elevadas euforias y las devastadoras bajas, pero cada y toda molestia de emoción se sentirá por estas entidades. Frecuentemente, el emocional es un tema secundario de los poetas y artistas. Como tal, seguramente aumentará la creatividad mientras impone un reto severo. El conocimiento de la necesidad para un balance es vital aquí, como es el establecimiento del control-propio intelectual.

Experimentador—No es tan raro para que esta entidad cambie de joven sicodélico a un presidente de banco a un vagabundo viajando por el mundo en un barco construido por él mismo. Los experimentadores se meten en casi todo y son expertos en muchas de sus ocupaciones. Howard Hughes es un ejemplo bien-conocido. La riqueza es nada más un producto de una experiencia de multi-facetas. La buena salud es esencial para un experimentador; es importante el no poner en peligro esto por los excesos.

Falibilidad—Estas entidades parecen estar siempre en el lugar equivocado y a la hora equivocada, porque ellas han entrado la vida con una desvalidez física, mental o emocional. Helen Keller, es un ejemplo excelente, quien cuando bebé contrajo una fiebre que la dejo sorda y ciega. Su triunfo sobre esta desvalidez es una inspiración para todos. Es importante para las entidades con el tema de falibilidad recordar que ellos escogieron este sendero en orden para dar un ejemplo para el resto de nosotros.

Seguidor—Inicialmente, estas entidades pueden tener preferencias de ser lideres, pero en alguna etapa ellos deciden el no someterse al necesario compromiso. El reto del seguidor es el de darse cuenta que el mando es imposible sin ellos y así reconocer su propia importancia. La perfección viene de la aceptación del tema escogido por ellos mismos y proveyendo al líder con la mejor asistencia posible. La discriminación es necesaria aquí para decidir exactamente a quien y a que cosa seguir.

Armonía—El balance es todo lo que es importante para estas entidades y ellas irán a cualquier extremo para mantenerlo. Sus sacrificios personales son admirables hasta cierto punto, pero el reto real yace en la aceptación de los dobleces de la vida. Lo que no se puede cambiar debe de ser adaptado y aceptado.

Humanitario—Mientras los Peleadores de Causa y los Cargadores de Estandartes gritan en contra de lo malo que se ha cometido en contra de la humanidad, el tema de Humanitario lleva a estas entidades en medio de la acción misma. Los humanitarios están tan ocupados vendando, enseñando, abrazando, salvando, y mucho más, para tener tiempo de protestar. Esos en esta categoría no están tan preocupados por el concepto de la maldad, y están inclinados a excusar la humanidad de sus fallas. Porque los humanitarios raramente paran con solo ayudar a sus familias y amigos, ellos van más allá y ayudan a cualquiera y a todos los que se acerquen, así que ellos están en peligro de sobre extenderse a sí mismos. El reto para los humanitarios—mi reto—es el evitar el agotamiento físico por medio de amor propio y cuidados.

Infalibilidad—Estas entidades nacen ricas, hermosas, atractivas, audaces, y mucho más. Cuando consideramos que la perfección es la meta universal, este tema se vuelve uno de lo más desafiantes. Hay frecuentemente una tendencia hacia los excesos de todas clases. Es casi como si la entidad quisiera tentar el destino. Curiosamente, seguido puede ser la falta de estima propia la que causa a la entidad que tema que él o ella no es amado como individuo. La meta aquí es de verdaderamente aceptar el tema y aprender a vivir con él.

Intelectualidad—Aquí está el tema del estudiante profesional. Charles Darwin, quien uso el conocimiento que él adquirió por medio del estudio intensivo para experimentar su hipótesis, y eventualmente publicar, es un ejemplo excelente de alguien quien ha perfeccionado este tema. Pero desde que el conocimiento por su propio beneficio es frecuentemente la meta entre los intelectuales, existe seguido el peligro de que el conocimiento que ha sido tan ardientemente buscado y dolorosamente adquirido no llegará a ningún lugar.

Irritante—Buscadores deliberados de culpas, estas entidades son esenciales a la perfección de los demás, porque en su compañía estamos forzados a aprender paciencia y tolerancia. Aunque es importante el no entrar dentro el pesimismo innato del irritante, también debemos de no ser juzgadores. Debemos recordar que los irritantes están perfeccionando sus temas para que nosotros puédannos perfeccionar las nuestras por medio de ellos.

Justicia—Muchos de los Padres Fundadores, preocupados como ellos fueron con la justicia e igualdad, son ejemplos del tema de Justicia en operación. Esos con Justicia como un tema muy ansiosamente darán sus nombres cuando son testigos de un accidente o crimen. Tan admirable como todo eso suena, es imperativo que estas entidades usen discreción en sus preferencias. La violencia de tumulto es otro atento mal dirigido para corregir algo equivocado. Esos con Justicia como un tema deben de permanecer centrados en Dios.

Legalidad—Practicando o enseñando leyes son preferencias obvias para estas entidades, quienes están casi obsesionadas con asuntos de legalidades. Algunos de estos individuos pueden también ser encontrados sirviendo en mesas gobernativas. Cuando son elevadas espiritualmente, estas almas mantienen al mundo seguro y balanceado, pero ellas deben siempre estar alertas en contra de la posibilidad de usar su poder de una manera de servicio propio.

Líder—Esos que siguen este tema están en control, son premeditados y raramente son innovadores. Ellos se vuelven lideres en áreas que están ya establecidas. Su empuje es hacia el éxito en lugar de la creación. Su desafío es el evitar "sentirse poderoso."

Solitario—Aunque frecuentemente en la vanguardia de la sociedad, esos con el tema de Solitario invariablemente escogen ocupaciones o situaciones en las cuales están en alguna forma aislados. Este es mi tema secundario. El ser una psíquica me ha mantenido apartada de los demás. Los solitarios son generalmente felices consigo mismos pero deben de cuidar sus niveles de irritación cuando la gente entra en su espacio. Si cada tema reconoce la presencia y significación de los demás temas, el resultado será, de mucha más tolerancia y entendimiento en el mundo, y—eventualmente—la paz.

Perdedor—Las entidades con un tema de perdedor son extremadamente negativas, aunque no como esos con el tema de falibilidad, ellos nacieron sin ninguna desvalidez. Frecuentemente ellos tienen muchos puntos buenos, pero escogen ignorarlos. Aunque su tema pueda que se parezca al del irritante en su tendencia para un criticismo constante, ellos son diferentes en que invariablemente colocan la culpa de vuelta en el "pobre de mí." Estas entidades son mártires principales, moviéndose de una elaborada telenovela a otra. Al observar este tema en acción, tendemos a ser más positivos. Es importante de que no juzguemos a la gente quienes tienen este tema, recordando que sus patrones fueron escogidos para ayudarnos a perfeccionar el tema de nosotros.

Manipulador—Este es uno de los temas más poderosos, porque los manipuladores pueden fácilmente controlar situaciones al igual que a la gente. Observando a la gente y situaciones como si fueran una tabla de ajedrez, esos con un tema de manipulador pueden mover a la gente y circunstancias a su ventaja, como si fueran peones de ajedrez. El presidente Franklin Roosevelt fue un gran ejemplo de un Manipulador en acción. Cuando tal persona trabaja para el bien de los demás, este tema es elevado a su propósito más alto. Cuando el tema es mal usado, la meta final de perfección se toma un largo tiempo para ser alcanzado.

Pasividad—Sorprendidamente, las entidades con un tema de pasividad son actualmente activas—pero acerca de nada. Aunque ellos a veces tomaran parte de asuntos, siempre es de una manera sin violencia. Aunque cualquier extremo es dañino al individuo, *alguna* tensión puede ser necesaria en orden para traer la perfección del alma.

Paciencia—El tema de Paciencia es claramente uno de los senderos más difíciles de perfeccionar. Esos con este tema parecen desear una adquisición más rápida de perfección que las entidades con temas de menos retos. Frecuentemente, ellos cargan grandes cantidades de culpa cuando sienten que ellos se han alejado de sus metas y se vuelven impacientes. Esta actitud puede dirigir a una degradación propia, y a veces los lleva a un enojo suprimido. Estas entidades deben ser clementes consigo mismas, por que es lo suficientemente difícil el vivir a través de las circunstancias que ellos han escogido en orden para expresar este tema.

Comodatario—El Judas biblical es un ejemplo clásico de este tema. Así el hecho sea negativo o positivo, el comodatario empieza algo de gran magnitud que se hace realidad. Nosotros no podemos avanzar hacia la perfección universal sin el Comodatario, pero esas entidades quienes seleccionaron este tema deben preservar su dignidad con solo escoger causas dignas.

Pacificador—Las entidades que seleccionan el tema de Pacificador no son tan pacíficos como lo implica el nombre. Los Pacificadores son actualmente bruscos por su deseo y para conseguir la paz. Ellos trabajan sin parar para detener la violencia y la guerra hablando con audiencias grandes que los que optaron por un tema de Armonía. Su meta de paz sobre excede una alianza a cualquier grupo particular o país.

Representación—Esos con un tema de Representación lo encuentran altamente premiador pero frecuentemente agotador. Estas entidades son los verdaderos "corazones de fiestas" Algunos actualmente entraran a carreras de entretenimiento, pero otros simplemente estarán contentos al entretener en sus hogares e oficinas. El reto aquí es para esos con un tema de Representación el combatir el agotamiento buscando su propio ser, así adquiriendo la habilidad de cuidar y "entretenerse" a sí mismos.

Persecución—Este tema arduo es escogido para permitir a los demás el crecer espiritualmente. Las entidades con un tema de persecución viven sus vidas en anticipación de lo peor, seguros de que ellos están siendo escogidos singularmente para la persecución. Experimentando placer los puede enviar dentro del pánico porque ellos están convencidos de que de alguna manera ellos deben de pagar por eso.

Perseguidor—Esos con un tema de Perseguidor pueden variar de golpeadores de esposas y abusadores de niños a asesinos en masa. Es difícil el ver el propósito de este tema dentro de una singular vida, pero estas aparentes "malas semillas" tienen un papel escogidos por ellos mismos que permiten a la humanidad avanzar hacia la perfección. Una vez más, es imperativo de que no atentemos juzgar al individuo.

Pobreza—El tema de Pobreza aparece más frecuentemente en los países del Tercer Mundo, sin embargo puede ser aun más un reto en las sociedades afluentes. Algunas entidades con un tema de Pobreza pueden tener todo lo que necesitan para estar cómodos y sin embargo se *sienten* pobres. Con el progreso, el extravío se desvanece y es lentamente reemplazado por un sentimiento de dicha cuando la realización llega de que las trampas de este mundo son cosas transitorias cual importancia rápidamente pasara.

Psíquico—El tema de Psíquico es mas bien un reto que una bendición, por lo menos en las primeras etapas. Una entidad con este tema puede escuchar, ver o sentir cosas de una manera mas allá de la percepción del sentido normal. Frecuentemente les llega a esos con antecedentes estrictos donde las figuras de autoridad se esfuerzan para negar o suprimir el don. Eventualmente, la entidad aprenderá a aceptar y vivir con la habilidad, usándola para el bien de una manera espiritual o profesional. Incidentalmente, yo no cargo este tema; la habilidad psíquica nunca ha sido un punto de reto en mi vida.

Rechazo—Este desafiante tema se manifiesta por sí solo a muy temprana edad, con el rechazo y enajenación experimentado en la niñez. El síndrome se acelera con la entrada a la escuela y el subsiguiente envolvimiento en relaciones. Seguido estas entidades son desertadas por los que ellos aman—aun sus propios hijos adoptaran una madre substituta o figuras paternales. El patrón puede ser quebrado una vez que la entidad reconoce lo que está pasando y rinde la acción y el envolvimiento de ego a Dios.

Rescatador—Uno seguido encuentra al Rescatador trabajando junto al Peleador de Causa, pero cuando el Peleador de Causa se va a otra causa, el Rescatador se queda para cuidar a las victimas. Aun cuando las victimas han obviamente creado sus propios problemas, el Rescatador está determinado a "salvarlos". Frecuentemente, en hacerlo así, el Rescatador es quien es victimado. Una entidad con el tema de Rescatador tiene un grado alto de empatía y puede manifestar una fuerza para esos que necesitan ayuda. Este tema presenta un camino difícil de seguir, pero los premios espirituales son de verdad enormes.

Responsabilidad—Los individuos quienes han escogido el tema de Responsabilidad lo embrazan con fervor en lugar de con obligación, y se sienten culpables si no cuidan de todo aquel que entra a su orbita. El reto es el decidir que es lo inmediato y necesario y luego hacerse hacia un lado y permitir que los demás compartan la apropiación de responsabilidades.

Espiritualidad—La búsqueda para encontrar un centro espiritual es muy envolvedor para las entidades que siguen el tema de Espiritualidad. Cuando el potencial completo de este tema ha sido alcanzado, estas entidades tienen una visión mas allá que los demás, tienen compasión y son magnánimas, pero mientras están envueltas en la búsqueda, estas entidades deben de cuidarse en contra de ser cerrados y juzgadores en sus puntos de vista.

Supervivencia—Por cualquier numero de razones, reales o imaginarias, la vida es una batalla constante para esos quienes han seleccionado un tema de Supervivencia. Actúan mejor en una situación de crisis, estas almas toman una severa mirada a la existencia de día a día. El reto obvio aquí es el de tomar las cosas de una forma menos seria.

Temperancia—Muy probablemente, la entidad con un tema de Temperancia esta tratando con una adicción de una clase u otra. El reto aquí es el de evitar los extremos. A lo mejor la entidad ha conquistado la adicción actual pero todavía está tratando con el residuo de sentimientos de ello. La clave para combatir el fanatismo que frecuentemente caracteriza a esos con el tema de Temperancia es moderación— el verdadero significado de la temperancia.

Tolerancia—Las entidades que escogen el tema de tolerancia deben de ser tolerantes de todo—asuntos mundiales, familiares, hijos, políticos, y mucho más. La carga es tan grande que ellos frecuentemente solo escogerán un área para tolerar, permaneciendo muy cerrados para todo el resto de la gente. Al reconocer su tema, estas entidades pueden encarar el reto y así crecer más y ser más magnánimos.

Victima—Estas entidades han escogido ser mártires y borregos sacrifícales. Por medio de su ejemplo—dramáticamente exhibido por las noticias—se nos da a conocer de injusticias. Jack Kennedy es un ejemplo de alguien que tuvo un tema de Victima—no solo su manera de salir de la vida, pero su constante dolor de espalda, su nombre familiar, y las presiones colocadas sobre él por sus padres. Muchas Victimas, después de haber actuado su parte, pueden escoger el re-escribir los escritos futuros alterando sus tendencias masoquistas.

Victimador—El líder del Templo de la Gente, Jim Jones fue un ejemplo primo del tema de Victimador en acción. Dentro de la figura del punto de vista propio de la vida, casi es imposible ver el propósito completo de la manifestación de Jones con este tema, aunque es obvio que muchas vidas al igual que muchos temas de vida, inter actuaron con la de él. En el tapete de la vida, el papel principal de Jones pudo haber sido el enfocar la atención publica en los abusos dentro de los cultos.

Guerrero—Las entidades con un tema de Guerrero sin temor toman riesgos y son quienes asumen una gran variedad de retos físicos. Muchos entran de alguna forma al servicio militar o a una fuerza legal. Con Humanitario como un tema secundario, ellos pueden ser particularmente efectivos. Aunque es importante el templar su agresión, es muy evidente que sin los Guerreros, seriamos presas de tiranos.

Riqueza—Este tema suena como una gran selección, pero invariablemente es más bien una carga que lleva a comportamientos destructivos si no se vigila. Como siempre, la meta de un tema es el superar los aspectos negativos, y la Riqueza es un tentador seductivo que actúa como una adicción—es muy difícil el obtener control de este tema, y usualmente se vuelve el amo de uno. La gente estará obsesionada con adquirir riqueza, aumentándola y acaparándola. Ellos no estarán preocupados con los métodos de la adquisición o las consecuencias de sus acciones, en su búsqueda por más bienes. Los valores morales no son de importancia para este tema. Usualmente se toma muchas vidas para superarlo por razón de su efecto poderoso en la persona. Cuando la gente finalmente supera el tema de Riqueza, entonces los encontraras libremente regalando sus pertenencias, sin el deseo de recibir ninguna cosa de regreso.

Ganador—diferente a las entidades con el tema de infalibilidad, a quienes todo les llega fácilmente, los Ganadores se sienten forzados a tener logros. Ellos procuran el ganar con una gran tenacidad, frecuentemente apostando, entrando a concursos. Son optimistas perpetuos, ellos siempre están seguros de que el próximo negocio, el próximo trabajo o también el próximo matrimonio será el mejor. Tan pronto como un asunto los haga caer ellos se levantan por sí mismos y siguen con lo que ellos conocen saber que será una situación ganadora. El presidente Eisenhower fue un ejemplo positivo de este tema. Como general de la armada, su optimismo sin fallas fue inspirador; como presidente, su confidencia tenia un efecto calmante. El reto de estas entidades—las cuales Eisenhower pareció haber tenido—es el tomar un acercamiento realista para ganar.

Nuestros Orígenes

Francine: Nunca pienses que en el "fin del mundo" vamos a ser absorbidos dentro de una nebulosa mente cósmica que lo es todo. Esa imagen sólo aplica a Dios, quien no tiene empiezo o final. Sin embargo, desde el "empiezo" de tu concepción, tú tuviste un propósito definitivo y único. Tú siempre serás una definida y singular parte del Divino. El karma nació cuando tu empezaste a migrar por los procesos escolares de la vida, siendo la parte de experiencia y emocional de Dios.

En una vida, tú pasas por tu jardín del Edén, tu purgatorio, tus infiernos y luego, por supuesto, tus paraísos. Aun un niño pequeño que existe en una temprana edad pasa por versiones de estas etapas.

Si tú miras a la Biblia como una crónica del movimiento por la vida, tú tendrás tu periodo de Adán y Eva, tus periodos de Exodus, tu tiempo en el Desierto, tu tiempo de volver a nacer y tu resurrección, todas las partes de la Biblia realmente se relacionan con tu jornada. Tú serás tentado. Tú tendrás las penas de Job. Tú serás un profeta— en todos los aspectos. Tú serás rey de toda tu encuesta. Tú serás un esclavo de toda tu encuesta. ¿Se podría decir que puedes tener todo eso dentro de siete vidas? Tú puedes tenerlo en una o dos, si así tú lo escoges. Muchos escogen por lo menos diez—algunos menos, algunos más.

Si estás alrededor de una persona quien está empezando su ciclo y tú casi estás en tu último, tú no podrás tolerarlos. Eso no tiene nada que ver con el hecho de que tú estás más avanzado. ¿Por ejemplo, cuando ves a muchachos y a muchachas adolescentes riéndose y carcajeándose, sabes por qué no puedes soportar eso? Porque tú puedes recordar, conscientemente o no, que tan tonto fuiste. Pero tú siempre dirás, "Cuando yo tenía esa edad, nunca me porte tan tontamente."

Jesús pregunto, "¿Por qué me has abandonado?" Él estaba revelando a propósito su propia humanidad, demostrando que puede haber aflicción. Su vida, al igual que otros ejemplos Bíblicos, reflejan tiempos de aflicción, tiempos de triunfo y tiempos de Pascuas. Jesús, en su única vida presentó realmente un espectro completo de lo que otros pueden hacer en muchas vidas.

Yo conozco a Jesús muy bien, igual que todos ustedes lo conocen cuando están en mi lado. Te puedo decir que él aparentemente *se* afligió. Fue algo como un llanto de enojo: "¿A donde estás?" ¿Qué es lo que estás haciendo? Todos nosotros hemos preguntado esto: "¿Dios estás realmente allá arriba?" "¿Te importo lo suficiente para saber que es lo que está pasando conmigo?" Esto demuestra que cualquiera puede realmente enojarse con el creador y se comprende.

Si observas la vida de Jesús muy detalladamente, veras que él completo todos los 45 temas por las que la humanidad está pasando. De la misma manera, si tú miras a la Biblia como el anhelo y la lucha de una persona a través de su vida, entonces será mucho más entendible. Esa persona paso tiempo en el desierto, tuvo una misión y tuvo tiempo para la profecía.

Tú constantemente pasas a través del renacimiento y de la muerte. Cuando finalmente dejas esa cáscara atrás, debes de sobrepasar más allá de ese ciclo, tú fuiste al principio casi como Adán y Eva—terriblemente inocente, creyendo y importándote todo. Entonces la vida empezó a lastimar a todos, sin importar que tan avanzados eran. Tú tomaste la decisión de venir otra vez y trabajar en tu tema, aguantar más dolor, o colocarte más capas de comportamiento.

Eventualmente tú llegas a una clase de altiplanicie, adonde empiezas a quitarte esas capas pero permaneces más avanzado—volviendo otra vez a la etapa de Adán y Eva, *con la inocencia, pero con la fuerza y convicción*. Es como el empezar como un niño, volviéndote muy sofisticado, y tener que volver a la sencillez otra vez.

Por eso las palabras de Jesús fueron tan profundas cuando él dijo que esos quienes fueran como niños entenderían. Nosotros empezamos como niños, luego nos volvemos muy sofisticados y endurecidos por la vida— y luego, así de repente, los tenemos que dejar caer todo, esperanzadamente con una gran valentía, conocimiento, sabiduría, y sencillez que nunca tuvimos antes.

Date cuenta que casi todas las grandes personas en el mundo tuvieron una tremenda calidad en su niñez, un alto intelecto y una gran compasión. Lo más adultos que creemos que somos, lo más creemos que podremos manejar la vida de una manera sofisticada. Pensamos que estamos muy lejos de poder ser lastimados, volviéndonos así más duros, agrios, crueles, vengativos, sarcásticos y odiosos. Eso solo significa que tienes un cascarón a tu alrededor que es tan duro que literalmente está lastimando a tu alma.

En tu vida, trata de tener a unas cuatro personas que estén contigo y sinceramente digan que te aman y que tú los ames. Es como el síndrome de los "12 sabios o buenos hombres". Ciertamente una madre que tiene cuatro hijos diría, "tengo cuatro que amo." Pero ella no siempre puede contar con ellos solo porque ellos son familiares. Ellos crecerán y vivirán sus propias vidas.

Por favor recuerda que ninguna alma es tan avanzada de que ellos están más allá del comportamiento de niño. Parte de la razón de que hay tanta confusión en tu sociedad es de que no se te permite el actuar como niños testarudos. Nadie tolera los patrones de comportamientos de otros por mucho tiempo. Si tú estás constantemente deprimido, tú debes por tu propio bien del alma aprender a examinar eso, diariamente. Esto no te va a volver obsesionado de ti mismo, "¿Cómo me siento hoy? ¿Me siento deprimido? ¿Me siento mas o menos, bien, excelente?" Si tu no te sientes bien, entonces dite a ti mismo, "no podrá ser un día excelente, pero se volverá un buen día." ¿No pasara al principio, pero que realmente lo hace un buen día? ¿Qué realmente hace una vida buena? No las circunstancias, pero la manera en que lo miras.

Tres personas pueden observar una muerte. Una persona dice, "¿Por qué ella se fue? La próxima persona está enojada. La otra persona puede decir, "Gracias a Dios que ella se fue." Ninguna persona está correcta o incorrecta acerca de sus evaluaciones. Cada uno está en un nivel diferente de entendimiento.

Los más que tú vivas, esperanzadamente, lo más que tú *no* crecerás. Serás más como niño. Serás más sencillo. El proceso de envejecimiento tiene una manera de hacer eso, pero muy frecuentemente es mal clasificado como demencia, flojera, quejumbre, siendo olvidadizo, y babeando la comida. Pero algunas personas mayores, en lugar de eso, se vuelven como niños, casi como si ellos hayan hecho un circulo completo; ellos miran a todo como que es misterioso, maravilloso, y nuevo. Ellos empiezan a recordar, a entender, y ver a todo a través de ojos diferentes una vez más.

El Otro Lado es mucho más hermoso que ninguna cosa que tu tengas aquí, pero el regresar a la Tierra es como el volver a tu vieja escuela. Hay un sentido de unión a la Tierra, sin embargo no es tan hermoso. Es un lugar reflejado, sombreado a su mejor, pero aun conteniendo su propia belleza.

¿Si tu fuiste negro en tu vida anterior, no seria una maravilla el mirar en tu mano y ver piel blanca, o viceversa? ¿Has alguna vez observado como los bebés se quedan mirando fijamente cuando ellos se ven a sí mismo en un espejo? Lo que es aun más asombroso es que algunos bebés actúan como si estuvieran viendo a otro bebé. Ni ellos se reconocen a sí mismos.

Tú dirás, "¿Bueno, por que ellos lo harían? Ellos tienen unas mentes pequeñitas, y ellos todavía no son tan inteligentes." Pero ellos lo son. El alma está viva ahí, con intelecto y todo el razonamiento inductivo y deductivo de cada vida que ha tenido y del Otro Lado. El cerebro no está completamente conectado aun, pero el alma sabe atrás de esos ojitos.

Los bebés no son paginas en blanco, pero de repente están emergidos en nuevas cosas—tú estás poniendo nuevas huellas de dedos, nueva información, por todos lados. Ello puede ser un tremendo tiempo diferente del mundo para ellos. Vamos a decir que la ultima vez que estuvieron aquí fue en el tiempo medieval, y de repente se encontraron en el siglo 20. Será totalmente diferente.

¿Cuándo perdemos memoria de las vidas pasadas?

Ellas empiezan a desvanecerse acerca de la edad de cuatro años—de dos a los cuatro años, son muy claras. Si los niños pueden hablar antes de la edad de dos años, es asombroso lo que ellos te pueden decir.

Los niños más grandes usan sueños para recordar porque ellos todavía no están anclados con las capas de comportamiento. Los niños que crecen en hogares de mente-abierta, que aceptan la verdad de la reencarnación, no tendrán duda de hablar acerca de ello, tú eres quien envía fuera de ti la vibración de aceptación. Todos cargan con todo ese conocimiento en ellos, aunque ellos nunca lo hayan mencionado.

Ustedes van a tener niños que convierten las comunicaciones telepáticas en sueños, trasmitirán y recibirán. Anima a los niños que hablen acerca de sus visiones, sueños, y conocimiento. Tú tienes otra oportunidad para hacer esto con tus nietos, lo cual es más importante. Nadie nunca piensa en preguntarle a un niño, "¿Quien fuiste antes?" Tal como Sylvia lo ha sugerido muchas veces.

Las madres dirán, "Ellos nunca me dijeron." ¿Pero les preguntaste alguna vez? Hazlo: "¿A donde estuviste antes? ¿A donde viviste antes? Ellos te contestaran; madres han escuchado estas historias por años. No es solo la imaginación. Un niño se levantara en la mañana y dirá, "yo fui a pescar anoche." La madre dirá, "Oh, solo fue un sueño."

Ten mucho cuidado en decir que todo fue un sueño. Ellos pudieron haber visitado el Otro Lado. Existe mucho viaje de almas de aquí a allá; esa es la razón por la cual los bebés sobresaltan mucho cuando están dormidos. ¿Has observado alguna vez a un bebé respirar y sobresaltarse? Ellos entran y salen de sus cuerpos muy rápidamente todo el tiempo. Es casi como si el alma está tratando de acomodarse en el cuerpo.

Los ojos de los bebés se hacen para atrás. Ellos hacen toda clase de ruiditos extraños—brincando, jalándose, y moviéndose. Para la madre nueva, es casi temeroso. Ellos se quejan; se voltean. Es terriblemente difícil para esa alma el tener que acostumbrarse otra vez al cuerpo.

¿Qué es lo que causa la muerte de cuna?

La muerte de cuna pasa cuando las entidades vienen, pero entonces deciden que no desean permanecer aquí, así que ellos se regresan. Ellos simplemente salen de sus cuerpos y deciden que no van a regresar. Al igual pasa con el aborto no planeado. Es una forma temprana de retracción. Ellos figuran que si lo hacen temprano, es mejor para todos los concernientes. El alma nunca entra al feto en este caso.

Ahora, tú puede que te preguntes acerca del karma o culpa de la madre. Todo está entrelazado. Ese niño escogió el venir a la vida y el negar su vida. Esto siempre es a causa de condiciones erróneas para la perfección de esa alma, o por el valor de experiencia aprendido por la familia.

Conociendo y experimentando son dos cosas diferentes. La mayoría de ustedes escogieron el venir aquí en sucesión rápida. Eso está bien, porque terminas con ello rápidamente, pero también es tremendamente agotador. El alma se gasta mucho por ello.

Tenemos una tendencia, aun en mi lado, de "saber mejor." Por favor no creas que todos somos como unas florcillas alegres en mi lado. Nosotros no tenemos egos como tú los conoces. Pero estamos realmente centrados dentro de nuestro "Yo Soy." Sin embargo, ciertamente tenemos conflictos, disgustos, gustos y aversiones.

No me puedo imaginar alguna cosa más aburrida que el vivir toda tu vida con tu personalidad individual—tus propósitos, tus gustos, tu temperamento—y de repente venir a mi lado y perder todo ese sabor. No solo tú ya no serias tú mismo, pero serias un androide.

En mi lado, vemos algunos temperamentos flamear; podemos ver a las auras flamear. En clases controversiales he visto a la gente discutir y pude ver sus auras flamear. A lo mejor no hay una resolución de la manera que dos personas piensan, pero nunca hay peleas de puñetazos o actos viciosos. Hay desacuerdos y debates sin necesitar un "ganador."

Sylvia, por ejemplo, como lo he dicho muchas veces, no fue muy allegada a mí en el Otro Lado. Nosotros nos hemos vuelto más unidas en esta vida, pero ella realmente no era parte del grupo con el que yo andaba. De hecho, en cierto punto, Sylvia pensó que yo era fría y cautelosa. Puede que ella haya estado en lo correcto. Yo la encontré ser casi demasiado exuberante, muy parecido a un perrito. Así que la disposición puede que no vaya de acuerdo socialmente, pero harán bien en un trabajo asignado.

Tú te puedes dar cuenta, por el comportamiento de la gente, cuantas veces en sus vidas han estado en los patrones de extroversión e introversión. Hay muchos introvertidos que realmente son muy callados y que no están bloqueados por nada. Muy *tímidos* es la palabra mejor usada para ellos. Entonces encontraras a otro tipo de según llamados introvertidos quienes están actualmente bloqueados, son fríos, hostiles y confrontadores. Eso no es ser introvertido, pero es estar bloqueado.

En el Otro Lado, nos permitimos a cada uno de nosotros el simplemente existir. Esa es la razón por la cual se te hace difícil manejar tus egos en tu plano. Tu mente recuerda el lugar donde todos se llevaban bien. Cuando había tremendo entusiasmo intelectual, altas euforias, y sentimientos maravillosos de anticipación, "Que será la próxima cosa." Hay una dicha total con seres queridos y contigo mismo.

En tu plano, tú tienes que pelear para encontrar cualquier dicha. Nadie parece entenderte, y tú no los entiendes tampoco. No pueden asegurarse de tener una comunicación con la que puedan depender. Se toman demasiadas palabras para transmitir tus pensamientos.

Aun con estas palabras que estoy ahora expresando, hay muchos niveles en el cual tu puedes recibirme, muchos niveles de entendimiento. Esa es la razón por la cual te pones tan confuso. ¿Sin embargo, como te haces entender?

Si tu motivo está en el lugar correcto, no seas tan cauteloso con tus palabras habladas. Considera esto: ¿Por qué ciertas palabras te hacen enojar en una ocasión, y sin embargo las mismas palabras te pueden hacer reír en otra? Ello depende en como tú las aceptas. He visto a algunos de ustedes. Cuando alguien habla negativamente, tú solo sonríes y te vas de ahí. Un amigo té detendrá y dirá, "¿Escuchaste eso?" Tú solo sonríes o cambias de tema, pero tu "entrometido" amigo dice, "Bueno, si ellos dijeran eso de mí, yo estaría furioso." Entonces ellos siguen y te explican el por que tú deberías estar furioso.

Se honesto con tu propia verdad, no con la opinión de otros. Al hacer lo ultimo, tú estás siendo manipulado en entrar en acción. La gente le hace esto todo el tiempo a sus esposos y amigos. Las parejas casadas, también, frecuentemente son empujadas dentro de una competición sobre quien es quien gobierna en el hogar. Sin embargo cualquier gobernador verdadero nunca tiene que decir una palabra sobre eso. En el minuto que un hombre dice, "yo uso los pantalones aquí," la gente sabe que él probablemente no tiene ninguno puesto. En el minuto que una mujer dice que ella es quien gobierna el nido, ella exhibe la misma flamante inseguridad. La verdad es de que nadie gobierna ningún hogar. Tú gobiernas en áreas separadas. Nadie debe de tratar de gobernar a nadie; sean socios en lugar de eso.

Si una situación negativa entre dos personas ocurre, entonces uno tiene que gritar y el otro ha ido dentro del papel sumiso. No por un minuto alguien actualmente tiene el mando sobre el otro. Un rey puede tener autoridad, pero el esclavo conoce de que nadie gobierna su alma. Ese es uno de los mensajes que Moisés trató de dar a entender.

El Propósito de los Temas de la Vida

Como Sylvia menciono previamente, todos ustedes vinieron con dos, un tema primario y uno secundario. Un tema *con* el que tú trabajas y el otro (usualmente el tema secundario) tienes que trabajar para perfeccionarlo. Ese es el que te causara los más problemas.

Vamos a decir que tu tema primario es Humanitario. Eso es algo que tú simplemente *eres* y ello corre fácilmente en ti. El tema secundario puede ser Tolerancia. Ese es el que tú vas a ir en contra y tendrás que superar; Ello te puede sostener y empujar en contra de ti como una lana rasposa. Siempre hay un tema que es más difícil.

Si tus temas son Activador y Armonía, entonces Activador es el más difícil, el cual tu tienes que modificar, controlar, clamar, y trabajar por él. Eso lo hace más fácil. Por supuesto que tú no querrás trabajar a través de la Armonía.

Usualmente, en cada grupo de temas, hay un positivo y un negativo. Los dos contrastes se frotan juntos. Tú no querrías rebelarte en contra de ser un Humanitario. Vamos a decir que tus temas son Humanitario y Activador, y escoges el volverte un ermitaño. Entonces tú estarías frotando en contra de ambos temas y puedes salir totalmente fuera de tu sendero. Nada en esos dos temas se presta en si para que seas una persona solitaria.

La mayoría de ustedes tienen unos temas *activos* que por sus propias características, te forzaran a salir. Aun el tema de Comodatario es activo, porque los Comodatarios se colocan ellos mismos en esa posición. El tema de Tolerancia es mucho más calmado, pero aun ese activamente te forzara dentro de posiciones en las cuales tienes que ser tolerante. Ambos temas el Experimentador y Humanitario demandan que la persona salga al frente de otros. Tú nunca encontraras a Humanitarios sentados en una cima de montaña contemplando sus ombligos— de ninguna manera. Ellos estarán afuera y haciendo algo.

Tu tema se elevará—así sea en esta vida o en otra. Mucho antes de que supieras cuales eran tus temas, tú ya los habías activado. La única diferencia es de que cuando tú llegues a cierto nivel. Tú empiezas ya a entender. Existe un cierto propósito o empuje dentro de tu vida que te lleva hacia enfrente para completar alguna meta ya fija. Esa es la razón que los seres humanos por todos los siglos han dicho, "¿Cual es mi propósito? ¿Por qué estoy aquí? ¿Qué es lo que estoy perfeccionando?"

El ultimo pináculo de eso es de *perfeccionar para Dios*. Es ciertamente mucho mejor el *conocer* que tu tema, propósito, y meta son más que solo caminar ciegamente por la vida.

Vamos a decir que alguien fue un Activador y un Humanitario y decidió irse por sí solo a un monasterio—es raro, pero eso a veces pasa. Ellos encontraran que han sido constantemente castigados por hablar y ayudar a otra persona. Eso para ellos pronto aparecerá, o debe aparecer que están en una *situación* equivocada. Esa es la razón en la vida, que tú constantemente tienes que observar a donde estás. La vida no tiene garantías de que todo será justo y de que no habrá fallas.

Hay, sin embargo, una garantía de que encontraras—no necesariamente paz interna—pero ciertamente una felicidad interna. La felicidad viene de la convicción de saber que tú estás haciendo la cosa *correcta* sin importar de que cultura, religión, o sociedad eres.

Tantas veces los seres humanos tienen que ser empujados al punto de desesperación, así sea con enfermedades, fatiga, o aflicción, antes de que ellos se den cuenta de que no están en el campo correcto. Tú debes de empezar a decidir. Tu situación de trabajo puede que no sea amena. Si tú no estás obteniendo alguna felicidad interna de ello, entonces estarás fuera de tu sendero si permaneces en ese lugar. *No absorbas los sentimientos de la gente de tu alrededor, porque ellos pueden ser sentimientos miserables.*

Si tú eres un profesor, enfermera, contador, o estás en un campo técnico—y dentro de ti hay un sentimiento de completamiento, reto, ayuda y de hacer algo—entonces por lo menos parte de tu tema está siendo completado. Pero si todos los días en el trabajo o en una relación, llega a un punto miserable que tu centro de Dios interno está diciendo que estás equivocado, entonces tú *no* estás siguiendo el sendero.

Vamos a hablar aun más profundamente acerca del sentimiento de victimado. Cuando una persona empieza a sentirse como que es una *victima* afligida, sangrante, herida, su tema entonces ha sido abortado. Habrá días y semanas en las cuales ellos van a sentirse más afligidos si siguen en un matrimonio, relación, o situación intolerable. Su tema, entonces, se ha perdido en ese bosque oscuro de dolor.

El tema de Victima no quiere decir que por toda tu entera vida debes de ser victimado. ¿Por favor créeme—cada minuto de tu vida, en el trabajo, en la casa, o en cualquier otro lugar no será siempre de color de rosa, pero si ello se vuelve una pesadilla sin fin, de dolor y de una vida difícil? Entonces ahí hay algo mal. Vamos a suponer que tú no tienes trabajo y no tienes a un compañero y dentro de ti encuentras tu jornada de soledad muy difícil. Entonces el sistema de alarma dentro de ti te está diciendo, "Cambia de paso."

Aun un paso pequeño te sacara de un caño. La gente piensa que no pueden hacer de las cosas mejor, porque eso envuelve el retroceder y deshacerse de cosas y el cambiar totalmente. Ellos piensan que los hijos deben de amarlos, o que deben hacer un esfuerzo grande para hacer no tan áspera la vuelta de la carretera. Al cambiar una amistad o moviéndose de un lugar a otro—aun un cambio tan pequeño como el cambiar tu cama a una parte diferente en tu cuarto—puedes crear una atmósfera placentera. Aun cambiando los colores que usas, o tu estilo de pelo.

Observa que cuando la gente empieza a deprimirse, la primera cosa que ellos dejan de cuidar es su apariencia personal. Ellos ya no sienten orgullo en hacerlo. Y esa falta de orgullo fue vista por muchos años como algo muy honorable.

¿Encontramos eso en tus religiones, verdad? Todo tiene que ser tapado y cubierto. En el momento que una mujer entra a un convento, su pelo y su belleza son cubiertos. Eso fue para quitarles el orgullo propio y crear una perspectiva a la vida *sin-entidad*. Visten a la gente en uniformes constantemente, los cubren para que así nadie los vea y todos se vuelven entidades autónomas quienes terminan perdiendo sus identidades. Así es como muchos de tus negocios, religiones, y estructuras sociales operan.

Hay algo en el ser humano que quiere aceptación. Esa es la razón por la cual las novedades constantemente se esparcen. Así sea la novedad del pelo largo o corto, todos lo usaran así, aun si eso los hace verse ridículos. En la raíz, es una melancolía por el Otro Lado, donde todos se sienten aceptados. En el Otro Lado hay una aceptación total. En la Tierra, tú sufres de una melancolía extrema.

Cuando mires en el espejo, mira con una mirada hacia él amarte a ti mismo y el perfeccionar tu tema. No mires a través de los ojos de un terrible esposo o padre, o alguien quien te ha lastimado. No caigas dentro de ese molde, aunque eso es tan fácil si es que alguien te ha presionado, como una madre que te llamo estúpido, feo, o baboso. Muchas veces cuando tú miras en el espejo, tú ves la imagen que la persona ha puesto sobre de ti. Recházala.

En lugar de eso, mira con los ojos de tu alma. Dile a Dios, "Deseo mirar en el espejo con mis ojos del alma. Deseo ver a mi brillo mismo." No mires al proceso de envejecimiento o a lo que la vida te ha hecho— usa tus ojos internos para ver la belleza de tu alma. No te preocupes tanto si tú has aumentado un peso extra o si tu pelo se ha vuelto un poco opacado. Tu alma no es afectada por eso. Enfócate en la belleza interior y en el sentir que tu centella del divino es más hermosa de lo que se pueda describir.

Empieza a repasar tu tema muy específicamente, preguntando, "¿Estoy viviendo en acuerdo con él?" Deseo que obtengas lo más que puedas de esta vida sin que tengas que regresar. Si tu tema es de Guerrero, eso *no* significa que vas a tomar una espada en tu mano e ir a tu alrededor atacando a la gente. Pero quiere decir que, así te guste o no, tú deseas pelear por las cosas. Eso *no* quiere decir que tienes que enlistarte en la fuerza armada. Los Guerreros y Peleadores de Causa son muy similares. Los Guerreros permanecen y pelean por lo que es correcto. Ellos son los que levantan las manos cuando perciben una injusticia.

Lo más que tu entres en la profundidad de tu ultima vida, tu empiezas a recoger pedazos de *todos* los otros temas. Ciertamente el tema mayor sobresale claramente porque hay muchas vidas con él. Pero cuando una persona ha terminado con ellos, a esa persona se le permite recoger cualquier numero de temas que aumentara a su verdadero ser.

Ve esto como cursos de estudio en una escuela. Tú tomaste álgebra, geometría, y después cálculos. Tú tomaste progresivamente cursos más difíciles. ¿Por qué? Tu deseabas graduarte con altos honores. Ahora no hay ninguna penalidad si tú tratas de atentar un tema que simplemente no puedas perfeccionar. Eso es aceptable, porque tú de todas maneras ya completaste tus temas mayor y menor—aunque ese tema aun saca a flote la cabeza de vez en cuando.

Esa es la razón que mucha gente dice, "Yo creí que esa parte vieja de mi vida estaba muerta, y aquí volvió otra vez ese patrón." Muchos patrones están unidos a tu tema. Vamos a suponer que eres una Victima: Una vez que te das cuenta de que cada persona que tú has conocido te ha victimado, entonces eso para.

Lo que tú debes de hacer es *cambiar de senderos*. La gente a veces pregunta, "¿Cómo puedo hacer eso a mi edad?" ¿Si tú tienes 50 o 60 años y decides regresar a la escuela, eso es maravilloso, cuantas gentes han regresado a la escuela a los 55 y se han graduado a los 59? ¿O se han convertido en doctores o sacerdotes? Permíteme decirte algo: cuando una persona hace eso, sus oportunidades de una vida larga y feliz son diez veces mayor que uno de 30 años en una vida miserable. Tú necesitas la dicha de vivir, la dicha de lo que viene por la vuelta de la esquina.

Si tú sientes que quieres hacer algo nuevo ahora, esa es una *señal segura* de que estás agotado y debes de cambiar. Tú preguntaras, "¿Cómo será posible que pueda cambiar cuando no tengo dinero?" ¡Bueno, tú cambiarias si terminaras en un hospital! Esa es una manera segura de ponerle fin a la manera de vivir que ya no es sana para ti.

A veces pasamos nuestra entera vida haciendo algo que odiamos solo para ganar mucho dinero, porque la sociedad nos dice que debemos hacerlo así. O creemos que es la única cosa que sabemos hacer. Estamos tan temerosos a los cambios.

¿Qué tal si tú sientes que no estás lo suficientemente preparado para hacer algo? Entonces sal y aprende una nueva habilidad. Por supuesto que el cuerpo físico es cansado y flojo—ese es el problema más grande que tienes que combatir, en conjunto con tu tema. La mente trata de trabajar rápido, pero el cuerpo no se mueve. No es tu culpa. Ten paciencia con él mientras se acostumbra a un nuevo reto.

¿Fueron los temas distribuidos igualmente? ¿Los pudimos escoger nosotros?

No, a la primera pregunta; y sí, tú escogiste tus temas. Si en un grupo de entidades todos escogieron Humanitarios, eso no quiere decir que todos ellos van a venir aquí al mismo tiempo. Ellos no necesariamente bajarían durante las Épocas Obscuras, pero en su lugar bajarían cuando hay mucho caos y muchas horribles entidades obscuras, en orden para pelear a favor de la humanidad.

Esos con el tema de Victima bajaron durante las Épocas Obscuras y la Inquisición, porque esos tiempos serian de lo mejor para ese tema. Así que veras tiempos definidos en los cuales una gran mayoría de un solo tema bajara y casi muy pocos de otro lo hará.

En el presente, estamos viendo muchos de los siguientes temas: Humanitarios, Armonía, Experimentador, y Activador. Tú los encontraras en grupos. Los temas más callados y sedentarios vinieron alrededor de 1100 cuando hubo muchas vidas monásticas, espirituales, y escolares. Cuando hay una guerra, entonces veras los temas más agresivos tales como Ganador y Guerrero. Ellos bajaran en la mejor época para su tema.

En la Tierra ahora, podemos encontrar virtualmente cada tema, porque tienen en cualquier parte del mundo donde desees ir a cada horror posible. Tú tienes temas que colisionan contra de otros temas. Nosotros no colisionamos en el Otro Lado.

Encuentro muy asombroso que la gente se pregunta uno al otro cual es "su signo zodiacal". Ellos deberían de preguntar acerca de su *tema*. La Armonía va bien con el Humanitario, pero ninguno de ellos va con el Peleador de Causa o Guerrero. Con los últimos dos seria una relación muy tempestuosa. El Persecutor y Victima serian maravillosos juntos.

¿Pudimos escoger sabiamente los temas antes de tener experiencia?

Es cuando los escogiste. En Su "siempre," tú escogiste desde el empiezo. Al igual que sabes que básicamente eres una entidad femenina o masculina, lo cual sabes desde el "empiezo." Así, también, tú conocías tu sendero a la perfección. Tú pudiste primero haber esperado, dudado, y trabajado en el Otro Lado por un largo tiempo, pero eventualmente empezarías a encarnar.

De la única manera que podemos perfeccionar es el bajar aquí y trabajar en ello. Yo escogí ser un guía comunicativo en lugar de venir de regreso a la vida. No estoy segura si escogí la cosa equivocada.

¿Podemos tener temas incompartibles?

Sí—considera el paradoja de los temas de Sylvia Humanitario-Solitario: "Me encantaría estar sola, pero estoy forzada a salir dentro de la mirada publica." La gente con esta combinación de tema siempre tiene un sentimiento de soledad en ellos, aun así ellos siempre están dando de sí mismos a todos los demás.

¿Está planeado cada obstáculo en nuestro plan de la vida?

A veces, como vemos cosas que pasan, decimos, "Espera un momento, algo anda mal. Eso no estaba planeado aquí." Sin embargo, finalmente, en el cuadro completo, así lo *fue*. La oscuridad puede descender sin nuestro conocimiento consciente, porque las entidades obscuras no siguen ningún plan. Ellos pueden sin planeamiento llegar a cualquier lugar que quieran y crear caos en un plan de la vida. Es como si fueras por la carretera y una tempestad de granizo empezara. La tempestad de granizo no fue planeado, y no te hará salirte de la carretera, pero que molestia es pasar por ella. En el momento que vienes a la vida, las entidades obscuras te pueden arrojar golpes no planeados.

Algunas veces entras y sales de tu tema principal. Tú inviertes mucho tiempo en el cual realmente debes de estar enfocado en algo. Tú siempre estás enfrentándote con una situación tras otra. Entonces de repente nada pasa por un tiempo y crees que no estás completando tu plan de la vida.

La tragedia con la mayoría de los seres humanos es de que ellos no saben como relajarse. Ellos piensan que si no están activando o salvando al mundo, entonces no están haciendo nada. Sin embargo, por favor date cuenta que el aburrimiento en sí puede ser una prueba.

¿Podemos dejar de seguir nuestros temas?

No, no puedes. Ese es el empuje y propósito de tu vida.

Puedes hablar un poco más acerca de los temas de Comodatario y Catalizador.

Los Comodatarios son como los Catalizadores; ellos son siempre los escalones en los cuales otras gentes suben. Ellos son los que ofrecen sus manos para que así alguien pueda sostenerse en pie en algún lado. Si tú observas a los Comodatarios entrar, ellos siempre tienen gente a su alrededor, de la misma manera que los Catalizadores.

Los Comodatarios no son tan activados como los Catalizadores. Los comodatarios están ahí para hacer que algo pase, pero ellos nunca permanecen ahí para verlo culminar así que ellos no obtienen tanta satisfacción como lo hace un Catalizador. Los Comodatarios tienen que ser tolerantes y pacientes. Si una persona es un Catalizador y otra es un Comodatario, ellos se llevaran muy bien. Sin embargo, el ser un Comodatario no es malo—ellos son los que toman posiciones para que otros perfeccionen. Por supuesto que ellos son usados, pero creo que todos en la vida son. Los Comodatarios son ciertamente usados para el gran bien.

El tema de Catalizador difiere en que ellos soportaran solo por corto tiempo el estar atrapados entre toda esa acción. Entonces ellos llegan a sentir que han tenido lo suficiente y simplemente se hacen a un lado para que otras personas continúen. Los Catalizadores dicen, "Hay que apurarnos y terminar con todo esto."

¿Qué tal con el Activador?

Esa persona debe siempre estar ocupada haciendo algo, así sea mental, física, o espiritualmente. Ellos deben de sentir como que están empezando un nuevo proyecto todo el tiempo, pero ellos nunca los terminan.

Compara el de Tolerancia con la Paciencia.

La tolerancia significa que tienes que soportar la opresión de todo tipo. Puede ser tan sencillo como el tolerar las disposiciones de todos a tu alrededor, o solo el tolerarte a ti mismo. La Paciencia significa que tienes que permitir que otros tomen precedente sobre de ti. La Paciencia es mucho menos traumática que la Tolerancia.

¿Qué es lo que ocasiona el Edificador-Catalizador?

Un Catalizador causa que algo pase. Un Edificador crea una situación para que otra persona pueda edificar su vida. La única tragedia que un Edificador tiene que enfrentar es de que ellos usualmente hacen todo el trabajo primario y entonces otra persona sale recibiendo los honores.

¿Qué tal con el tema de Rechazo?

Esos con este tema tienen una tendencia a atraer de todos los aspectos de la vida: sintiéndose rechazados, siendo rechazados, queriendo ser rechazados, y luego querer todo lo bueno para que así ellos no sean rechazados por eso. Una vida completamente atrincherada puede encontrar rechazo de los padres, hermanos, compañeros de escuela, compañeros de trabajo, esposos, e hijos. Este es un tema muy difícil de perfeccionar para cualquier alma.

Lo más negativo el tema lo *más* que el alma desea perfeccionarla rápido para terminar. Solo almas muy valientes escogerán temas negativos. Almas altamente avanzadas van a escoger temas negativos porque ellos deben de *superar* ese tema. Eso *no* es para siempre. Una vez que un individuo reconoce el patrón del tema, entonces ellos pueden terminar con él.

Lo que se supone que tenemos que hacer es sobrevivir la vida no importa cual sean nuestros temas.

Por favor habla de los Cargadores de Estandartes.

Ellos son como los Peleadores de Causas, pero ellos usan una demostración verbal para sostener una causa. Ellos marchan enfrente de la línea de una nueva causa, obtienen a mucha gente toda agitada y luego se deslizan a una causa diferente.

¿Pueden los Peleadores de Causa crear causas?

Oh, ellos lo hacen. Si ellos no pueden encontrar algo por que pelear, ellos pueden también inventar una nueva causa y después limpiarla.

Afortunadamente, este mundo tiene más que suficientes causas para mantenerlos muy ocupados.

¿De que se trata el tema de Guerrero?

Un Guerrero es una entidad muy guerrillera quien quiere estar envuelta en una batalla de cualquier nivel. Las ocupaciones obvias para los Guerreros son la milicia y el trabajo de policía. Pero también ellos van hacia los importantes asuntos políticos, sociales, y religiosos. Los Guerreros son similares a los Activistas, pero el Guerrero tomara la batalla a un nivel más elevado y físico.

¿Qué tal acerca del tema Pasivo?

Es casi en oposición directa a la del Guerrero. El tema de Pasivo parece ser terriblemente ominoso. Pero es realmente algo con lo que se tiene que trabajar, como son los Solitarios y Comodatarios. Si tú viniste aquí con muchas cosas que querías hacer y aun así las circunstancias te bloquearon tu paso una y otra vez, entonces tú debes aprender a aceptar tu destino.

¿Qué tal acerca del tema de Justicia?

Si tú tienes este tema, es la clave para toda tu vida. La prueba final de esto viene en tu último punto de partida; entonces sabrás ahí, con toda seguridad, de que tú completaste los suficientes "puntos" a través del camino y mejoraste tu tema. sin embargo, no toda circunstancia en tu vida puede ser atribuida al desarrollo del tema. Muchas de las cosas son solo para información, sin tener un impacto significante.

A lo mejor no se suponía que tenias que quebrarte un pie, pero esa opción existió. Si tú tomas la opción de quebrarte tu pie, entonces puedes haberlo hecho simplemente para obtener un descanso, o para entrar a un hospital y crear Armonía entre dos personas quienes estaban peleando.

Tú nunca te separaras de tu tema. el siempre saldrá a flote enfrente de ti. Para la mayoría de la gente, no desean envolvimiento cuando otros están peleando, pero una persona con Armonía-Justicia dirá, "Es de mi incumbencia, porque esto me está *molestando*."

¿Francine cuáles son tus temas?

Mis temas siempre han sido Ganador y Activador, Ganador es el difícil para mí. Nacida en una comunidad Azteca, y siendo una mujer joven bajo la dominancia masculina, no había lugar donde yo pudiera ganar. Pero de todas maneras no importo eso porque morí a los 19 años.

¿Cargue con mi tema a mi lado? Sí, claro que lo hice. Cargamos nuestros temas hasta el final, entonces, con nada que nos detenga y nadie que piense que somos muy egotisticos, nos volvemos individualmente brillantes. El lado negativo del tema se desliza fuera de ti cuando vuelves al Otro Lado.

Veo a tantos de ustedes viviendo vidas de desesperación callada con esposos que ya no te importan, hijos que te lastiman, trabajos que son horribles, y el sentimiento de que no habrá un descanso. *Por favor detente.* Una mujer leyó la biografía de Sylvia, paro todo lo que estaba haciendo en su vida, y empezó a diseñar camisetas. Ella nunca tuvo fe en que pudiera hacerlo, y ahora sus diseños están por todos lados. Fue intimidador para ella el dejar su trabajo y su seguridad pero dijo, "debo de hacer lo que siempre he querido hacer." Tan pronto como ella abrió sus manos hacia Dios y dejo la llamada seguridad, ella conoció a alguien en ventas que le dio una oportunidad y quien ahora está exhibiendo su trabajo.

Cuando estás en tu sendero correcto, se supone que no debes de sentirte terriblemente miserable, ahora, esto no quiere decir que de repente encontraras al hombre o mujer perfecta o que el dinero caerá en ti desde el paraíso. Pero habrá una cierta felicidad y tranquilidad, así permitiéndole a Dios tomar control de tu vida.

¿Por qué temes tanto para permitir que Dios maneje tu barco? ¿Tú crees que él está vendado de ojos? La Madre y el Padre no están ciegos. Ella puede guiar tu barco a cualquier lugar que tú quieras, pero dale el timón a Ella. Tú no puedes colgarte del timón y decir, "Hágase tu voluntad." Esa es realmente una frase que demuestra temor. Eso parece quitarte la voluntad, como si tu voluntad fuera diferente a la de Dios. Eso es una imposibilidad, porque tú eres *una parte* de Dios.

¿Los Animales tienen un tema?

Ellos tienen un aspecto de personalidad, en lugar de un tema. Cualquiera que tiene animales conoce que cada uno tiene su propia y distintiva personalidad. De esa manera, ellos están actuando dentro de su propia persona. El perro de Sylvia, Flor, tiene su propia personalidad—ella piensa que es un gato, actúa como un gato, le gusta envolverse alrededor del cuello de Sylvia. Ella está totalmente dentro de su *propia* personalidad.

Pasa lo mismo con la naturaleza. Aun los pájaros tienen una distintiva y diferente personalidad. Ellos pueden portarse mal, gruñir, ser obstinados, divertidos, o payasos. También los elefantes y gorilas—cualquier bestia en el mundo salvaje—tienen diferentes personalidades.

¿Qué información están enviando los animales de regreso hacia Dios?

La faceta de sus personalidades y experiencias. Todo esto es parte de la conciencia colectiva de Dios. Aun de la manera que crece una planta es información para Dios. Dios está aprendiendo de cada singular parte de cómo arreglas tu casa, como manejas tu carro, como usas tu ropa, que usas para decorar. Todo es información, aun la de las hormigas que construyen hormigueros.

Los temas son exclusivamente para los humanos porque tenemos voluntad libre y podemos escoger. Aun los extraterrestres están aquí para experimentar para Dios. Esta entera gigantesca masa está experimentando para Dios. Yo creo que los extraterrestres creen que la mayoría de seres en la Tierra están en un nivel muy bajo, porque la mayoría de ellos son entidades de nivel avanzado.

Todo se vuelve una cadena de reacción gigante. ¿Ha tenido Dios lo suficiente? Nunca habrá lo suficiente. Eso es la infinidad. Eso es la eternidad. La experiencia continua aun en el Otro Lado. El conocimiento esta constantemente creciendo si Dios llega al punto de que Su parte de experiencia se vuelve estática, Él no estaría en el proceso de crecimiento, ni tampoco nosotros.

Esa es la razón por la cual escogemos el mantener creciendo. Algunos paran—no me mal entiendas. Pero la mayoría de nosotros queremos mantener aprendiendo y experimentando para Dios. Ello se vuelve una adicción, créemelo. Las maravillas dentro de Dios son más gloriosas de lo que te podría decir.

El conocimiento no es un substituto para la experiencia. ¿Yo me puedo sentar por horas y contarte acerca de una experiencia, pero tú todavía no lo has hecho, verdad? Cada persona es una centella individual de Dios, así que cada uno experimenta las cosas completamente diferente.

¿Termina el ciclo de las vidas en la Tierra?

Por supuesto. Entonces continuamos experimentando en el Otro Lado. Si tú escoges, tú puedes ir a otros universos para más experiencia. Tú nunca pierdes las experiencias que has obtenido. Siendo una parte de Dios, tú te vuelves más como Dios cada vez que experimentas para Él. Tú te elevas a ti mismo para volverte *como* Dios. Esa es la belleza. Lo que tú estás aspirando no es el ser Dios, pero ser *compañero* con Dios.

Cuando empezaste al principio, aunque estabas totalmente contento en el Otro Lado, pero cuando tú viniste a la Vida, empezaste a descubrir que pedazos de ti mismo estaban incompletos. Tú debes de trabajar con cada pedazo cada vez que vienes a una vida. Tú tienes que ir a buscar a través de las ruinas de ti mismo para exponer esas debilidades. Esa es parte de tu búsqueda—casi como si hubieras tirado una joya preciosa en algún lugar en el mundo y la tienes que encontrar otra vez. Tú tienes que encontrarla. Cuando encuentras a esa joya, habrá una tremenda felicidad adentro de ti, pero eso no quiere decir que la vida va a parar de tratar de derrumbarte.

Fija tu mira en una misión que está más allá de cualquier ser humano. Puede ser cualquier cosa, pero no fijes tu mirada en solo otro ser humano. Esa es una jornada desperdiciada. Trata de hacer del mundo mejor. El hacer que llegue Dios dentro de los corazones de la gente. Ayuda a tu semejante. Esa es la meta. Si alguien escoge el caminar contigo y volverse un espíritu querido, entonces que mejor que eso.

Pero si no, entonces tú debes seguir caminando. Deja a esa gente quien critica tu sendero. Tú lo harás, de cualquier manera, sin importar lo que yo diga, o lo que te diga otra persona. ¿Tú sabes por qué? Un "anillo de oro" aparecerá, brillando en el cielo como un faro, llamándote para completes tu plan de la vida.

La primera cosa que ocurrirá es que tú empezarás tu jornada y esa persona "lenta" que te estaba jalando ya no estará contigo. Tus sueños no serán solo sueños. Tu deseo final es el perfeccionar para Dios, sobrevivir la vida, y regresar a Casa. Mientras estés yendo por el camino con tu ojo en el hermoso anillo de oro, este círculo perfecto de eternidad, ayuda a alguien más en el camino. Sin embargo, no les permitas que te *saquen* del camino.

La gente se vuelve obsesionada con un enfoque solitario en esta vida. Vamos a suponer que tu enfoque es un ser humano en particular quien tú quieres más que nada en el mundo. Tú permites que todo pase por un lado por esa razón. Que tan superficial es eso. ¿Tú se volverás un anciano, te morirás, esa persona se morirá y que cosa buena salió de tu obsesión?

¿Cómo los temas se relacionan con las líneas de opción?

La línea de opción se refiere a una área de tu vida que tú no has definido claramente en tu plan de la vida; es dejada abierta. Entonces tú también tienes un sentimiento en el que tienes que superar. Es una clave para perfeccionar tu tema. Tú tienes tu tema, tu línea de opción, y tu sentimiento en el que tienes que superar. También tienes tu dharma, el cual es tu responsabilidad a Dios. La línea de opción bloqueará mucha de la gente en las áreas tales como la vida familiar, espiritualidad, vida amorosa, o financiera. Muchas veces, la línea de opción es la cosa que choca en contra de tu tema.

Por ejemplo, los temas de Sylvia son Humanitario y Solitario. Su línea de opción—la cual ella nunca ha podido controlar, es su vida familiar. Esto choca directamente en contra de su tema de Humanitario.

Siempre que te mantengas chocando contra de un problema, solamente abre tus manos y déjaselo todo a Dios. Permítele a Él controlar tu vida. No tengas miedo de que te podrías volver flojo y nada más te quedarías ahí tirado. Con el solo hecho de que te preocupas de eso significa que tú nunca, de ninguna manera harías tal cosa. Tu solo estás activamente pidiendo que Dios tome control—esa es la diferencia.

ᶘ Capítulo Cuatro ᶘ

SINERGISMO

Raheim: Deseo hablarte a ti acerca de la progresión de tu alma. Este proceso es muy sencillo, singular y controlado. También deseo hablarte acerca del sinergismo. En tu mundo, donde dos y dos son cuatro, cuando tú aplicas el sinergismo, eso se puede convertir en cinco o seis por causa de la técnica de visualización y el factor de la creencia.

No intento en filosoficar pesadamente. Sólo deseo darte la forma más verdadera de lo que está edificado el conocimiento del Gnosticismo. Cuando un grupo de gente tiene en su mente un objetivo o una meta para la mejoría de todos—una creencia que se extiende más allá que la razón común lo dicta—eso es el sinergismo. No estoy hablando de las metas materiales, en lo cual muchas religiones están enfocadas.

Vamos a suponer que deseas edificar un templo para adoración religiosa para ti mismo. Si esta fuera una meta material, hubiera sido llenada hace muchos años. Pero porque, en actualidad, tú eres la salvación de ti mismo, ello se vuelve una meta real.

No sólo estamos hablando acerca de un templo externo, pero, más importante que eso, es tu templo personal. Tu cuerpo es un templo sagrado, cargando una centella del Divino; tus acciones son como tú adoras a Dios.

Dentro del templo que eres tú, debe de haber una seguridad para los niños, compasión para los ancianos, amor para los desafortunados, enojo en contra de la infamia, justicia propia contra los errores y una batalla en contra de las mentiras. Tú estás en tu templo. Sinergismo, entonces, desde tu templo, el cual es único, crecerá más grande que sólo una creencia.

Aunque sea construido un templo físicamente, eso es de muy poca consecuencia. Ciertamente ello no necesita ser un Vaticano. Pero antes de que un verdadero templo sea construido, o una sociedad sea sacada al publico, el templo del ser humano debe de ser respetado a todo costo. Ningún individuo debe tomar precedencia sobre otro. Por supuesto, en estas fechas, hay avatares, mensajeros, canales de comunicación, mediums, y profetas, ninguno de los cuales son más benditos que tú. Tus practicas meditativas se deben enfocar en la dignidad de ti mismo, y la tolerancia para las cualidades humanas de los demás.

Si no te simpatiza un amigo personal, un miembro de familia, un hijo, o uno de tus padres que ha lastimado tu templo, tú no necesariamente tienes que erradicarte completamente de esa persona. Pero tú debes de mover tu esencia lejos de ellos porque eso detiene al crecimiento de tu templo.

Las palabras que deben de salir de ti, sin importar quien tú seas, son de que estás siguiendo adelante, eres un Gnóstico practicante, estás levantando tu conciencia, buscando y encontrando las respuestas.

Todas estas verdades han estado aquí pero escondidas de ti. Eso fue para tomar control sobre la gente por casi todo el tiempo que el mundo ha existido. Yo, Raheim, puedo tener una verdad más grande que tú, pero la compartiré libremente contigo para que así seamos iguales. Al hacer esto, *tú te volverás en un avatar*.

Los "Santos" están altamente sobre valorizados. Algunos tomaron la lanza desde el principio para venir como Peleadores de Causa, Cargadores de Estandarte, o profetas. Ellos no son más benditos que lo eres tú. Ningún sacerdote es más bendito que tú. No te hagas menos a ti mismo. Tú puedes ser buscador de la verdad, pero una vez que tú obtengas la verdad, como Sócrates o Plato, entonces te conviertes en un igual al maestro.

Empieza a visualizar y entender tu perfección. Para la rueda de la vida que vierte continuamente hasta que te muele en pedacitos, hasta que tú tengas tantas capas de comportamiento que ya ni puedas caminar. Enjuágate de ti mismo. Conoce que tú eres una centella del Divino—bendita, hermosa, y perfecta en tu propia esencia.

Cualquier "cosa mala" que hayas hecho es parte del papel que tú tuviste que actuar. No deseo darte ninguna indicación para que no seas responsable de tus acciones, pero este planeta es un plano negativo donde el odio viaja más rápido que el amor.

Todo en tu plan de la vida está escrito, como Sylvia te ha dicho, pero hay movimiento lateral. Cada uno de ustedes son sus propios mantenedores. Cada uno de ustedes establece su propia karma retributivo. El karma, como ya lo hemos dicho, es el alma experimentando para si misma. Pero lo que tú no te das cuenta completamente es de que construyes auditorias y puntos de reviso para ti mismo. En otras palabras, si te sales de tu sendero, tú tropezaras con alguien que tendrá un mensaje que te ayudará a restablecer tu visión.

La vida está llena de irritaciones. Cada día que tú vives es una prueba de tu tema. Estas pruebas *no* quieren decir que puedes fallar. La única manera que tú conoces que has pasado por una prueba, y la has aprendido, es si tú puedes respirar una señal de alivio—si conoces en tu corazón que estás en lo correcto—no importa que tan lastimado puedas estar.

Ahora me podrías decir, "me puedo volver tan sentimental que no sabría si estoy en lo correcto o no." Con el solo hecho de que te preguntas a ti mismo en un estado emocional, "¿Estoy haciendo la cosa correcta?" Demuestra que lo estás. Esos que no, no les importa. ¿Si tú no haces nada más que preguntarte a ti mismo diariamente, "estoy en el sendero correcto?" Entonces tú estás avanzando espiritualmente.

La única parte de ti que no pueda estar lista para buscar la perfección es tu inseguridad, pero eso será curado por un compromiso total. Si te comprometes totalmente y te mantienes caminando por este camino, la perfección se te concederá. Con el hecho de que estás en este camino demuestra, a ambos, al centro de Dios dentro y fuera de ti, de que por lo menos quieres estar en el sendero correcto, sin importar que tan ciegamente puedas andar viajando por ese sendero. Se te concederá.

El camino a la perfección es largo y difícil. La vida es difícil; no hay un camino sin montes y surcos. No hay un camino sin dolor y penas. Si tú algún día conoces a alguien que tiene una vida perfecta—y dudo que lo conocerás—ellos pueden posiblemente estar en una "vida de descanso." O no saben que tan malas están las cosas porque ellos vinieron a esta vida en un estado durmiente como resultado de un trauma severo de otra vida.

Esa es la razón más común de las desabilidades mentales o físicas—no es un castigo. En esos casos esa persona escogió el encarnar en un estado menos funcional y tener a gente que cuide por ellos, porque en la vida anterior, ellos fueron hechos pedazos. Así que por lo menos ellos están aquí y saben que tienen el cuidado de otros seres por un tiempo, mientras ellos lentamente reconstruyen su quebrantado ser.

El ser un cuidador es el karma que unos escogen, el tener que cuidar de gente que está deshabilitada o retardada. El *alma* nunca está retardada o deshabilitada. Hay mucha gente quien parece estar bien físicamente, sin embargo están más enfermas mentalmente que otras personas.

Una persona que escoge una vida difícil y quien sufre prejuicios es más avanzada que una quien entra en una situación donde las reglas de la sociedad trabajan a su favor. Si tú observas en la historia, tú veras que los prejuicios tal como lo étnico, periódicamente se volteara de quien está arriba de la situación para el que está abajo. Así que si eres prejuicioso y no te gustan los Indios, Asiáticos, negros, o blancos, ten mucho cuidado, porque tú te volverás lo que tú odias. Todos escogen el ser de todas las razas, sexos, sexualidades y tipos de cuerpo, al igual que las etapas diferentes de riqueza o pobreza, para ver como manejan la situación.

Francine: Vamos a hablar de la belleza física. Hay dos aspectos a esta "karma." Algunas personas se han ganado su belleza física a través de muchas vidas en las cuales el alma luce brillante. La fisonomía completa de esa persona y todos sus movimientos son hermosos.

Otras almas pueden haber escogido un cuerpo hermoso en orden para ver como actuarían con constantes laureles y flores arrojados a sus pies. Esta es una situación muy retadora de entrar, y una muy solitaria. Muchas de tus estrellas de cine pueden tener unas vidas solitarias, sin embargo una persona que no toma mucha importancia acerca de su propia apariencia puede ser mucho más hermosa.

La belleza física es solo tan profunda como lo es la piel—la belleza verdadera viene del alma que brilla hacia afuera. En esta vida, si tú tienes unas facciones bonitas, piel hermosa, pelo hermoso y todas las cosas que realmente significan algo para tu propia apariencia personal, entonces trata de decidir si tú los has ganado o escogido. De cualquier manera, tú aun puedes perfeccionar tu alma. No hay ninguna entidad en el mundo entero, o en mi lado, que no haya nacido sin algún defecto. El defecto puede que no sea visto o haya sido notado por otros, pero el individuo siempre lo conocerá.

Aun la gente más hermosa dirán después de que se les dice que son atractivos, "Pero no me gustan mis dientes o nariz o ojos." Esa es parte de la perfección. Hay una línea fina entre el volverse complaciente y satisfecho en el avanzamiento del alma. Debe de haber alguna internalización y externalización. Una vez que tú has hecho esto, entonces no le vas a prestar mucha atención. Yo no quiero decir que tú no te vas a cuidar. Si no lo haces, es casi como si no te importara acerca de la casa en la cual reside tu alma.

¿Es la obesidad karmica o es planeada?

Puede que sea karmica si es que moriste de hambre en tu vida anterior. De otra manera, es un asunto psicológico donde estás "protegiéndote" a ti mismo de la vida.

Raheim: La obesidad es usualmente un atento a protegerte a ti mismo de ser lastimado de palabras crueles que son arrojadas hacia ti.

En este "movimiento de conciencia" donde a la gente se le permite ser su propio salvador, las palabras que serán arrojadas hacia ti serán poderosas, ásperas y crueles. No se te arrojará a la jaula de leones, pero *se* te criticará por no ser lo suficientemente idiota para seguir ciegamente a alguna de esas religiones. ¿Te das cuenta que tan irracional es eso? ¿El centello de Dios dentro de ti es único y diferente de toda otra centella, así que como podrían todos ustedes ser iguales? En lugar de seguir a cualquier religión, lo que debería de ser es que a todos se les permitiera creer en su propio Dios, su propio salvador, y en su propio sendero a la verdad. Entonces debemos reunirnos todos juntos en grupo, compartiendo así al Dios colectivo. Ahí está nuestra protección. ¿No ves la racionalidad en eso?

Cada centella es diferente, como lo son nuestras experiencias. Así debe de ser. Uno no experimenta a Dios de la misma manera que otro. Dios siendo intelecto, tú eres el lado emocional de Dios experimentando para el intelecto. Eso hace la totalidad de Dios.

La creación se ha vuelto muy complicada en lo que concierne con las religiones. Es más bien como dice Sylvia: "Jesús trajo amor, al igual que lo hicieron los demás mensajeros." Pero la gente no puede estar satisfecha con eso. Ellos parecen que quieren el infierno y la condenación. La verdad del asunto es de que el concepto de vivir una vida tras vida es, de muchas maneras, más atrayente que un pozo de fuego.

Llega el momento cuando un alma siente que la graduación está sobre de ellos porque no hay ya ninguna razón para continuar. Cuando toda la información a sido amasada, entonces tú estás completo. ¿Empezaras otra evolución? Posiblemente, pero no será como esta. Será en un nivel más elevado, más intelectual de aprendizaje y expandecimiento en el Otro Lado o en otro universo, si el alma así lo escoge.

No es diferente como el decir, "¿Tú solo tenías que terminar la preparatoria, pero quieres seguir adelante?" Algunos levantaran sus manos y dirán, "Sí, deseo un doctorado" pero esos quienes no lo desean no son vistos menos o se piensa de ellos como inferiores. Cada uno somos individuales.

La mayoría de la gente no les gusta sentir que son personalmente responsables de sus propias estratagemas para formar sus propios templos y sus propias salvaciones. Es mucho más fácil, como se ha mencionado ya, el dar la voluntad a otra persona. Les permitiré escribir las reglas, díganme que tengo que hacer, seguiré los mandamientos, y así entonces ya no tendré que pensar." Excepto que todo eso no es realista, porque ningún grupo de reglas siempre podrá ser aplicable para todos.

"Tú no mataras." ¿Pero qué tal si alguien está por matar a tu hijo? ¿Qué es lo qué cualquier padre haría?

"Tú no robaras" ¿Qué tal si tu familia está hambrienta?

¿Así que te das cuenta a lo que me estoy refiriendo? Ciertamente hay una ley universal, pero ella debe primeramente ser acerca de humanidad y del cuidado, concerniente a la acción correcta. Pero el tener demasiadas reglas estrictas garantizan actos inmorales. Si hay una aprobación para vivir libremente, entonces habrá pocos actos inmorales. La pornografía, por ejemplo, se volvería menos incitante.

A la gente siempre le ha gustado el "pecado." Ellos siempre han querido participar o observar—de la misma manera en la cual nos atrae un horrible accidente. Pero el permitirle a la gente ser ellos mismos puede cambiar eso. Yo no quiero decir el dar aprobación a los criminales, abusadores, o psicópatas. No estamos hablando acerca de eso; esos son salvajes, almas renegadas que eventualmente deben de responderle a Dios. Pero con la constricción y confinamiento del comportamiento humano al no permitirles que se den cuenta de que son centellas del Divino, y el dejar su salvación a la voluntad de otra persona—ellos así solo tendrán una rebeldía igual a la de un niño.

¿Se supone que una mujer que ha sido casi muerta a golpes y tiene tres niños debe de permanecer con el marido porque el divorcio no es permitido? Eso no es aceptable—es loco e inmoral. Esa es la razón por la cual la sociedad se dirigió a las drogas, a la bebida y la violencia—por las reglas estrictas y la condenación, creando así una destrucción a la dignidad humana.

Francine: Muy pocas entidades, sin importar lo que tú puedas pensar, realmente hacen actos crueles. Solo si ellos están en un estado de demencia. Nuestra naturaleza básica del alma es mayormente, el ser bueno, y el buscar el bien. La gente puede regresar a la vida por motivos de atrocidades que ellos cometieron, para experimentar algo de la calidad similar, el ver el otro lado de la moneda, pero tal karma retributivo es raro. La mayoría de las entidades blancas no tienen el intento malicioso de deliberadamente lastimar a otro ser. El tener culpa, lo cual es sociológico, cultural y religiosamente puesto sobre nosotros, es tan equivocado. Si tu motivo es puro, tú no necesitas sentir ninguna culpa.

Raheim: No permanezcas en ninguna situación que está bloqueándote de ser quien tú realmente eres. Tú puedes sentir que realmente no sabes quien eres. Eso es porque has sido dividido entre tu trabajo, tus amigos, tu familia, y lo que todos quieren que tú seas y han construido que seas.

Ningún padre debe de soportar a hijos malagradecidos y viceversa. Esto no significa que queremos que todos abandonen a sus familias. Pero hay maneras de tolerar situaciones sin ser victimados por ellos.

Cuando tu templo sea construido, nada puede derrumbarlo. Jesús dijo, "Tú puedes destruir mi templo, pero será reconstruido en tres días." Oh, grietas aparecerán en tu esencia cuando hayas sido lastimado, pero tú recibirás pegamento Divino para emparejarlas.

¿Cuáles son los componentes del sinergismo?

Tú no solamente debes de *conocer* que eso es posible, pero *visualizarlo* que es. Obtiene a dos o más personas juntas a que crean que ello ya a sucedido. Si tú y un amigo tienen $25 cada uno, pero en tu mente realmente crees que eventualmente será $50 millones, entonces colócalos juntos y piensa acerca de ello cómo si ya estuvieran enfrente de ti. Ello se volverá una realidad. Por supuesto que no me refiero al apostar.

¿Cómo pueden 25 más 25 volverse no sólo 50, pero 50 millones? Sinergismo significa que cuando tú envías tu creencia al universo, por decirlo así, entonces el universo se moverá para cumplir tus deseos. La energía crea cosas. ¿Tú alguna vez te has *pensado* en un estilo de vestir, de pelo, o cualquier otra cosa, y has hecho que suceda? Tú has sinergisticamente hecho algo para ti mismo. ¿Cómo paso eso?

Así es como Edison hizo lo que él hizo. Así es como los empresarios hacen lo que ellos hacen. De la nada, ellos crean todo.

¿Eso es el convertir pensamientos en cosas?

Sí. No sólo la *fe*, pero *conocer* que es real. Los físicos todavía no entienden el por qué, de un grupo pequeño de gente o ideas, una cantidad es hecha que se vuelve más de la suma de sus partes.

¿Cómo una mujer crea una iglesia de la cual eventualmente habrá millones de gente? Porque hay un pensamiento, una creencia, un movimiento junto. Es duplicado, cuadruplicado, y mucho más.

¿Nos ayuda el Otro Lado?

Oh, sí, no es solamente tu programa. Lo vemos en el Otro Lado, te ayudaremos, y lo llevaremos a otros realmos y ayudamos a hacerse una realidad. Esa es la razón por la cual te digo que la dedicación vale. La dedicación, la creencia, y la convicción hacen que los pensamientos se conviertan en cosas. Te ayudamos así.

Mientras tú permanezcas en el sendero, aun si no tú sabes donde vas. Nosotros todavía te vemos. El poder está verdaderamente dentro de la mente. Todos somos una parte de Dios. Todos somos una fuerza creativa. Tú puedes crear en tu propio realmo, en tu propio mundo. Si ese no fuera el caso, no hubiera un Henry Ford, un Thomas Edison. No fue sólo el hecho de que ellos tuvieron más infusión, porque hay muchos genios caminando por ahí quienes nunca han hecho nada con ello. Ellos tuvieron la creencia, trajeron a otra gente dentro de su creencia, y les enseñaron que era verdad. Y, como dice Francine, ellos no se dieron por vencidos.

Ahora, el lado opuesto de esta polaridad es vista como cultos que brotan. Puede haber una creencia errónea. Lo que sucede es que la gente es atrapada en estos episodios sicóticos al seguir a una singular persona y ellos paran de usar su propio intelecto para ver la verdad.

¿Cómo nos podemos volver más alertas?

Tú empiezas tomando partes de ti mismo y diciendo, "Este día, esta semana, este mes, voy a tratar de notar y amar a las plantas." Ello suena muy sencillo, pero no lo es. Entonces tu prosigues a otras partes de tu mundo.

"Este día, esta semana, este mes, voy a compartir mi esencia con un animal. Enseguida, voy a tratar de compartir mis sentimientos con otra persona. Aun voy a tratar de ser Panteístico, y voy a sentir los espíritus vivientes de las paredes de este cuarto, la lavadora, el árbol en el patio de enfrente." Eso extiende tu antena.

Hace años, Sylvia le decía a sus hijos, "Cuando algo es muy bueno, cierra tus ojos y guárdalo en ti." Hazlo de dos maneras: Cuando es muy malo, cierra tus ojos y desásete de ello instantáneamente. No digas, "voy a esperar hasta llegar a casa y después arreglo esto." Demasiada gente hace eso; para esa hora, tú ya estás infectado. Tú no esperarías horas para lavar tus manos si tuvieras gérmenes en ellas que van a causar una plaga.

Tú puedes visualizar a alguien para que esté libre de adicciones. Ellos pueden que no salgan de la costumbre de drogas en ese momento en particular, pero si hay varios de ustedes visualizando a esa persona, sana, ello sucederá. Sin embargo, lo más que el "bien" se eleva, aquí o a donde quiera que el movimiento de conciencia esté elevándose, la más negatividad se elevará con ella. Es una batalla. Algunas personas pueden ser manipuladas por el lado oscuro de las cosas—yo no quiero decir un "demonio," pero estoy hablando acerca de la negatividad que se eleva, y una persona quien es susceptible en ese momento va a reaccionar con ello. Ahí es donde ellos salieron con la idea de "posesión de demonios." No lo es.

Una persona que está fuera de su sendero se vuelve vulnerable a la negatividad. O, si ellos restan infectados de drogas, ellos se convierten en una puerta abierta para toda la negatividad en un cuarto, en el mundo, en el transito, y ellos reaccionaran. Ellos pueden aun lastimar a la persona quien ha hecho por ellos el bien, porque algunas personas no desean ser sanadas.

Ahora, vamos a hablar más profundamente de eso. Vamos a decir que tú visualizas a una persona completa y sana, pero eso no parece dar resultado. Permíteme decirte que algo misterioso pasa: la persona a quien se lo envías puede que no lo reciba, pero otra persona se beneficiara de ello. La buena energía nunca es desperdiciada.

Ese ser saludable que tú construiste se le acomodara a la próxima persona que venga en necesidad de ello. Nunca has escuchado a alguien decir, "¿Yo no sé como, pero yo estaba enviciado con el alcohol (o con drogas o con los cigarros, o cualquier otra cosa), y de repente, un día lo deje de estar?" En algún lugar, un grupo de personas estaba programándolo.

Es lo mismo con el amor. Todos gritan, "Yo amo a fulanito de tal, pero él no me ama a mí." El amor sale y otra persona lo agarrará. Date cuenta de que todo esto es transigente. Todo pasara. No puedo repetirlo lo suficientemente. De veras, la vida es valiosa y los niños son maravillosos, como lo son las plantas y los animales, pero tú estás solamente aquí en una visita corta.

La manera para evitar la manipulación por la negatividad del mundo es el darte cuenta de que esta vida no es el final de todo y el ser de todo. Hay otras vidas para ser vividas para algunos, y ciertamente el Otro Lado nos espera. ¿Qué tan entusiasmado te puedes poner acerca de ir al campamento por una semana? Eso es todo lo que es la vida. Pero, por Dios, tú estarás orgulloso de ti mismo cuando hayas pasado por todo esto.

No hay una alma, sin importar lo que tú piensas de ellos, quienes no estén orgullosos de ellos mismos cuando cruzan para acá. Por lo menos ellos pasaron por todo eso. Ellos a lo mejor no pasaron todas las pruebas con gracia, pero ellos están orgullosos de que por lo menos tuvieron la valentía de venir aquí abajo.

¿El expandir nuestra aura es una protección?

Extiende tu aura. Piensa que tu aura está saliendo unos 30 pies o más; tú la puedes hacer que salga así de lejos. Cuando tú estés en un cuarto, piensa que tu aura está expandiéndose y respirando como si fuera una cosa viviente. Tu aura es una emanación real eléctrica a tu alrededor, al igual que los santos estaban pintados con aros. Piensa en ello expandiéndose y bañando el cuarto completo con tu luz.

Cualquier persona que desea administrar a otros lo puede hacer. No hay ninguna duda en ello. Tú estás en el borde de traspasar, como dice Francine, a la más grande epifanía que tú podrás ver. Ella se refiere al renacimiento de las creencias religiosas como deben de ser. La religión organizada nunca debería de haber sido organizada, porque entonces ello se convierte en un gran negocio. Eso es para siempre dar un temor.

¿Dios está por todos lados?

Dios está siempre-presente en tu vida diaria, no sólo en una iglesia. La única razón para que la gente comparta un conocimiento común es para trabajar en una área diferente para Dios, luego para entender esa área individual y trabajar hacia la aceptación de esas diferencias. Tú provienes de un Dios con muchas mentes. Un aprendedor lento es tan bueno como el estudiante con grandes honores, porque todos los tipos de personas son necesarios para hacer un salón.

¿Pueden los guías ver la negatividad en un cuarto?

Cuando un cuarto está lleno con energía positiva, es una luz rosa brillante, con tinte dorado. Cuando está lleno con negatividad, ello se ve como un trapo sucio de queso—nublado y "de agua verde pantanosa." Ello tiene una textura y una pesadez en él. Cada uno de ustedes ha estado en una situación en la cual sientes el aire "pesado" a tu alrededor. O sientes que no puedes respirar, la atmósfera estaba pesada, o la energía se sintió morbosa y sofocadora. Ello no tiene nada que ver con la temperatura calurosa del cuarto.

En este tipo de situación, por favor se consiente de tu plexo solar. Cada vez que estés en una atmósfera negativa, tú puedes empezar a sentirte enfermo del estómago, aunque no tengas la gripe estomacal. Similarmente, tú puedes obtener un dolor de cabeza de repente aunque tú no tengas ningún problema de sinusitis, porque tu cuerpo reaccionará biológicamente a la energía negativa.

¿Debemos confrontar situaciones negativas?

Sí, pero en una forma humana, la mayoría de ustedes están aterrorizados en hacer eso. Mira, la negatividad puede convertirse en una seguridad; como de la manera en que cualquier trabajo o papel en particular se vuelve algo seguro lo más frecuente que lo hagamos. Entonces nos metemos hasta las rodillas en el lodo y ya no podemos salir. No te aconsejo que eches al viento la precaución, porque tú tienes que comer y dormir. No hay nada malo con querer cosas materiales—un carro que anda, ropa que está bonita, y, por el amor de Dios, comida que sabe buena. Dios no quiso que solo unos pocos seleccionados tuvieran lo suficiente. Eso es ridículo.

No hay nada más horroroso que alguien que no esté limpio y esté usando ropa de sacos de papas y esté pidiendo limosna. Nuestro Señor nunca hizo eso y tampoco ninguno de los otros avatares. Buda fue un príncipe de una familia rica. Aunque él caminó las calles de la muchedumbre, él tenía dinero que lo seguía y que cuido de sus necesidades. Jesús también vino de una familia muy rica. Eso es solo lógico. Él era de la Casa de David. Él era de la Nobleza.

Cuando Nuestro Señor dijo, "Deja todo y sígueme," él no se refirió de deshacerse de todos los bienes del mundo, pero en lugar de eso, él se refirió los prejuicios religiosos. Nadie estaba más comprometido que la Magdalena; ella fue la más dedicada. Ella no necesariamente fue un apóstol, pero ella ciertamente fue una discípula.

¿Hay verdades universales e individuales?

La verdad absoluta es perfecta y libre. También hay verdad individual, la cual aplica solamente para ti. Algunas de las muchas verdades universales incluyen lo siguiente:

- Cada individuo debe de buscar su propia salvación.

- No lastimes a otro ser humano, pero tú debes de tener enojo justificado en contra de las malas acciones.

- No aceptes culpa por tus acciones si tu motivo es puro.

- No Juzgues

Si tú creas una verdad personal que está en conflicto con una verdad universal, entonces tú estás en un error. Ello significa que tú estás "desconectado" de Dios.

¿Pueden los errores ser justificados de tu lado?

Vamos a decir que una madre quiere que su casa sea dividida entre dos hijas después de su muerte, pero una hija cambia el testamento, lo falsifica, y hace todo en contra de los deseos de su madre. La madre puede entonces, porque esta molestia la siguió hasta el Otro Lado, crear una situación o "manipulación" donde habrá un acto retributivo en el futuro.

Tú conoces el viejo dicho, "¿Ellos pueden obtenerlo, pero no estarán contentos con eso?" Y eso es verdad.

He escuchado que debemos de abrir nuestras mentes a la infusión porque solamente usamos un 4 o 5 por ciento de nuestros cerebros.

Sí, tú estás absolutamente en lo correcto. Una vez que te abres, tú estás trabajando el 90 por ciento o más de tu cerebro. Se te ha dicho que no puede ser así, pero confía en mi, es similar a cuando nadie sabía que el mundo era redondo. Eso es muy parecido al cerebro. Esa sección pequeña es todo lo que se usa.

Pero si alguien te dice que tú puedes usar más de ello, entonces tú ya no tienes que ser controlado y estar confinado. Tú puedes explorar tantas otras regiones. Me doy cuenta de que se gasta tanto dinero en explorar el espacio, cuando la mente es lo más maravilloso, un espacio sin fin. Entre tus orejas es donde la jornada de la humanidad debe de estar. La mente es iluminadora, inspiradora de admiración y conectada a Dios.

Pero tú estás batallando con unos 500,000 años de programación genética, religiosa, y sociológica. Cuando tú vuelvas al Otro Lado, tú sabrás que si encarnas otra vez, tú vas a ser un poco más inteligente. Entonces en la próxima vida, tú eres un poco mejor, pero la concha vieja te quedara muy apretada. Cuando entramos en una forma humana, nos olvidamos de todo. Nos volvemos temerosos, nos ponemos flojos y tomamos el camino más fácil.

Es un poco temeroso, aunque emocionante, el conocer que tú eres tu propio centro de Dios, tu propio dueño de obra, el navegante de tu propio barco—emocionante pero aun temeroso. Pero el verdadero capitán es Dios. El único lugar donde tú vas a caer de todas maneras es hacia Él, sin importar por que aguas hayas pasado. Él no va a permitir que te hundas. Tú puedes chocar el barco, pero tu alma nunca se hundirá.

¿Sinergismo ocurre con solamente saber?

Conoce que tu meta es real, mira, Cristóbal Colon sabía que algo estaba ahí cuando él navegó al oeste para poder encontrar a la India. El sinergismo es creado por la creencia de que algo es posible, en el conocimiento de que será; entonces tú actúas en ello.

Ello suena tan sencillo. "Yo creo que soy un psíquico, un profeta. Yo creo que me reporto directamente de Dios, que mi canal está abierto. Debo de actuar en ello sin importar que tan tonto o ridículo o destructor propio ello pueda ser al principio. Yo lo haré." Entonces ello aumentará. Eso es lo que el sinergismo es: verdaderamente el volverte lo que tú estás actuando o creyendo que eres.

Cada persona percibe la realidad de una manera diferente. Todo eres tú. Está todo en tu realidad. Si tú eres tratado malamente, es porque tú lo has permitido. Si tú eres tratado bien, es porque tú lo has demandado. Si tú tienes un buen trabajo, tú trabajaste por ello. Si tú no tienes un buen trabajo, tú debes de salirte de ahí. Es tan sencillo como eso. ¡No camines por ahí en "trapos de bolsas y cenizas," gritando que el mundo está en contra de ti—porque no lo está! *Tú* estás en contra de ti mismo. *Tú* eres el que te estás dando por vencido.

Tú haces tu propio mundo, y tú debes de vivir dentro de él o cambiarlo a algo mejor.

Como Funciona

Francine: El sinergismo es el acto de tomar un grano pequeño de tu meta, luego expandiéndolo para crear el entero.

Permíteme explicarte. Vamos a decir que estás tratando de procurar dinero que es verdaderamente tuyo. Toma un dólar y concéntrate en el dólar para hacerlo que aumente. Concéntrate en el hecho de que este dólar se reproducirá muchas veces, un millón de veces si así tú lo quieres—no tengas miedo. Toma ese dólar y daselo a otra persona. Pero asegúrate que esa persona es también alguien que lo necesita. Tú no deseas que alguien tome el habito de pedir en la calle, porque eso no los está ayudando. Eso es lo que significa el sinergismo.

Tú has decretado para el universo lo que es que tú quieres. Tú has puesto tus necesidades y tus deseos en movimiento y empezado una cadena de reacción. Tú también debes de ponerle condiciones a ello: "Cuando esto aumente, yo voy a recibir mucho. Entonces yo voy a dar tanto a alguien más para así ayudar a los necesitados, a los pobres, a los desamparados." Para eso es lo que la limosna realmente fue. No era para que hiciera rica a la iglesia. Ello se suponía que iba a parar en una olla gigante, de la cual todos iban a poder tomar de ella.

Para ayudar a afirmar tu meta como una verdadera, desarrolla una ayuda visual. Si tú deseas estar delgada, obtiene algo que es imitativo a eso. Una foto de un cuerpo delgado. Entonces corta una foto de tu cara, y colócala en ese cuerpo delgado. Empieza a programar tu mente al proyectarte a ti mismo a lo delgado de ese cuerpo. Colócalo en algún lugar donde tú lo puedas ver todo el tiempo.

Lo que también es bueno hacer es el obtener un tablero grande para colocar notas. Coloca tus metas en ese tablero para que los veas frecuentemente. Tú puedes poner un billete de dólar, una foto de una persona que tú deseas verte como ellos, o un carro o casa que tú quieras—todas las cosas que sean un "deseo", tus cosas sinergisticas.

Tú puedes decirme, "¿Qué tal si nunca se suponía que iba a tener $2 millones?" Entonces tú no los vas a obtener, pero otra persona los obtendrá. Así es como el sinergismo trabaja. Vamos a decir que deseas que tu corazón mejore: Encuentra un libro de biología con una foto de un corazón; colócalo en tu tabla de tachuelas; y pide por un corazón vibrante, latiente, sano. También sería bueno el poner una foto de un cuerpo con el completo sistema circulatorio. Empieza a programar tu mente de que ese es tu cuerpo, con la sangre sana pasando por él. A los más sentidos que tú puedas hablarles, lo más efectivo este proceso se convertirá. Para programar para dinero, sumérgete en su color, en su sentir, y su aroma.

Sólo haz un acuerdo contractual, "Cuando obtenga esto, prometo dar cierta cantidad para el bien, a la caridad, a los desamparados, etc." Tú no quieres solamente ganar para ti. Si tú así lo haces, el sinergismo muere. No hay nada malo con decir, "yo deseo cuidar de mi familia. Eso también está bien. Nada más incluye a todo aquel que quieras contigo. Yo daré 40 por ciento a mi familia, o cualquier otra cantidad." Tú debes de hacer un acuerdo contractual, y programar por ello.

¿Con quien hago este contrato?

Con Dios, el gran Contratador. Conéctate con el recurso Divino. La gente necesita conocer que todos sus pensamientos dan vueltas en la atmósfera. Ello depende en quien se conectará a eso y quien será lo suficientemente tenaz para hacer que ello entre en acción. Esa es la razón por la cual algunas personas son "afortunadas" y algunas no. Ellos no saben como unir su vida al gigante cordón umbilical de Dios. Ellos no se dan cuenta de que pueden ser alimentados por medio de él.

Otro ejemplo de sinergismo es un arquitecto que se va en medio de un terreno sosteniendo en sus manos dos ladrillos. Ella mira el terreno y dice, "De éstos dos ladrillo, se construirá un centro comercial." ¿Y qué es lo que pasa? De esos dos ladrillos vienen otros ladrillos y trabajadores. El sueño sinergistico está construido. Si una persona puede hacer eso con solo dos ladrillo o dos millones de ladrillos, tú también puedes hacer eso con tu vida.

Sylvia: Al desigual que muchos comunicadores, yo no creo que tú *totalmente* creas tu propia realidad. ¿Yo sé que ese es un tema popular ahora, pero el problema que tengo es, que pasa si tu realidad no es en nada como mi realidad? Yo creo que eso hace de una persona tan poderosa.

Nosotros creamos nuestro propio ambiente, nuestra propia realidad positiva o negativa. De esa manera, somos la fuerza creativa de Dios. Si tu crees en algo lo suficientemente y puedes hacerlo real en tu mente, ello sucederá. Francine me dijo hace años, "La única razón que las cosas no pasan, o que la gente no obtiene sus deseos, es porque ellos "cambian sus fichas' demasiado temprano. Ellos se dan por vencidos."

Ayuda si tú de veras deseas creer en algo más grande que tú mismo. Ello no tiene que ser demasiado benevolente. Ello no tiene que cambiar al mundo. Ello puede ser tan pequeño como el tener una familia feliz, una relación amorosa, o el suficiente dinero. Para hacer eso, realmente visualiza y prográmalo.

La gente me ha preguntado, "¿Está mal él querer tener cosas materiales?" No. Sin embargo, si tu enfoque está en solamente tener cosas materiales, entonces eso está mal. Pero mientras estamos acampando en la Tierra, no hay nada malo con tener una cama bonita y un piso limpio. En lugar de quedarte en un hoyo infestado de ratas, tenemos todo el derecho en pedir por acomodaciones bonitas.

Yo creo que en esta vida, como vamos avanzamos espiritualmente, realmente sabemos que el poder de Dios, la Conciencia de Dios, y el Espíritu de la Madre Dios se mueve a través de nosotros. Nosotros cargamos los genes de no solamente nuestros padres Terrestres, pero también de nuestros padres Divinos. Podemos ser mucho más poderosos de lo que pensamos.

La iglesia es importante, porque al reunirnos, estilamos poder. La religión realmente fue formada para ser una ayuda mutua de gente con pensamientos similares. Nosotros nos suponemos ayudar uno al otro en la jornada de la vida y agregar nuestra energía y sinergismo a la de otros.

MEDITACÍON DE SANAMIENTO

Deseo que pidas que tú, y cada singular persona en tu vida, empiece a recibir la energía de sanamiento de la Madre Dios, del Padre Dios, de la Conciencia de Dios, y del Espíritu Santo. Los lados intelectuales y emocionales de ti mismo ahora están abiertos como un canal a Dios.

Siente a cada órgano y a cada sistema de tu cuerpo moverse hacia su forma optima de funcionamiento, sin causar ninguna tensión para ti. Desásete de cada dolor innecesario, especialmente dolor mental, las preocupaciones acerca de finanzas, hijos, esposos, esposas, padres. Suéltalo todo. Daselo a Dios.

Deseo que veas un camino enfrente de ti. El camino aparece limpio y a un lado hay árboles hermosos, pájaros, y flores. Realmente es el camino de tu vida, simbólicamente. Deseo que té pares ahí. Antes de que tomes tu primer paso hacia delante de este punto, demanda que el camino se empareje, llenando todos los hoyos y grietas, y removiendo todos los rechazos o desilusiones que estén enfrente de ti.

Si, por casualidad algo está escondido ahí, tu vas a navegar a través de ello. Tú vas a poder pasar muy rápido y tomar del aire fresco. Llena tus pulmones con aire puro y tu sentido de la vista mejorará. Cada sentido está funcionando perfectamente. Tú te sientes más vital que nunca antes te has sentido y una certeza de fuerza proviene del Dios Todopoderoso.

Recuerda que esta tierra es solo un lugar transigente. Las cosas solo son cosas. Pero en el final del camino, tú vas a cruzar por un arroyo hermoso e iras al Otro Lado. Ahí, tú te encontraras con todos los seres queridos que tú has conocido en cada vida pasada, al igual como en esta vida. Tú vas a sentir lo he sentido yo, que tan tontos podemos ser a veces al trabajar sin parar sobre una pequeña grieta en el camino cuando, si tú nada más te apresuraras un poco; tú la pasarías.

Tú puede que digas, en tu corazón de corazones, "Pero estoy cansado." Yo sé que lo estás, pero corre de todas maneras. Corre un poco más rápido. Empújate a ti mismo un poco más, y pasaras por lo negativo. Pide por bendiciones. Demándalas de Dios. Dios no se molesta si tú haces demandas. Tú estás lo estás demandando también de tu propio centro de Dios.

Demanda que tus seres queridos empiecen a ser sanados, de que todos se estabilicen, de que no exista oscuridad o negatividad alrededor de ninguno de ellos, de que el lugar a donde trabajas se ilumine, y de que donde tú vives brille con la luz de Dios.

Desásete de todos esos innecesarios, sentimientos de culpa: "Yo no lo hice; debería de haberlo hecho; deseo que lo hubiera hecho." Tú no los hubieras hecho de todos modos, y más bien tú no los hubieras tenido. Ti tú te divorcias, si alguien te deja, si té mudas, no sientas remordimientos. Esos no fueron errores; ese fue tu camino escrito. No podemos permanecer sin movimiento; debemos de seguir adelante. Siente el perdón de Dios ahora, y la disipación de la pena que reside en tu corazón.

Una Oracíon

Querido Dios,

Somos fuertes, sin miedo, fieles, continuos, y leales. Podemos tener muchas fallas humanas para sobrepasar, porque vivimos en un cuerpo humano, pero sin importar eso, nuestra alma brillara a través de todo. Nuestros corazones quieren el bien. Nuestras mentes quieren lo correcto. Cualquier enfermedad mental, física, o espiritual que esté en mi cuerpo, permítele ser enjuagado y removido. Siento tu energía surgir a través de ello. Voy a vivir con dignidad. Cuando llegue el tiempo para que muéranos, vamos a morir fácilmente y con dignidad.

En Mi Lado

Raheim: Permíteme explicarte un poco acerca de lo que hacemos en el Otro Lado—mi lado. Podemos construir cosas con el pensamiento; con solo el pensamiento, podemos hacer que algo pase; con solo el pensamiento, creamos la realidad. Todos tienen esta habilidad, pero trágicamente, se pierde al descender a la vida.

Por muchos años, Francine te ha dicho que tú no sabes el poder que tienes y puedes llamar. Es porque tú estás luchando en contra de un jalón gravitatorio imaginario—la realidad que ha sido construida para ti por la cultura, sociedad, y religión. Tú estás atrapado en la telaraña de lo que tú crees, lo cual limita tu movimiento lateral para lo que puedas hacer.

No quiero decir que podrás levitar—no lo puedes hacer. Tú lo podrías hacer, posiblemente, si pasas años y años tratando de desmagnetizarte. Pero que perdida para tu espiritualidad al pasar 30 años para nada más flotar unos dos pies del suelo. Eso parece ser un gran desecho de energía para mí.

El sinergismo es un fenómeno necesario que podemos usar, en mi lado. Jesús fue un gran maestro, un gran metafísico, un gran psíquico. Él nos enseñó a reunirnos de dos o más personas en su nombre. La Biblia no ha interpretado esto en su totalidad. Tú puedes usar cualquier nombre que sea sagrado y poderoso para ti, no solo el de Jesús. De esta manera, tú puedes crear una realidad sinergistica. Los Gnósticos, por ejemplo, están traídos juntos sinergisticamente por la unión común de sus creencias. Hace unas pocas décadas, no había tal cosa como Novus Spiritus. Pero en la mente de una persona, era una realidad. Esa realidad fue hecha en un fenómeno concreto. ¿Cuándo ello se volvió en una realidad, que paso? La gente vino.

Con Sylvia, la gente empezó a formar sinergisticamente un cuerpo religioso en el pensamiento, el cual empezó a moverse hacia delante en un proceso antiguo y se volvió una religión renovada que está creciendo ahora con un gran fervor. Aunque tú no veas los números de personas, ellos se multiplican a través de todo el país. La gente está escuchando diariamente acerca de los grupos de estudios.

Ahora considera el mismo proceso en una escala menor. En tu propia vida, haz tu propia realidad. La duda es la única cosa que tienes que luchar. La pregunta importante es: ¿Qué es exactamente lo que tú deseas? La mayoría de los seres humanos, con todas sus personas maravillosas y sabores, quieren cosas nebulosas. Ellos dicen, "Yo quiero dinero." O poder, fama, salud, belleza, o a un ser querido o a un niño.

Cuando la gente no obtiene exactamente lo que desean en la forma que ellos esperan, ellos no saben como redirigir ese sinergismo y transferirlo a otra área. Vamos a suponer que eres una mujer que desea tener un niño, pero por tu plan tú estás excluida. Ahora, tú puedes sinergisticamente programar para tener un niño natural hasta el día que mueras, y ello nunca podrá ser una posibilidad, toda esa energía va dentro de ese aspecto que nunca se realizará. Nunca será, toma toda esa energía y colócala, vamos a decir, adoptando niños, cuidando de niños, haciendo buenos trabajos para niños.

La gente tiene una noción puesta de lo que ellos sinergisticamente desean. Si no lo obtienen, ellos se dan por vencidos. Pero la energía es energía. Puede ser convertida en alguna cosa igualmente de magnifica. Esos quienes son más exitosos toman de una área y lo colocan en otro sendero para que así corra. Al correr por ese sendero nuevo, ellos se vuelven exitosos.

A lo mejor te estás diciendo a ti mismo. "Pero quiero un hombre (o mujer), y no tengo uno. ¿Por qué no? ¿No estaba pre ordenado que ibas a tener uno?" El problema es de que el tiempo puede estar atrasado. En lugar de esperar por ahí sintiendo lastima por ti y preguntándote el *por qué*, tú debes de hacerte salir a pasear, se parte de la vida, y haz buenas cosas y buenas acciones. No pongas toda tu energía en un solo sendero.

En transferir la energía, las puertas se abrirán. El bloqueo negativo fue, "¿Yo no lo obtuve, lo quería: Adónde esta?" Mira, a lo mejor tu lección fue el aprender a redirigir tu mente hacia alguna otra cosa antes de que tu meta se realice. El viejo dicho dice, "El caballo llega galopando cuando tú menos lo esperas." Y como el dicho antiguo, "Es muy difícil el esperar por alguien quien no llegará." Bueno, entonces, espera solo hasta que alguien llegue. Y por mientras estás esperando por ese ser especial que venga, ama a los que están a tu alrededor. Ahora tú has puesto en perspectiva lo que la espiritualidad verdaderamente significa.

En el Otro Lado, cuando deseamos construir algo, varias personas se reúnen y empezamos a enfocar nuestros pensamientos. Hemos construido coliseos y edificios maravillosos. Si no nos gusta la manera que cierta columna es, la desbaratamos con nuestras mentes y la reconstruimos hasta que nuestra visión colectiva es adquirida.

Tú dirás, "Eso es fantástico." No, no es una fantasía. Todos los edificios y cosas en tu mundo fueron primero construidos en la mente de alguna persona. Esa mente es la que lo puso en existencia. En el minuto que la mente la haya construido, ya está ahí. El cemento, vidrio, mosaico, postes—esos son solamente los aspectos físicos.

Tú estarías sorprendido con tu templo Gnóstico que está parado en mi Lado. Hace de cada templo que tú hayas visto aquí que se vean insignificantes. Tiene una cúpula redonda. Se parece como Saturno con un espiral que va alrededor del lado, con un vidrio inclinado azul que le permite a la luz color de rosa atravesarlo. No hay ninguna razón que tu no puedas sinergisticamente ponerlo junto en tu mundo.

¿A quien quieres en tu vida? ¿Cuál es la fisonomía de esa persona? ¿Cómo vas a ser para conocerlo o conocerla? Ahora, tú no te puedes sentar en tu casa y programar por todo eso y esperar que alguien llegue hasta tu puerta. Tú no puedes esperar que ellos toquen en tu ventana del carro y digan, "Aquí estoy." Pero ello *se* puede hacer una realidad. Nosotros sabemos que los pensamientos son cosas, porque vemos tus pensamiento volverse cosas. Y desdichadamente, algunas son muy horribles—especialmente lo que tú a veces piensas de ti mismo. Un guía me dijo que su ser querido estaba pensando como ella se vería cuando se volviera vieja. Él me dijo, "Lo grotesco de lo que ella pensó de sí misma de como ella se podía ver fue horripilante."

Por qué no programarte a ti mismo viéndote elegante en tus años mayores, con gracia, en lugar de retorcido, arrugado y con una memoria olvidadiza. Tú no te das cuenta del poder de tu mente de crear lo que te gusta. Yo no deseo que te vuelvas paranoico que cada vez que tengas un temor o hables de cosas temerosas tú las vas a crear. No, los temores no tienen nada que ver con el programado. Esos son usualmente resonancias mórficas de una vida pasada.

¿Pueden los pensamientos negativos alterar tu plan?

Ellos no lo pueden alterar, pero lo pueden tapar, atrasarlo o hacerlo tenso. Recíprocamente, los pensamientos positivos pueden hacer que todo se adelante. Piensa de un pensamiento negativo como un árbol que está caído en medio de la carretera. Ahora, la carretera todavía está ahí, y eventualmente alguien levantara el árbol, pero tú puedes tener un gran árbol en el camino de tu alma.

Es muy difícil el permanecer positivo en un mundo negativo. Si tú *lo* diriges, entonces otros te enseñaran los horrores; si tus tratas de ser positivo, otros trataran de programarte para que estés cansado, enfermo, solitario, viejo, destituido, o cualquiera que sea el caso.

Cada vez que tú dices, "¿No obtuve lo que quería tener: por qué no?" Tú solo estás moviéndote hacia atrás. Solo tú puedes prevenir eso. Tú te sentirás satisfecho si paras la programación negativa. Por tan grande que sea lo que construye el sinergismo, la negatividad lo rompe. Así que, desdichadamente, siendo un ser humano, tú siempre estás peleando contigo mismo—tú estás edificando, destruyendo: edificando y destruyendo.

No estoy tan alejadamente removida de la vida que no recuerde que tan terriblemente difícil es el mantenerse positivo, porque el ser negativo es más fácil. Lo negativo, de una manera, es una zona de confortamiento. La negatividad es libre de sorpresa; sin embargo, también está sin alegría y emoción. En la miseria y depresión, tú no tienes que pararte, bañarte, cepillarte el pelo, o moverte de aquí a allá. Tú te hundes y sumerges en ella.

La mayoría de la gente entiende cuando tú dices, "estoy de mal humor. Estoy deprimido. Estoy agotado." Pero en lo contrario, la gente no entiende cuando tú dices, "estoy de buen humor. Estoy feliz y dichoso." Ellos dicen, "¿Qué es eso? ¿Qué es lo que está pasando?" Es el ser humano.

Sylvia dijo una de sus muchas maravillosas perlas hoy. Ella las da como si fueran gotas. Hoy ella dijo, "La inseguridad construye, la vanidad destruye." Pensamos acerca de eso por mucho tiempo y luego vimos que tan verdadero es.

La inseguridad siempre ha sido definida como una emoción negativa, sin embargo puede ser un motor, una fuerza de empuje. "Estoy inseguro, pero voy a trabajar más duro para mejorar." La vanidad dice, "Yo ya llegue. Estoy perfectamente satisfecho."

La vanidad falsa cree que siempre está correcta y no necesita cambiar. Pero una persona insegura siempre está trabajando para la perfección. El sobrevivir y trabajar para la excelencia es la forma más elevada de espiritualidad y sinergismo.

No ser humano está siempre en lo correcto—no en la forma humana, solo que ellos estén actuando bajo acciones correctas Divinas. Tú ni puedes decir que obteniendo el amor de otro ser humano, lo cual es más alto que tu ser, es siempre lo correcto. Pero puedes estar seguro de que con motivo puro tú no puedes estar equivocado.

"Soy perfecto; Soy elevado; Soy supremo; He ganado el derecho de ser feliz." Está ultima frase es la que encontramos ser la más cómica—tú no has ganado *nada* en la vida. Tú no puedes ganar. Tú solo obtienes premios en el Otro Lado. Tú anotas puntos, pero no obtienes los beneficios hasta más tarde. ¿Cómo puedes ganar algo en lo que tú hiciste un contrato? Eso no es lo que significa la espiritualidad. La gente constantemente dice, "Esa persona tuvo una vida terrible. ¿No hubiera sido maravilloso si ellos pudieran haber sido premiados?" No aquí en este "campo de entrenamiento."

En la acción de vivir es donde tu riqueza es generada. En las trincheras más profundas de las batallas de la vida es a donde la riqueza espiritual viene. Oímos las oraciones de tantas gentes, si es que no están silenciadas para nosotros. Todos nosotros queremos decirles a todos ustedes, "Deténganse." Tú solo debes orar por las cosas que son posibles, no imposibles.

Si tú mides 5'2", no ores ser 5'9". Eso no va a suceder. Ahora, tú *puedes* pasar toda tu completa vida deseando estar más alto, poniendo toda tu energía en ese deseo. En lugar de eso, pon esa energía en buen uso. El vehículo que estás usando no es tan importante; solo mantente sano.

Si te digo, "Tú tienes un largo viaje que emprender; quiero que te vayas en un carro destartalado," tú me dirías, "Oh, no. Puede que no llegue hasta mi meta." Sin embargo, manejan sus cuerpos destartalados por dondequiera, y no les importa. Tú té quedas sin gasolina; no tienes el combustible correcto; la gente roba tus tapaderas de llanta; no tienes hilos en las llantas. Tú lo corres a una velocidad alta, y oras,

"¿Por favor, puedo tener más protección?" Y enviamos arquetipos para que cubran tus llantas, para que compongan todo lo que se pueda para mantener el motor andando, y tú aun lo manejas muy rápido. Tú pones toda clase de cosas malas en tu boca y oras cada noche para que te protejamos. Entonces te enojas con Dios si Él o Ella no lo hace—y te sientes que has sido abandonado. Tú te pones a pensar el por que el Señor o la Señorita Correcta no ha llegado a tu vida. ¿Se te ha ocurrido de que *tú* a lo mejor no seas el Señor o Señorita Correcta?

"No tengo ningún amigo." ¿Eres *tú* uno?

"No se me ama." ¿Amas *tú*?

"No se me da nada." ¿*Tú* das?

"Nunca se me perdona." ¿*Tú* perdonas?

Estas son las lecciones más viejas en el mundo, y cada vez que venimos como bebés, debemos de aprender las mismas lecciones viejas. Tenemos que ser alimentados, cuidados—excepto nunca realmente salimos de eso. *Todavía* necesitamos el ser cuidados y abrazados. Nunca una vez pensamos en abrazar, alimentar, o cuidarnos a *nosotros mismos*.

El sinergismo puede ser muy metafísico o muy científico. El verdadero sinergismo es, "Voy a crear." Entonces reúne a mas gente para que crean cosas contigo—un cuerpo sano, un cuerpo de movimiento, un cuerpo de creencia, un propósito más alto que tu propio ser. Cualquier cosa que deseas completar en orden para ser un ser más elevado y espiritual.

Ahora, tú has notado que no he hablado acerca de la riqueza monetaria. La riqueza del alma es todo lo que estoy enfocada contigo. Tú no necesitas usar trapos viejos, pero es mucho mejor el tener a tu espíritu elevado que estar vestido con finuras y estar en bancarrota de espíritu. Tú no te vas a llevar tus finuras al Otro Lado. Serás quitado de todas esas trampas externas con las que pareces identificarte.

En cada vida, no disminuyas tu alma—elévala. Crece. Haz crecer tu alma más grande. Esas son tus riquezas. Todas las cosas pequeñas de las que te preocupas—no les permitas crecer a grandes monstruosidades. El sinergismo trabaja de ambas maneras. Cosas crecen en monstruosidades de reacciones fóbicas y temores—o en belleza, creencia, y comodidad. Tú debes discernir y ser un cedazo. Alguna información es conservada; alguna es derramada.

¿Podemos actualmente destruir la negatividad?

Absolutamente. Tú puedes disiparla y hacerla que se aleje. Tú puedes hacerlo individualmente, pero es mucho más fácil en un grupo de dos o tres personas. Tú no tienes idea de lo que tú puedes hacer, sinergisticamente, en un grupo es más fuerte.

¿Alientan las iglesias los grupos de sinergismo?

Absolutamente. Esa es la única razón por la cual las iglesias tienen algún beneficio. Tú estás perfectamente dentro de tu derecho de pedir por cosas individuales. Están ahí por un propósito común—el mejorar. Los Gnósticos siempre han tenido el conocimiento de que la gente se reúne para una unión común, así sea para venerar o para traer la paz o amor o dicha a cada uno.

La iglesia *no* es para el Dios Todopoderoso.

El reunirte crea el poder para ayudarte durante la semana. Así lo sepas o no, el Dios en cada uno de ustedes está respondiendo del uno al otro. Ello resuena. Lo podemos ver crecer como una pirámide. Una persona singular, por ahí caminando sola, puede orar y orar y orar. Eso no está mal. Pero este individuo no tiene el beneficio del sinergismo.

Algunas personas tienen una capilla en sus hogares adonde ellos oran. Eso está bien y es bueno. Pero su efectividad es limitada. Jesús dijo, "Vengan Juntos." Buda lo dijo, Mohammed lo dijo, Appolonius lo dijo. Todos ellos sabían del poder del sinergismo. Cada entidad agrega más al poder de Dios. Cuando tu agregas tu centro de Dios a alguien más, su centro de Dios es agregado al tuyo. De eso es lo que se trata.

¿Ha hecho alguien un edificio de mal gusto?

Sí. Oh, yo lo he hecho. Yo hice una vez una tienda de campaña de cemento que estaba espantosamente fea. Fue terrible. Trate de hacer algo totalmente privado. Yo no se si tú sabías esto o no, pero yo uso mucho de la magia imitativa. Sin embargo, no tenía ventilación, y casi me sofocaba. Tú puedes pensar que esto es asombroso, pero nosotros respiramos; tenemos órganos. Todos están en los lados opuestos que los tuyos. No tenemos funciones del cuerpo como tú los tienes.

¿Por qué tienen órganos en el Otro Lado?

Siempre hemos pensado acerca de eso. Pensamos que es para crear una imagen refleja del ser físico para calmar el choque de la encarnación. Yo creo que nada más lo cargamos con nosotros. Mi corazón late. Y yo respiro.

La familiaridad es una fuerza muy poderosa. Al pensar en ello, no conozco de alguien quien no tiene órganos. Debe de haber algunos que no les he preguntado, pero sé que casi todos nosotros tenemos corazones que laten.

¿Si tú nunca hubieras encarnado, aun tendrías los órganos?

Sí. Cada vez que hemos visto la figura de Padre o Madre Dios, ellos tienen los exteriores esperados de masculino y femenino. Por supuesto, el Padre no puede sostener Su forma por mucho tiempo, aunque Azna si lo hace.

¿Qué tal si te sufocabas en el Otro Lado?

Bueno, no hubiera muerto. En mi tienda de campaña, no podía respirar y estaba terriblemente incomoda. Finalmente, me puse lo suficientemente astuta para darme cuenta de que no tenía ventilación.

¿Es psicokinesia—moviendo objetos con la mente—una forma de sinergismo?

Oh, absolutamente. Algunos humanos tienen eso y otros no lo tienen. Así como algunas personas son psíquicas y otros son estúpidos o inteligentes, entidades son entidades. No todos en mi lado son inteligentes. No todos son astutos o felices. No quiero ser negativa, pero todos mantienen su misma personalidad. Algunos son tontos.

Deseos

Estoy encantada de la manera que están aprendiendo, pero hay secretos que tú todavía no conoces porque tú todavía no sabes que *preguntas* hacer.

Todos los deseos que tú tienes van a un lugar seguro. Ellos son "primados" para guardarlos y son sacados en ciertos momentos. Podemos dispersar respuestas a tus deseos cuando el tiempo es correcto. Esto no interfiere con los planes, las líneas de opción, las ventanas de oportunidades, o con las emociones que tú estás trabajando. Pero es un rocío, yo creo que puedes decir, de *suerte*, que es permitido en tu estado de sueño. Muchos de estos deseos sólo pueden ser usados *una vez*, como las ventanas de oportunidad que a lo mejor no vuelven otra vez si tú las dejas pasar. Esto suena como el genio de los "tres deseos" de la leyenda. Un deseo especifico puede solamente ser usado una vez con total fervencia.

Esto pasa desde el tiempo que tú eres un niño, y a veces estos deseos son dados a ti en los momentos más inoportunos. Vamos a suponer que cuando tenias dos años tú querías un osito pero no lo obtuviste. Ahora, a la edad de 30, tú estás saliendo con un hombre que te trae un osito. La cosa más asombrosa es de que la realidad pasada es *todavía* presente en el tiempo de Dios.

¿Por qué obtener un deseo de la niñez siendo un adulto?

El deseo es dado a ti cuando a la fortuna, si tú no sabes de *cuando* pedir por el. En otras palabras, es muy parecido al verdaderamente querer un carro nuevo y desearlo. Entonces con mucho trabajo, tú compras un carro nuevo, pero semanas más tarde te *ganas* un carro nuevo. Tú deseo se volvió una realidad más allá de lo esperado. Así, lo que tú debes hacer es decir, "*Yo lo quiero ahora.*"

Un deseo no siempre llega en el momento que se necesita solo que tú específicamente así lo pidas. Esa es la realidad que vemos. Porque nuestro tiempo está en desacuerdo con el tuyo, tenemos que sincronizarnos contigo. Toda clase de tesoros té pertenecen, pero tú no has tenido el suficiente sentido para pedir por ellos. Tenemos una tesorería, pero nadie los clama.

Tú debes de ser especifico. No nada más digas que tienes hambre—di específicamente lo que quieres comer. Lo mismo con tus sueños. Tú me puedes preguntar, "¿Si he pedido por un compañero perfecto, quiere eso decir que obtuve uno hace mucho y lo perdí? ¿Está cerrada mi ventana de oportunidades, y no se volverá a abrir?" No. Si ese compañero haya sido perfecto, tú no lo hubieras perdido.

Tú ahora debes de empezar a pedir para la salud y riqueza *perfecta*. No tengas temor de pedir por riqueza, pero hazlo significantemente. No solo pidas por $50,000—eso es de muy corto ver; eso no te sostendrá por una larga vida.

Se lo suficientemente *especifico*. Di, "Yo quiero tener riqueza *perfecta* que me mantendrá en una posición muy confortable por el tiempo que esté en este mundo." Ahora, tú deseo por dinero se ha vuelto una realidad práctica. Demasiado seguido, alguien desea por solo el dinero suficiente para un carro, o para otra necesidad inmediata.

¿Por qué no empezar a poner deseos en tu "banco de deseo?" Los ángeles son los "controladores" de tus deseos. Eso no quiere decir que ellos no vienen de Dios, pero ellos son concedidos por los ángeles. Ningún deseo es egoísta si es que es concedido.

No temas con pedir por tanto de lo que tu mente pueda pensar. Dios quiere que cada entidad que vive en este planeta tenga una vida larga y feliz. Yo no puedo expresar eso lo suficientemente. Tú no tienes que estar más enfermo de lo que tú deseas estar, o más pesado o delgado, o pobre o solitario.

¿Por qué estás invadido por enfermedades? Porque tú estás programado de todas las direcciones por la tensión médica y sociológica. Tú constantemente escuchas las advertencias basadas en tu edad, por la era de que tú vives, por un cierto trabajo, y por el sentimiento de que estás solo. Tú escuchas estadísticas acerca de *todo*.

Sin importar, tu plan está puesto, y no vas a morir hasta que te llegue tu hora. ¿Pero que tal acerca de llenar el deseo de estar mejor, libre de enfermedades? Absolutamente. Cuando tu deseo viene en el mismo tiempo que se abre tu ventana de oportunidad, los milagros ocurren. Tú dices, "¿Bueno, como hago que eso ocurra?" *Pidiéndolo*.

Di, "Mi ventana está abierta *ahora*, Dios, quiero que mi deseo descienda inmediatamente. Pero haz que esa orilla de la ventana, el marco, y todo lo demás este *perfecto*. Cuando pides por salud y el suficiente dinero, pídelo sabiamente; pídelo para que confortablemente te sostenga. Tú aun puedes pedir por más de lo que necesitas para poder ayudar a otros.

Tú lo puedes hacer en lo que dura una semana. Tú puedes sacar los deseos que tuviste en la niñez. Vamos a suponer que un niño quería ser un pintor o un sacerdote. La vida siguió, y la persona creció a 40 o 50 años. La persona finalmente decidió ir al colegio, y se graduó a la edad de 60. el deseo alcanzo al querer, y la ventana se abrió. Por supuesto, son los ángeles los que manejan los deseos.

La realidad que tú quieres en la Tierra existe en mi mundo de otras dimensiones. Si tú no vives tus sueños, no has sacado tus ahorros que formaste en la vida. No uses tus deseos frivolosamente. En otras palabras, cuando deseas por salud, no digas, "deseo que mi hijo o mi hija esté bien hoy. No. Pide, *"Por sus vidas enteras."*

La oración es una confirmación de que la esperanza o un deseo será otorgado, de que la oporturnidad aparecerá. ¿Qué tal si tú deseas y nada pasa? Si tú sigues deseando, usando la oración con especificaciones adjuntas, ello se hará una realidad. La activación es también muy importante—la activación de que tú vales más mental y físicamente. Si tú actúas la parte, tú te *conviertes* en ello.

Ello no significa la vanidad. Pero en lugar de andar por ahí mal vestido, vístete lo mejor que puedas. Actúa orgulloso, lleno de alegría y salud. Si tú actúas bien, tú *estarás* bien.

Ten gloria en la fuerza de ti mismo, en la belleza de tu alma.

¿Cómo puedo quitar las fachadas de mi vida?

Cuando se quitan las fachadas, las almas se hablan una a la otra. Hay muy pocas veces en la vida cuando la gente puede quitarse sus fachadas y permitir que alguien los vea descubiertos. Yo creo que esta es una de las cosas que Sylvia tiene a su favor. Ella cuidadosamente permite a la persona que le revele completamente su ser. Ellos no sienten que son juzgados y ellos pueden enjuagar su alma. Esa es la manera que quiero que todos ustedes sean.

Que puedas alcanzar hacia la gente. Di, "Dios, haz que cada persona que se me acerca lo haga honestamente. Permíteme escuchar el llanto de su alma—la *honestidad* del alma." Ahora, permite aceptar las consecuencias de eso, porque cuando ese deseo llega, tú te puedes encontrar enfrentado con algunas personas muy maliciosas, quienes tú pensabas que eran tus amigos. Cuando esa fachada cae, es casi como el poder ver con ojos de rayos x algunas cosas que te sorprenderán.

Di, "Dios, permíteme percibir a la gente como ellos realmente son. Mi deseo es el poder ver el llanto del alma, los movimientos internos del alma." Tú puedes encontrar que de repente a ti no te cae bien la persona con la que estás casado o la persona con la que has estado. Entonces, a lo mejor te empieza a caer bien una persona que tú pensaste que no te gustaba antes.

Tú también puedes decir durante este tiempo: "me gustaría que mi energía sea transmitida a otros seres humanos, y en turno, sus energías sean transmitidas a mi." Esto es lo más cercano que estarás en tu lado a una unión de almas. Es una cosa de levantamiento de animo maravilloso, el desear tocar el alma de otro ser humano y compartir parte de tu esencia.

¿El tocar un alma ayuda con el sanamiento?

Tú podrás ver la oscuridad en el alma, y te retiraras, o tu podrás ver la belleza del alma. Tú ya no tendrás que preocuparte más acerca de que si el alma es obscura o blanca. Si mantienes los espejos y la luz a tu alrededor, tú todavía podrás tocar pero *no lo absorberás*. No estoy preocupada de que te acerques mucho y absorbas la oscuridad, porque hoy en día ello realmente se muestra por si solo. Tú no tienes que preocuparte acerca de esos aspectos que estén escondidos. Sus "cuernos" salen en menos de unos cinco minutos. Antes eran más insidiosos.

¿Qué es lo que Jesús quiso decir cuando dijo, "El Padre y yo somos uno"?

La voluntad de Dios es la misma que *tu* voluntad. La gente no se da cuenta de eso. Y sigue pidiendo tener ese conocimiento. Frecuentemente, la gente da su voluntad a otras personas. Como dice

Sylvia, ellos empiezan a vivir por medio de la voluntad de otra persona. Pero si tú realmente escuchas dentro de ti mismo, tú encontraras que la voluntad pura de Dios y la tuya se vuelven una y la misma. Ello realmente significa, humilde y orgullosamente, que tú te conviertes en un *instrumento* que Dios usa.

Cuando tú le sueltas tu voluntad a Dios, te conviertes en una estrella que atraviesa el cielo, un faro de luz, una vela en la oscuridad. La gente está tan temerosa de darle su voluntad a Dios por miedo de que serán crucificados de alguna manera. Pero en realidad, la única felicidad verdadera llega cuando Dios navega tu barco.

La voluntad de Dios no te empuja dentro de una vida de depravación. De hecho, todas las cosas en ese entonces llegan. Aún si cosas se te son quitadas, ello no importara porque tu alma estará tan feliz que las cosas externas son innecesarias.

¿Cuál es el valor en hacer regresiones para vidas pasadas?

Uno de los beneficios principales en hacer una regresión hipnótica es de que ello puede sacar un conocimiento tremendo y talentos que hemos reunido en vidas pasadas. La regresión es un instrumento maravilloso para poder deshacerte de temores, pero lo que es tristemente olvidado es que tantas cosas hermosas pueden ser sacadas, tales como conocimientos artísticos o médicos. También, tú puedes limpiar de cualquier sobra de "basura espiritual" y traer a tus guías con una verdad autentica.

Yo trabajo en una escuela religiosa, pero me siento tan sofocada por motivo del dogma.

Sí, pero tú te estás convirtiendo en un faro de luz dentro del dogma. Tú eres probablemente el *único* rayo de luz que ellos tienen—en tu belleza sin denominación, en tu amor. Ese es probablemente el único aire fresco que tienen en ese lugar sofocador. No les permitas controlar tu mente. Los Gnósticos, durante el gran trastorno cuando la iglesia "Cristiana" estaba tratando de colocar una base, ellos fueron llamados heréticos y sacerdotes endemoniados porque ellos se mantenían hablando la verdad.

Los Gnósticos dijeron, "Hay una Madre y un Padre Dios, de los cuales debemos buscar nuestro propio entendimiento. Nosotros *no* vamos a ser gente que controla. Nosotros no vamos a permitir que hable otra persona por nosotros, o vamos ser llenados con dogma y descripciones irracionales de Dios."

Y por eso ellos fueron quemados.

¿Qué son los Archivos Akashic?

Ellos son el infinito repositorio vasto de todos los eventos de todos los tiempos. Tú puedes pensar de ellos como si fuera la memoria de Dios. Ellos son una cosa *viviente* actual. Cuando tú estás en el Otro Lado y deseas re-visitar y experimentar algo, tú puedes ir dentro de los Archivos Akashic y re-vivirlo en ello en su esencia y experiencia completa. Cuando estás en el Otro Lado, tu esencia completa está presente contigo, no separada en pedazos para cada vida en la Tierra.

¿Vera la gente la vida de Sylvia?

Sí. A ella no le importa. Cualquier cosa que le preguntes acerca de su vida, ella te lo dice. Ella es la persona más abierta del mundo. Ella no oculta nada. Algunas personas son muy secretivas; ellas no quieren que sus vidas sean abiertas. Pero no creo que hay ninguna parte de la vida de Sylvia que ella escondería. Ella es victima de intrusión todo el tiempo.

§ § § ℰ ℰ ℰ

Capítulo Cinco

LAS PROPUESTAS PARA VIVIR

Sylvia: Las propuestas son la fundación de nuestra completa creencia religiosa. Nuestra iglesia, Novus Spiritus, está edificada en ellas. Cuando leas estas propuestas, ellas pueden parecer demasiadas benévolas y puestas juntas muy relajadamente, pero deseo que entiendas que ellas tienen *significados literales*.

Estas palabras me dan un gran alivio. Cuando estoy metida en un problema, las leo y ellas calman mi alma. Francine nos dio estas propuestas hace muchos años.

Propuesta 1
El camino de toda paz es escalar la montaña de uno mismo.
Amando a otros hace la escala más fácil. Vemos a todas las
cosas obscuras hasta que el amor alumbra la lámpara del alma.

Ahora, tú puedes pensar que este es solo un poema bonito. Pero la gente siempre me está preguntando, "¿Sylvia, como puedo encontrar la tranquilidad? ¿Cómo puedo encontrar la verdadera felicidad interna?" De la única manera en que lo puedes hacer es al *salirte de ti mismo*. Si tú estás tan "atado al cuerpo" y demasiado metido en ti mismo, te vas a volver recluso, moroso, infeliz, deprimido, triste, y enfermizo. Nunca se suponía que íbamos a habitar este cuerpo totalmente. Este cuerpo es lo que un carro es a una persona. ¿Somos el carro? No. Somos el chofer de ese vehículo. Nosotros usamos ese carro para establecer nuestras vidas. Sin embargo, hay una línea corta—mantente a ti mismo un poco "dentro" y un poco "fuera." ¿Cómo puedes hacer esto? Piensa de ti mismo a unas cuatro pulgadas sobre tu cuerpo. Pide a Dios cada noche que te mantenga ahí.

Tú sabes que si estás solo demasiado tiempo y nada más te sientas y piensas demasiado, tú te pones muy deprimido. Pero si permites que un amigo te llame de afuera—tú te pones muy contento, porque él que llamo ha roto la barrera de ti mismo. Volteando tu enfoque en quien llama, ahora tu estás sintiendo amor por ellos, y no tan preocupado con tus dolores y penas, o si tus hijos te aman, o con lo que paso en tu matrimonio. Tú te moviste fuera de ti mismo.

Todo, eventualmente, y de todas maneras se arregla por si solo, te guste o no. La mayoría de las cosas, que se dejan en paz, se arreglan ellas mismas de una manera u otra. No me mal entiendas: Nosotros todavía debemos directamente de confrontar algunas cosas que nos enfrentan. Nosotros debemos confrontar la maldad que nos llega en la vida. Pero la mayoría del tiempo, ese no es el caso. Como el gran filósofo dijo y les he repetido tantas veces a mis clientes, "Cuando estés en duda, no hagas nada."

Muchas veces, la vida misma *te* moverá con ella. Alguien me dijo el otro día, "Sylvia, a lo mejor no es correcto que vengo a ti. A lo mejor debo vivir mi propio plan de la vida."

Le dije, "¿Sí, pero no hay nada malo con parar en una gasolinera cuando estás perdido y preguntar por direcciones, verdad?" Creo que eso es lo que hacemos cuando estamos administrando a la gente. Somos "estaciones de gasolina" para la gente que se pierde y no pueden leer el mapa. No es una sorpresa que los hombres vienen con menos frecuencia a las puertas de un psíquico que las mujeres. Los hombres no quieren preguntar por direcciones.

Propuesta 2
Lo que tú amas, te ama a ti.

Eso es verdad. Tú dirías, "No, no, Sylvia, yo ame a alguien que no me amo." Lo que no entiendes es de que cuando tú das amor y no se regresa a ti por medio de esa persona, ello vendrá por medio de otra persona. También, cuando tu amor no es reflejado, entonces tu plan ha intervenido.

Somos tan estúpidos, todos nosotros. Alguien en el lado izquierdo está gritando, "Te amo. Te amo. Te amo." Y nosotros decimos, "Sí, yo sé, pero mi vista solamente está en la dirección de enfrente."

El amor se regresa. Ello se vuelve un volcán que da vueltas, magnifico, maravilloso que estalla y se vuelca sobre de ti. Es como si todo en mi vida hubiera salido mal y yo dijera, "No tengo nada de amor en mi vida," entonces mirando y sabiendo que algunos de ustedes me aman, como yo los amo a ustedes. Que tan estúpido seria de mí el no saber eso.

El movimiento Gnóstico es el corazón latiente del amor. Tú tienes que poder acercarte a ese corazón latiente. Si tenemos en realidad alguna fuerza, es esa. La gente viene a mi iglesia, me dicen ellos, para ser rejuvenecidos y para "conectarse." Eso es lo que quiero. Ven y conéctate a nosotros. Llénate. Obtiene tu amor. Entonces sal afuera y vence al mundo con una mano atada atrás de tu espalda. No te preocupes acerca de que si tienes al Señor o a la Señorita Correcta. Hay muchos de ellos allá afuera de donde escoger. Siempre pensamos ya por que no tenemos un cuerpo tibio junto a nosotros todo el tiempo, no somos amados.

Pasamos disparados por la vida como una estrella caída. Eso es todo lo que somos. Solo una pequeña estrella en el paraíso que suavemente lo cruza. Y mientras lo atravesamos, debemos crear alguna fricción en la atmósfera para crear luz—y para poder hacer eso tenemos que amar.

Me encanta cuando la gente me pregunta, "¿A quien puedo amar?" Yo siempre quiero decirles, "Mira a tu alrededor. Alcanza a esa persona junto a ti." He estado actualmente con extraños en un lugar, y me les acerque y tome la mano de alguien. Nunca una vez, nunca, nadie ha apartado su mano de mí.

Tú puedes decir, "Bueno, me daría pena." ¿Por qué? ¿Qué es lo peor que puede pasar—un rechazo? Ni modo, todo el tiempo siempre recibimos eso—nada más sigue adelante.

Propuesta 3
No le des a Dios ninguna mezquindad humana tal como la venganza, furia y odio. La negatividad es solamente del hombre.

Me encanta la tercera propuesta. Es tan maravillosa, cortando profundamente dentro del dogma de cualquier religión que pueda negarla. No pongas cosas pequeñas, tontas, celosas sobre de Dios. Eso disminuye a la entidad suprema, omnipotente, toda amorosa, y perfecta. Él nunca ha estado interesado en la venganza o la negatividad. Estoy constantemente asombrada que la gente no piensa acerca de lo que significa el decir que Dios es todo amor.

Piensa. Piensa. Cuando tú lees la Biblia o cualquier texto, piensa. ¿Por qué Dios será vengador contra los Amonites? ¿Qué no los creó Él al igual que creo a los Samaritanos, los Parieses, y los Sanedrín? Por supuesto que Él los creó. ¿Dios supuestamente tenía que enojarse con los Amonites, así que mató a miles de ellos? Eso es erróneo. No pongas esa clase de venganza sobre de Dios. *No* pienses que Dios juega favoritismos.

Cuando nos elevamos a encontrarnos con Dios, nos volvemos como unos niños, porque escogemos a Dios. Eso es realmente lo que el termino de la gente *escogida* quiere decir. Ellos escogen a Dios.

MEDITACIÓN DE PURIFICACIÓN

Coloca tus manos abiertas hacia arriba en tus piernas. Pide por todos los arquetipos, los profetas, los santos, Madre y Padre Dios, nuestros guías, Jesús, y el amor del Espíritu Santo que desciendan sobre nosotros hoy y que quite la raíz del miedo, aun así sea un pequeño broto. Las hierbas se mantienen multiplicándose en nuestro jardín, lo cual es nuestra mente gobernada por el miedo. Sácalas y llámalas por su nombre. Las enfermedades, los rechazos, las difamaciones, las injusticias, la soledad, todo los "debería de haber" y los "no debería de haber." Saca: las raíces de malas madres, mal padres, esposa que no es lo suficientemente buena, esposo, trabajador. Sácalos. Ellos son unos inválidos de todas maneras.

Planta ahora las rosas de la Esperanza, Amor, Promesa, Conciencia de Dios, y la Gloria de tu Alma. En lugar de las hierbas feas del miedo, las rosas rojas y amarillas empiezan a crecer en gran profusión. Por algún tiempo, Jesús fue llamado "La Rosa." De ahí es a donde los Rosicrusianos obtuvieron su nombre, la Sociedad de la Rosa Cruz. Cuando tú estés plantando estas rosas, tú estás plantando el símbolo de Jesús. Ellas crecen en tu corazón, sin espinas y hermosas. El olor es fuerte. Ahora, tú debes de atender este jardín, porque las hierbas crecen diariamente, a veces más rápido, porque estamos en un ambiente negativo. Pero pide que si tú lo dejas sin atender, tus guías estén a cargo de ello. Coloca el Espíritu Santo a su cargo. Tú te regresaras a ello. Pero es bueno el saber que tienes ayudantes ahí.

Siente que tu alma empieza a elevarse y magnificar al Señor. Siéntela elevarse. Siente la celebración dentro de tu corazón; saca todo el dolor. Siente la paz. Siente la esperanza. Siente el mejoramiento y la inspiración.

Cada vez que alguien te lastime, visualiza un sentimiento en medio de tu plexo solar como una brillante, enorme y hermosa rosa rosada. Haz de esta rosa un símbolo de tu Conciencia de Dios.

Cementa tu aura a tu alrededor, sellándola con luces blanca, dorada, y morada. Nada te lastimara. Nadie puede implantar negatividad. Tú estás totalmente insulado. Todos estamos unidos juntos. Creando un circulo de rosas. Todos nosotros estamos agregando al magnifico jardín de flores de cada uno como una celebración a Dios.

Estamos diciendo, "Dios, estoy aquí ante ti hoy. Estoy limpio, puro de alma, claro de visión, limpio de mente, y fuerte en mi alma y juzgamiento."

Vuélvete un profeta del mensaje del bien; di a ti mismo, "Voy a salir y a profetizar para que la gente esté libre de culpa y temor y trepidación. Puedo venir a ti, Dios, sin todas las cadenas del temor. Libre, con un corazón verdadero, de una manera amorosa, para ser yo mismo. Yo soy lo que soy. Yo soy quien soy."

Siente la gracia ahora cayendo sobre de ti. Respira profundamente y despierta, bien despierto, sintiéndote absolutamente maravilloso.

Esta es tu comunión con Dios.

Propuesta 4

Crea tu propio edén, no un infierno.
Tú eres un creador hecho por Dios.

Milton y muchos otros autores han dicho a través de los siglos: Dentro de cada hombre está el edén y el infierno. Yo pienso en nuestra búsqueda teológica—así haya sido Santo Tomás de Aquino, San Agustín, o a lo mejor Sartre en su existencialismo—hemos tratado de encontrar la verdad acerca de la maldad. ¿Y lo que la humanidad hizo?

Nosotros *creamos* el "infierno". ¿Pero a donde está el infierno? *Este* planeta es donde el infierno está. No hay demonio con traje rojo esperándote en un boquete. Confía en mi. ¿Qué es lo que estamos haciendo de Dios? Una caricatura, o algo de un cuento para niños.

Mientras asciendes más alto hacia Dios, tú te vuelves más selectivo de la gente en tu vida. Si Dios se vuelve tu enfoque, tú vas a querer "apresurar" la perfección de tu alma. Dios siempre está presente dentro de todos nosotros, pero tú tienes que ascender a Él. Escala esa montaña en ti mismo y escala la negatividad hecha por el hombre en este mundo. La ascendencia final requiere que te salgas de ti mismo y asciendas hacia Dios y seas escogido, porque tú escoges a Dios.

En las discusiones del tema de juzgamiento, siempre pregunto, "¿De donde proviene eso? Tengo que cuidarme a mí misma para no hacerlo. ¿Solo que estés andando en ese caballo oscuro junto con una persona, solo que estés caminando en sus zapatos, solo que conozcas a donde está su alma, que te da el derecho de ir a decirle a alguien que tan equivocado y malos son, y de que tú eres el juez de sus almas? ¿De donde viene esa vanidad? A mi no me gusta ese juzgamiento.

Me mantengo diciendo diariamente, "Deseo juzgar solo las acciones—no el alma." ¿Eso es difícil, verdad? Porque hay gente quienes les hacen cosas horribles a otros. ¿No piensas, en esos momentos obscuros, *Caramba, me gustaría cortar y torturar a esas personas quienes lastiman a los niños?* ¿Pero tú no lo puedes hacer, verdad? Da ese perdón a Dios. Si tú no puedes perdonar a los que hacen el mal en el mundo, entonces pídele a Dios que los perdone Él por ti.

La gente desea juzgarnos. ¿Entonces por qué no tratan de caminar una milla en nuestros zapatos? Francine dice, "La única manera que tú puedes juzgar cualquier cosa es por las acciones que quedan después de que muere una persona." ¿Qué es lo que creó esa persona? ¿Ha habido otra cosa más que dolor, penas o alguna ayuda o consuelo?

Propuesta 5
Vierte tu poder hacia fuera, no para adentro,
porque ahí brilla la Luz y el Camino.

Vierte tu poder hacia fuera. ¿Tú sabes el por qué esto funciona? *Tú sonríes.* Si los ojos son ventanas del alma, entonces la sonrisa es una puerta abierta. ¿Tú puedes sonreír con tus ojos, pero hasta que tus labios se muevan, tú no abres ninguna puerta, verdad? Es probablemente el único gesto de todo nuestro cuerpo que da y no quita. ¿Te has dado cuenta de eso? Todos los demás reciben algo de alguna manera, pero la sonrisa es solo una luz pura que brilla hacia fuera. Nada es espera obtener de eso.

Casi todos regresarán una sonrisa genuina. Aun los seres más malos, mal encarados—si tú sonríes, ellos usualmente te regresan la sonrisa. Yo recuerdo cuando era una niña pequeña, cada mañana, muy temprano, iba yo a la iglesia. Mi papá me tenia que llevar a la Catedral de San Jaime porque viviamos tan lejos. En esos días, al estar en una escuela Católica, tenia que usar un sombrerito y una faldita de cuadritos. Yo siempre estaba en la hilera de enfrente.

Yo recuerdo que cada mañana yo miraba caminar hacia el crucifijo a esta viejita que usaba un abrigo de tela negra y tenia hermoso pelo blanco, ella se hincaba, atravesaba, caminaba, y encendía una veladora al infante Jesús de Prague. Yo la miraba cada mañana. Aun de niña, yo era muy psíquica acerca de la gente. Yo sabía que ella tenía una cadera mala, y sabía que tan triste ella estaba. Cada mañana ella caminaba por ahí, y yo le *sonreía*. Esto debe de haber pasado por casi un año entero.

Un día ella camino hacia donde yo estaba, se inclino sobre el respaldo del asiento, y dijo, "tu sonrisa es la única cosa que me ha ayudado a seguir adelante en toda la oscuridad. He perdido dos hijos. Tu cara, tu sonrisa en esta iglesia obscura, es todo lo que me queda."

Pensé entonces, *Yo puedo hacer esto*. Yo conserve eso siempre conmigo—no solo porque yo le sonreí a ella, pero porque ella me dio algo de regreso. Yo estaba tan orgullosa y tan feliz en ese día.

Vierte tu sonrisa hacia fuera. Acércate a esa mano. Para eso son los dedos. Alcanza hacia cado uno y ámense uno al otro. El tiempo es tan corto, aun así llegues a vivir a la edad de 80 años. ¿No preferirías estar en el lado correcto de las cosas que en el lado incorrecto? No preferirías decir, "Lo hice por amor. Lo hice por que me importa. Yo ayude a tanta gente como puede," en lugar de decir, "Yo solo me cuide a mí mismo, solo me atravesé por la vida, y nunca cree un poco de luz. Nunca sonreí. Yo no fui nada más que un meteoro que se atravesó por ahí."

Tú deseas ser una estrella que continuamente se dispara y rocía luz como un cuete.

Propuesta 6
*En la fe se como los campaneros de viento, permanece firme
hasta que la fe, como el viento, te mueva a la dicha.*

Algunas veces, nada más no te muevas para nada. Permanece perfectamente fijo. Esta es la razón por la cual la oración es tan importante. La oración es el *hablarle* a Dios. La meditación es el *escucharle* a Él.

A veces permanece *bien fijo*. La gente frecuentemente dice, "Sylvia, no tengo tiempo para meditar." Entonces nada más siéntate por unos pocos minutos, respira hondo, y di, "Muy bien, mi intelecto y emoción están unidos juntos. *Ándale, Dios.* Dame el mensaje." El te llegará.

Tus guías siempre están hablándote, pero tú no estás lo suficientemente callado. Tú no has calmado tu mente. Tú andas por dondequiera con todo ese ruido, sonidos, conmoción, y pensamientos. A veces tengo que decirme a mí mismo, "Permanece calmada. Permanece callada. Mi corazón está latiendo. Estoy respirando. Estoy barriendo los corredores de mi mente, literalmente, con una escoba blanca."

La siguiente cosa que venga por el corredor de mi mente será un mensaje, el cual lo acepto. Muchos dicen que nunca reciben ninguna reciprocidad de Dios, pero eso es porque ellos no escuchan. Cada vez que obtienes una idea brillante de repente, entonces dale gracias a Dios por ella.

Le he dicho a la gente, "No viajes en un carro azul en este año." Ellos regresan a mi seis meses mas tarde, y dicen, "Tuve un terrible accidente automovilístico en el carro azul de mi amigo." Estoy en un plano humano y tú también, así que cometemos errores.

Tantas madres dicen, "les dije a mis hijos que no hicieran eso. Se los dije unas 50 veces." ¿Te escucharon? No. Cuantas veces has aconsejado a un amigo, "El no es bueno." ¿Te escuchan ellos? No. ¿Porque entonces esperamos escuchar a Dios? Ni siquiera nos escuchamos uno al otro. Ni nos escuchamos a nosotros mismos hablar. Si lo hiciéramos, algunos de nosotros nos callaríamos.

Propuesta 7
Conoce que cada vida es un camino dirigiéndose a la perfección. Es el paso a paso lo que es difícil no el viaje completo.

¿Cuándo te detienes y miras para atrás en la enteridad de tu jornada, ello no parece tan malo, verdad? Míralo otra vez. Quiero que hagas eso hoy. Toma unos 20 minutos y haz un rápido reviso de tu vida. Es una meditación maravillosa. Yo deseo que tú escojas todos los puntos brillantes. Cuando tú mires otra vez las casi fallas y los errores, veras que tan borrosos están ellos.

Por ejemplo, en el tiempo que Abraham Lincoln fue asesinado, fue una tragedia nacional. Pero como paso el tiempo, la gente empezó a hacer bromas acerca de John Wilkes Booth. ¿Qué es lo que pasa cuando tú ves el pasado de un matrimonio malo, o cualquier pena? Ello empieza a disminuir, caen tapa tras tapa, para que así tú lo vuelvas a mirar y hablar de ello sin ningún dolor. ¿Cuándo tú estás demasiado cerca, la navaja té corta, verdad?

Todo en la vida es una jornada. Dite a ti mismo, "Solo voy a pasar por esto y luego me iré a Casa." Tú *té* iras a casa—al Otro Lado. Tú puedes quedarte desamparado por el camino sin llantas y sin gasolina, pero tú, eventualmente, regresaras a Casa, aun así tengas que caminar. Cuando lo hagas, habrá alguien quien te ama, te abrazará, y te protegerá. Habrá fiestas a donde ir, seres queridos que ver, y reuniones que gozar. Eso es lo que hacemos en el Otro Lado. Pero tú no ayudas a nadie al ser una pesadilla gruñona al ir caminando por la carretera.

Hay alguna cosa peor que el estar con alguien que siempre esta gruñona, enojada, y quejándose todo el tiempo, quejándose, "pensé que iba a ser mejor que esto." ¿Quién te dijo que iba a ser fácil? ¿Quién te dijo que iba a ser una excursión? Nadie.

¿En el Otro Lado, ellos dijeron, "bájate por el conducto y hazte cargo de ello," verdad? Ellos no nos dieron un abrigo caliente y un botiquín de primeros auxilios. Ellos dijeron, "Ve allá abajo y sobrevive ese enredo."

No te quejes de ello. Eso es una gran negatividad: "Yo quería que fuera mejor. Yo quería esto. Yo quería eso." Claro que sí. Todos queremos ser ricos y bien parecidos, que nuestros niños crezcan perfectamente, y tener un matrimonio maravilloso. ¿Todos queríamos correr hacia la playa, encontrar a un príncipe, y salir galopando en un caballo blanco, verdad? Todos queríamos eso. Todos creíamos en eso. Cuando éramos niñas y niños pequeños, todos íbamos a crecer y ser fuertes, hermosos, ricos, y felices, y tener unos matrimonios ideales. Íbamos a ser honestos, religiosos, y verdaderos. ¿Bueno, la mayoría de nosotros no llegamos a obtener eso, verdad? Pero eso no importa.

Nos tenemos a nosotros mismos, nos tenemos uno al otro, y más importante, tenemos a Dios. El Gnosticismo es un hilo individual que se vuelve en un lazo por que cada uno de nosotros toma su hilo y lo enreda con los demás. Deseo que cada uno de ustedes mentalmente tomen su hilo y lo enreden de una manera para que el lazo se vuelva grande y más grande. ¿Tú sabes porque? Si el cordón se vuelve más fuerte, entonces otra gente se podrá agarrar de él.

El Gnosticismo es un lazo y una carreta. Que sabe exactamente adonde va, aunque algunos de nosotros que brincamos dentro de la carreta no lo sabemos. El Gnosticismo es el Camino, la Verdad, y la Luz.

Detente y piensa acerca de eso. Por ejemplo, algunos dirían que mi abuela Ada, estaba "atrapada" con un hijo que tenia parálisis cerebral. Desde que nació, el no podía hacer las cosas que otras personas podían hacer. Sin embargo él tenia una mente maravillosa. Así que por todos los 52 años de su vida, Ada cuido de él. Todos le llamábamos "Hermano."

Yo le pregunté, "¿Abuela, amo a Hermano con todo mi corazón— pero no es difícil el cuidar de él?" Ella me contestó, "No, no. Todo lo he hecho paso a paso cuando me pongo a recordar el pasado." ¿No es eso verdad? ¿Cuándo nos acordamos acerca de trabajos difíciles o perdidas de trabajo o de cualquier otra cosa dolorosa, importa ya eso? Si podemos colocarnos *sobre* del cuerpo y *no dentro* del cuerpo, nos daremos cuenta de que todo pasará eventualmente. Aprieta tu quijada y solamente pasa por ello. No te caigas. No te detengas.

Ahora tú preguntas, "¿Bueno, que tal acerca con descansar?" Eso está bien. El caerse o darse por vencido es otra cosa. Tú dirás, "No deseo hacer esto." ¿No crees que hay algunas mañanas que todos nosotros, incluyéndome a mí, nos queremos dar por vencidos? ¿No lo queremos hacer ya, verdad? Tú colocas tus pies a un lado de la cama, y dices, "Oh, no, *no*. No quiero hacer esto otra vez."

Pero eso es lo que la vida es, una decisión diaria de continuación. Los grandes eventos en la vida, las crisis, las podemos manejar muy bien. ¿Pero sabes lo que realmente nos derrumba? Las pequeñeces de todos los días, las cositas. El hecho de que tú no puedes estar solo o tener tranquilidad, o de que no te puedes salir de tu cuerpo o mente. Eso es lo que es tan difícil. ¿Nunca has deseado tomar una vacación de *ti mismo*?

Cuando eso pasa, respira hondo, coloca la luz blanca del Espíritu Santo a tu alrededor, di, "Voy a salir de esto, también." ¿Qué es lo que nos dicen cuando vamos a tener a un bebé o una cirugía? "Tú vas a salir de esto pronto." ¿Y así fue, verdad? Eso es lo que la vida es—un fluir constante de *incisiones* para deshacerte de esto, deshacerte de eso, cortar esto, bajar eso, sacar eso para fuera.

Date cuenta de eso, y di, "Sí, yo, también, sobreviviré esto." Porque el Dios dentro de ti, la Conciencia de Dios, el Espíritu Santo, no te va a dejar caer, si te agarras de ese cordón muy firmemente. Trata de mantener tu buen animo. Eso es tan importante. Nadie quiere estar alrededor de alguien que actúa miserablemente.

Si te sientes miserable, nadie debe de saberlo. Eso no quiere decir que debes de mantener la hostilidad encerrada adentro, porque eso causa enfermedades. Pero no siempre seas negativo. La negatividad crece en si misma, en muy poderosa en este lado. Nosotros ocasionalmente nos ponemos negativos, tristes, deprimidos, y groseros. ¿Y que pasa? Queremos saber el por que todos los *demás* son groseros y están deprimidos. Desdichadamente, nosotros lo causamos. Eso no es culpa; eso es un hecho. La negatividad se extiende como un virus mental.

Tómalo todo, poco a poco. ¿Hemos escuchado eso tantas veces, verdad? Un paso, una hora, un día. Estamos tan ocupados preocupándonos acerca de lo que va a pasar mañana que no disfrutamos el día de hoy.

MEDITACIÓN DE ESTRELLA

Deseo que coloques tus manos abiertas hacia arriba en tus piernas y respires hondo. Mira detrás de tus ojos una hermosa y brillante estrella en el cielo de noche. Esta estrella es azul, con rayos de color rojo, blanco, y dorado alrededor de las esquinas. Ahora no solo estamos mirándolo; somos parte de ella.

Esta estrella, dentro de nosotros, está emanando la magnitud de nuestra alma—nuestra grandeza, belleza, y perfección. Está radiante. Los hermosos puntos de la estrella están empujando hacia fuera cualquier y a toda la negatividad. Para un observante de afuera, ello puede verse como si estuviéramos destellando, pero estamos suavemente descendiendo en un cielo oscuro.

Al principio, durante nuestra descendencia, nos sentimos muy temerosos, todos solos, y algo perdidos. Pero silencio. En el cielo oscuro, parece que sentimos la refracción de otra luz. La vemos, y hay otra estrella que parece estar cayendo junto a nosotros. Ahora, sobre nosotros hay más estrellas. Y de repente— al voltear nuestra cabeza y miramos atrás de nosotros—hay muchas estrellas cayéndose con nosotros.

Ahora, sabemos que nuestra estrella no intercepta la luz de las otras, y estamos cayendo juntos. Estamos todos radiando nuestro amor de Dios, la acción correcta, sin juzgamiento, y también un sentimiento de aceptación. Estamos destellando a través de este mundo oscuro con la luz. Las estrellas ahora parecen caer juntas. Si tú te detuvieras, escucharías pequeños gritos de felicidad por la luz enorme que hacemos juntos.

Aun más estrellas están uniéndose a nuestro grupo. Sentimos la unión de nuestra luz de estrellas al caer juntos en el cielo nocturno, como la estrella de Belén que enseño el camino, la verdad, y la luz. Siéntete contento y tranquilo; siente fuerza de voluntad y un juzgamiento centrado. Siente la fuerza de tu valentía, el poder soportar las "hondas y flechas de la suerte desenfrenada." Siente la paz callada.

Siente la gracia puesta sobre de ti del Padre Dios, la Madre Azna, y el Espíritu Santo que nos rodea. De hoy en adelante, ten paz en tu corazón. Comparte tu hilo de verdad con otros quienes están en su búsqueda.

Sal de este estado meditativo.

Propuesta 8
Se sencillo, no permitas que te juzguen,
ni siquiera a ti mismo, porque tú no puedes juzgar a Dios.

Me encanta eso. Se sencillo. La gente dice, "¿Qué es lo que eso quiere decir—de mente simple?" Por supuesto que no. *Sencillo* significa "no complicado, la esencia pura." Todas las capas de comportamientos son cortadas y alejadas.

No le permitas a nadie que te juzgue, ni siquiera a ti mismo. Esta es la parte más importante—aquí es donde todos nos estancamos en forma humana. Tú no puedes juzgarte a ti mismo. Muchas veces diariamente nos decimos a nosotros mismos, aunque no lo decimos en voz alta "¿Qué es lo que me hizo hacer esto? Eso es malo. No debería haber hecho eso. Si solo fuera un mejor padre (o madre o hermana o esposo o esposa)."

Tu plan está escrito. Tú escribiste ese plan tonto. Todos escribimos estos planes locos en orden para graduarnos. Así que ahora estamos aquí, y tenemos que pasar por todo eso. Pero no te juzgues a ti mismo o sientas que no eres una persona "correcta". Recuerda, se *suponía* que ibas a ser de la manera que eres para que así otras personas pueda perfeccionar a pesar de ti—mientras tu intento no haya sido de lastimar. Esa estipulación es muy importante.

Si somos constantemente malos y siempre estamos deseando que la gente se muera sin ninguna buena razón, entonces eso es una cosa completamente diferente. Eso entra en el realmo de la *locura*. La mayoría de los seres humanos no desean lastimar a otra persona sólo que *ellos* hayan sido lastimados, lo cual es parte para resolver algo. Entonces tú lo solucionas y ya no piensas en ello. ¿Por cuanto tiempo puedes odiar a tu ex esposo o a tu madre? Ello se vuelve algo *aburrido* después de un tiempo.

El juzgarte a ti mismo viene con un costo enorme para ti. Ello destruye tu estima propia. La gente dice, "Yo estaba casada con fulanito de tal, y eso destruyo mi estima propia." No, no. *Tú* le diste el mazo para que te golpeara. Mi primer matrimonio fue así, ya lo sabías si es que leíste mi biografía. Bueno, tú puedes hacer una cosa u otra. Permite que el abuso continué, o té alejas de él, mentalmente o físicamente. Las palabras de mi esposo se me resbalaban por la espalda, aunque ellas lastimaban, pero cuando él empezó con los niños, dije, "Este es el fin de eso."

Nadie te destruye excepto tu mismo. ¿Tú sabes que es lo más horrible de estás entidades obscuras que andan por ahí? Ellas saben a donde están tus debilidades. Ellos son psíquicos en el sentido *erróneo*. Ellos te acuchillan, después de que tú les diste el cuchillo. Yo he hecho eso. Les damos todas nuestras debilidades, y ellos las usan en contra de nosotros.

No le permitas a nadie que nos juzgue. Considera esto: Nadie puede juzgar a Dios, y todos nosotros *somos* Dios. Nadie puede juzgar esa parte de Dios en alguien que está experimentando. Las debilidades humanas son solo parte del vivir, parte de existir. Todo sufrimiento es transitorio, como lo es la vida, por lo cual es mucho mejor el tener una actitud placentera acerca de todas las cosas. Tú *vas* a superar todo, incluyendo la vida.

Mi abuela decía, "¿A quien le va a importar esto dentro de cien años?" A nadie le va a importar, porque nosotros no vamos a estar aquí. Nadie. ¿A quien le va importar dentro de dos semanas?

Por favor se bueno uno con el otro. En eso, tú debes de estar abierto para que te regresen esa bondad. Esto no quiere decir que no puedes desahogar tus sentimientos y enojarte o enfurecerte. Pero, especialmente, *se bueno contigo mismo*. No juzgues a ese centro de Dios que reside dentro de ti.

Propuesta 9
Tú eres una luz en un solitario desierto oscuro
que alumbras a muchos.

Esto es central al propósito Gnóstico de la vida. Realmente debemos ser luces en un mundo oscuro y solitario. Oigo a la gente decir, "Está filosofía cambio mi vida."

Cada uno de nosotros somos una pequeña luz por todo el mundo, y juntos nos estamos volviendo un gran centellador para que todos lo vean. Tan abierto y ancho que es este mundo, y considerando que tanta oscuridad nos rodea, aun nuestras luces pequeñas parecen ser como una luz de búsqueda.

Propuesta 10
No permitas que nadie te convenza que eres menos que un Dios.
No permitas que el miedo cautive tu crecimiento espiritual.

¿Sabes que tanto de nuestras vidas son gobernadas por el miedo? ¿Sabes cual es nuestro temor más grande? Algunos dicen que es el miedo a la oscuridad o el miedo de caer en un vacío. No. No. Nuestro gran temor es el miedo a la aceptación. Eso es lo que nos mantiene estancados, cada singular día de nuestras vidas en alguna forma o otra. Decimos, "No quiero parecer un estúpido. No quiero que nadie piense mal de mí. No quiero ser tan obvio. No quiero ser tan subliminal. No quiero ser tan mártir." Es una constante, *preocupación* continua.

Tú eres Dios. Tú eres parte de Dios. Somos cada uno un dedo en la mano de Dios, aunque cada uno experimenta la vida diferentemente. Tú no puedes permitirle a nadie que te pisotee. El esplendor de tu propio Conciencia de Dios interna debe de elevarse. No hay nadie en ningún lugar que sea como tú. Tú eres único en toda la creación.

Tu miedo debe de ceder cuando te pongas a pensar: *Todos vamos a morir*. Tú puede que pienses que esto es mórbido, pero no lo es. En medio de la vida y la muerte es todo lo que tú tienes que preocuparte. El vivir es mucha preocupación porque tú estás batallando constantemente. ¿Hay alguna vez visto en los ojos de los bebés? Es como si ellos estuvieran diciendo, "¿Qué demonios estoy haciendo aquí otra vez? Esto es realmente deprimente."

Cuando un ser querido está acercándose a la muerte, lo mejor que podemos decirles es, "Escucha. Tú has hecho tu trabajo. Déjate ir ahora; todos vamos a estar bien. Ha sido maravilloso el haberte tenido con nosotros por un tiempo. Nosotros estaremos pronto allá contigo." Claro que si lo estaremos. No hay ninguna otra opción.

En conjunto, tenemos un miedo terrible de que cuando nos vayamos al Otro Lado y examinemos nuestras vidas, vamos a sentarnos ahí y decir, "Oh, no. Fui un gran fracaso". Confía en mi: Tú no vas a pensar eso. Lo que ves cuando tú examinas tu vida son los buenos actos, las cosas amorosas que hiciste, a la gente que tú ayudaste. La persona que te grito no significo nada, ni tu trabajo, tu carro viejo, o el hecho de que tú nunca te casaste. Esas cosas parecen importantes ahora, pero no significan nada cuando estés allá con todos tus seres queridos. Tú olvidas todas las cosas pequeñas. Tú dices, "Dios, eso fue un desbarajuste. Estoy tan contento de que ya todo eso terminó."

Propuesta 11
No permitas que las creencias infundadas en demonios
bloqueen tu comunión con Dios.

Estoy en tan enojada sobre de esto. Permíteme explicarte una verdad triste: Para atraer más dinero, las organizaciones religiosas metieron a la fuerza el concepto de Satanás, el infierno, y los demonios. ¿Qué no ves que tan fácil fue eso? "No necesitamos hablar acerca de la teología; no necesitamos libros como referencia. Si te digo desde mi pulpito que un demonio te va a agarrar, eso es lo único que necesito decirte. Según yo, Satanás va a agarrar tu alma inmortal—solo que yo te salve."

Si tú eres realmente cuidadoso, lee la Biblia analíticamente. El "demonio" solamente es mencionado *tres veces*. Una vez él vino en la forma de una serpiente, simplemente para contradecir a los Egipcios, a quien la serpiente era el dios de la fertilidad. La tercera vez él salió en el sueño sicótico de Juan, en *Revelaciones*, la cual no fue agregada hasta 500 años después. Así que olvida esa cosa loca.

La segunda apariencia de Satanás es en el Libro de Job. Dios está hablando con Lucifer como si fueran viejos amigos: "Tú puedes hacerle cualquier cosa a Job, pero no lo puedes matar." En el Judaísmo Ortodoxo de ese tiempo, la muerte era la peor cosa que te podía pasar. Yo he estudiado el Libro de Job, el cual es una forma hermosa de prosa. La manera que los protagonistas y antagonistas hablan uno con el otro es casi poético—el lado oscuro de la humanidad hablándole al lado iluminado, todo en parábolas, alegorías, y hipérboles.

Cuando Jesús le hablo a las masas, fue inevitable que iba a ver algunos malentendidos, que algunas cosas iban a ser pasadas equivocadamente en la tradición oral. Un ejemplo es el símbolo de la ser-piente. Es extraño porque la serpiente que es tan mala en Génesis sale otra vez como las serpientes enormes de bronce enfrente del templo del King Salomón. ¿Si las culebras eran tan malas, por qué estaban en el templo?

¿Puedes imaginar a un Dios amoroso creando un infierno? Eso no es posible. Tú no puedes tener a un Dios amoroso y a uno malo en una entidad. Yo enseñe en una escuela Católica por 17 años. Oh. Las crisis nerviosas que vi. ¿Yo pensé, *Si esto es tan bueno, entonces por qué hay tantas crisis nerviosas y tantas contrariedades?* Pero eso realmente era una cosa seria: El demonio siempre estaba presente. Ellos hablaban de él, manteniéndolo así vivo y sano. La negatividad crece en sí misma.

Desásete en tu vida de esa tontería del "demonio". Es arcaico y estúpido. Tú eres muy inteligente para ponerte a creer en un traje rojo y cuernos y cosas sin sentido como esas. En los tiempos antiguos, la gente en todas las culturas creían que los demonios causaban enfermedades y todas esa cosas porque ellos ignoraban acerca de los viruses. Ahora simplemente sabemos más.

Propuesta 12
El cuerpo es un templo vivo dentro de Dios,
adonde veneramos el centello del Divino.

Lo más que entendamos esto, lo mejor nos sentiremos. Dios puede curar y sanar mientras tu centella Divina pueda elevarse hacia Dios. Asegúrate de no envenenar a tu cuerpo, porque eso puede destruir tu conexión. Tú no puedes beber demasiado o tomar drogas y esperar que tu centro de Dios se eleve.

Yo creo que la gente a veces trata de adormitar su centro de Dios por medio del abuso de una clase u otra. Cuando esa voz interior nos habla, a veces no queremos escucharla. Tememos lo que pueda decir, lo cual creemos que puede hacer nuestras vidas más difíciles. Sin embargo, realmente es más *fácil* cuando el espíritu de tu ser verdadero se eleva, para instilar algo de orgullo acerca de ti mismo.

Acerca de la gente quien no vive hasta la vejez, frecuentemente se escucha, "Oh, eso es una pena. Ellos solamente estuvieron aquí 15 años." Claro que los extrañamos, pero ellos solo se regresaron a Casa un poco más pronto. ¿Por qué alguien quiere mantenerlos aquí? Por razones egoístas, por supuesto. Les digo a las gentes quienes han perdido a alguien, "*¿Te la estás* pasando muy bien aquí?"

"No," ellos dicen. "Mi vida ha sido terriblemente difícil."

"¿Entonces por qué los quieres a ellos aquí?"

"Porque ellos tenían toda su vida por delante."

¿Y tú quisieras que ellos continuaran sufriendo una vida de dolor? Todo en la vida es temporáneo.

Algunos permanecen aquí por todo el periodo de entrenamiento, y algunos no. ¿Qué diferencia hace eso? Tú, también, vas a regresar allá, pero por mientras, trata de cuidar tu cuerpo lo mejor que puedas. Tú no necesitas obsesionarte con ello, pero trata de hacer un poco de ejercicio, comer bien, y vive saludablemente. Sabemos dentro de nosotros mismos lo que nos mantiene sanos. Sabemos cuando no hacemos el suficiente ejercicio, cuando nos presionamos demasiado, y lo todo demás. Si tu deterioras al cuerpo, entonces tu mente y el alma funcionan pobremente. ¿Puedes meditar cuando estás enfermo? No tú no puedes. Debemos de meditar *antes* de enfermarnos.

Propuesta 13
Dios no crea las adversidades en la vida.
Por tu propia voluntad ellas existen
para ayudar en tu perfección.

Dios creó la escuela para nosotros, pero nosotros escribimos nuestro plan para las lecciones. Tú también llenaste las partes en *blanco*. Es importante el recordar eso cuando nos sentimos desconectado de Dios y pensamos que la vida no tiene propósito, aun esos sentimientos están ahí para nuestro crecimiento espiritual.

Tú escribiste el guión, y tú lo vas a vivir, así te guste o no. Tú debes de sonreír a través de ello, porque tú lo vas a terminar.

Ciertamente ha habido ocasiones cuando dije, "no quiero hacer esto." ¿Ni sabes qué? Lo hice de todas maneras. Tú también lo harás. La mejor cosa que se puede hacer, al igual que el dar a luz, es el aguantarse y hacerlo. Se firme, se valiente, se fuerte, y conoce en tu corazón que tan orgulloso está Dios de ti.

El Gnosticismo puede parecer estar sin estructura; eso es porque no hay mandatos. Sin embargo, hay reglas que residen universalmente dentro del alma de todos. La verdad personal en la que vivo puede que no sea la misma verdad que siguen los demás, pero cada sendero es una manera valida a la espiritualidad.

Nadie puede juzgar la moralidad, al igual que nunca juzgamos el alma de alguien. Sabemos que hay entidades "oscuras" quienes pueden invadir e interrumpir tu vida, pero ellos no pueden posesionarnos. Ellos están ahí para que nosotros aprendamos.

Debemos tener un lugar a donde ir en el cual podamos tomar la mano de uno al otro, ayudar uno al otro, dar, amar, y conocer que alguien más está caminando con nosotros. Esto es lo que las iglesias originalmente se *suponían* que iban a ser. El padre Erwin me dijo hace años, "Sylvia, tú estás haciendo lo que las iglesias deberían de haber estado haciendo—*administrando a la gente.*"

Propuesta 14
El Karma no es nada más que
darle vuelta al circulo de avanzamiento.
No es retribución, solo un balance de experiencias.

Por favor no le permitas a nadie decirte que la razón por la cual ellos permanecen en una relación abusiva es por motivo de su karma. *No usen esa clase de excusa tonta.* La etimología de la palabra *karma* va muy atrás hasta los antiguos Hindis. El Karma no es nada más que el alma experimentando por su propia perfección, tu perfección individual.

Tú vendrás en esta vida como un hombre o una mujer. La mayoría de las entidades mantienen una identidad sexual especifica, pero tú puedes cambiarla en ocasiones. Muchas veces esa es la base de la homosexualidad. ¿Si he tenido 50 vidas como una mujer, entonces de repente vengo como un hombre, que es lo que tú crees mi preferencia sexual va a ser? No hay juzgamiento ahí. ¿No escogería una vida como una muchacha Católica Judía para que así pudiera yo enfrentar el prejuicio? ¿O por qué escoger una vida en una raza subyugada, tal como la negra o roja? Solamente las *almas fuertes* escogen eso.

Frecuentemente les he dicho a la gente, "Si tú crees que eres tan superior, ve a otro país adonde el color de tu piel o tu idioma está en la minoría. Date cuenta de lo tanto que no conoces, y experimenta lo que sientes acerca de perjuicios o racismo." Hasta que nos unamos en grupo como una entidad total y tengamos un sentimiento de unidad nunca vamos a tener paz. Tenemos que parar todos los perjuicios y el fanatismo racial.

Podemos juzgar las acciones, pero no a los individuos. Nuestra alma está aquí para avanzar karmicamente y ganar perfección por medio de nuestra propia experiencia. Cada vez que tú crees que has aprendido un patrón, tú tienes que enfrentarlo otra vez. ¿Cuantas veces lo hemos hecho? Tú finalmente te alejaste de la persona equivocada, luego otra vez te encuentras exactamente en la misma situación. Tú dices, "¿No se siente esto un poco familiar, esta misma cama de clavos?"

Por supuesto que lo es. Tú nada más la cambiaste por clavos más filosos. Tú no te sales de esta vida sin "pagar la cuota." No hay manera de salirse de eso.

Es tan asombroso. Tememos encarar nuestros miedos más que pasar a través de ellos. ¿Tú sabes cuanto le tememos a las inyecciones? Vamos al doctor y hacemos más ruido y dolor para nosotros mismos. Cuando está todo terminado, decimos, "Oh, eso no fue tan malo."

Es lo "desconocido" de la vida lo que tememos. ¿Qué es la peor cosa que puede pasar? Te mueres. No importa—eso es la parte más fácil de todo. Es el *vivir* lo que es tan difícil. Esto no quiere decir que no amamos a la vida. Claro que sí. "La vida es un banquete," como lo que dijo el carácter de Rosalind Russell en *Auntie Mame*.

Tú debes de tomar del banquete lo que tú quieras, pero escoge cuidadosamente. *No* le permitas a la gente decirte que eso es tu karma que tú debes de permanecer en un trabajo o en matrimonio de pesadilla. El karma es una cosa diferente. Cuando una situación empieza a destruirte a ti, *tu debes de alejarte.*

Propuesta 15
*Dios da a cada persona la oportunidad para perfeccionar,
así sea que necesites una vida o cientos de vidas
para alcanzar tu nivel de perfección.*

Encuentro que este es el concepto asombrosamente más entendible, lógico y en acuerdo con un Dios que es todo amor. No siempre creí que era verdad hasta que lo comprobé yo misma. Piensa en un Dios *lógico*. Él debe de ser lógico—¿Él tiene que ser *perfecto*, verdad? ¿Por qué entonces Él nos daría solamente una oportunidad para perfeccionar nuestra alma? Nosotros recibimos *muchas* oportunidades. ¿Sabes por qué? Dios está experimentando a través de nosotros. Él es maravilloso, perfecto y todo amor.

Nunca creas en un dios vengador. Ese no es nuestro Dios amoroso, pero solamente una falsedad. Eso es una idolatría—es idolátrico el temerle a Dios. Tú debes de amarle. Dios es todo amor. Piensa en tu propio amor para tus niños, entonces piensa acerca del amor de Dios, el cual es magnificado trillones de veces más.

Todos somos hijos e hijas de Dios. Cada uno de nosotros carga con parte del Divino. Todos saben la verdad. Tú tienes la Conciencia de Dios dentro de ti, la cual es conectada directamente a la verdad absoluta.

Tú tienes una belleza e individualidad que no es encontrada en ningún otro lugar en el universo. Nadie tiene el derecho a controlar tu búsqueda de la verdad. Nadie tiene el derecho a decirte que no conoces el plan de Dios. En el momento que escuches eso, ahí existe un motivo escondido. Dios hizo Su verdad disponible para cada singular persona. Si eso no es así—detente, piensa y se razonable—¿Entonces Dios jugaría favoritismos? Dios *no* juega favoritismos. No el Dios mío. Él *no* ama solo un grupo. Ese concepto fue diseñado por el hombre para controlar a los demás por medio del miedo.

Propuesta 16
Dedica tu vida, tu alma tu propia existencia al servicio de Dios.
Porque solamente así encontraras significado en la vida.

Esto no quiere decir que tú tienes que ser una monja, un sacerdote, o un monje, un rabí, una persona bendita, o cualquier otra tal persona. Esos de nosotros que lo hemos hecho, escogimos el dedicar nuestras vidas a Dios. ¿Significa eso que nunca vamos a divertirnos? Un grupo de nosotros salimos la otra noche y nos las pasamos fabulosamente. Fuimos a una variedad y luego fuimos a comer. *No* caminamos por ahí con caras tristes y en ropa de sacos y cenizas. La distinción principal es el compromiso dentro de nuestra alma de que devotaremos nuestra vida al significado real de la Madre Diosa, el Padre Dios, y el amor de Dios.

Todo este mundo fue creado para que así la gente pudiera aprender acerca de la naturaleza de nuestras almas. Eso es todo lo que es. Es similar a, "Hay muchas malas escuelas aquí. Vamos a tratar de empezar una buena escuela." Con la educación apropiada, es más fácil el hacer la transición para el Otro Lado.

Conserva esto en tu corazón: Cada día tú vas a hacer algo bueno para alguien. Esto *no* quiere decir que tú les vas a permitir a la gente abusar de ti o de que vas a ser un tonto sumiso que les dirás, "Hazme cualquier cosa que tú quieras hacerme, aboféteame la cara. Bien, Dios te ama." No. Si alguien te abofetea en la cara, tú lo abofeteas de regreso. No permitas que nadie pisotee tu dignidad.

No le permitas a nadie que profane tu templo. Tú *puedes* tener un carácter. Tú no tienes que permitir que la gente te lastime. Jesús no lo permitió. ¿Por qué hemos olvidado que el tenia un carácter? Él tomo un látigo y golpeo a los "cambiadores de dinero" que estaban en el templo. Él dijo, "como se atreven a profanar un templo." Parece que olvidamos ese lado de Jesús. ¿Por qué le permitimos a la gente que nos lastime tanto? ¿Por qué vivimos con culpa? Si embrazamos al centro de Dios, sabiendo que Dios está con nosotros, perdemos esa culpa y el comportamiento sumiso.

Propuesta 17
La guerra es profana, la defensa es compulsatoria.

Nosotros creemos que incitando la guerra es erróneo. De corazón, somos realmente objetores conscientes, y no sólo con respecto a la guerra en el sentido tradicional, pero a las batallas de todo tipo. Creemos en defender a nuestra propia soberanía, solo si llega al punto de estar en nuestro propio terreno o persona. Nosotros no creemos en ir a otro lugar para defender una ideología.

MEDITACIÓN DEL SOL

Coloca tus manos abiertas hacia arriba en tus piernas. Respira hondo, cierra tus ojos, y visualiza a la luz blanca del Espíritu Santo a tu alrededor. Deseo que te deshagas de algo de esa tensión que tu cargas todo el tiempo de tus escuelas, trabajos, y hogares.

Respira profundamente. Concéntrate en la luz blanca a tu alrededor. Nota que tu respiración está poniéndose calmada y muy regular. Préstale atención a tu pecho que se eleva y baja, cuidadosamente exhalando toda la negatividad que tú has colectado durante el día.

Cuando tú inhales, jala a la luz pura de Dios, la luz de la Conciencia de Dios, y la luz rosada de Azna la Madre Dios, quien está en el otro lado con el Padre Dios. Completando la dualidad. Tu dualidad interna, tu intelecto y emoción, serán unidos juntos ahora.

De pronto, deseo que te sientas a ti mismo, la totalidad de tu propia alma, siendo elevada por el poder de Dios a un hermoso cielo azul. El sol está caliente. Al tocarte, toda la tensión, todo el dolor, todas las adicciones, y todas las negatividades que tu cargas (así sea que necesites una pastilla extra o bebida o cualquier otra cosa) las dejes ir ahora. Permite que todas esas muletas corporales se vayan.

Siente lo caliente del sol ahora fluyendo dentro de tu mente y limpiando todos los lugares obscuros de ansiedad. Tu respiración esta calmada y regular. Deja ir a todos los prejuicios, todos los dolores, todas las ingratitudes. Déjalos ir. Ahora, permite que tus hombros se encojan. Siente todos los sistemas de tu cuerpo relajarse. Tu presión normalizarse, y tu latido de corazón se vuelve regular.

Siente la gracia de la Conciencia de Dios en tu alma. Siente al Espíritu Santo descendiendo sobre de ti. Siente un sentido de justicia elevarse dentro de tu alma. Tú sabes tu mismo el ser bueno, generoso y tener buena intención. Todas estás cosas que tú has cargado no son nada pero capas de comportamiento; ellas no son, tú.

Ahora, mientras estás flotando, siente que tu aura se expande hacia fuera y llena al mundo. Vamos a orar en nuestros corazones por toda la gente que están enfermas o muriendo o sin hogar. La gente con SIDA. Todas las personas sufriendo en guerras civiles y genocidas por todos lados. Adonde quiera que haya una pestilencia o avaricia, ora por ellos. Pedimos por el poder de Dios que venga y nos sane.

Pedimos por mitigación de nuestros enemigos. Pedimos que a todo quien no entienda nuestra manera sea purificado. Pedimos por espejos que nos rodeen a todos, reflejando hacia fuera así toda la negatividad será reflejada de regreso a la persona que la envió. No-maldad será hecha—solo reflejada de regreso lo que ellos nos están haciendo a nosotros a través de la adversidad, a través de mentiras dichas acerca de nosotros, a través de todos los dolores, en orden para neutralizar nuestro dolor y hacer que nuestros enemigos sigan en su camino.

Siéntete a ti mismo flotar ahora en este hermoso y brillante cielo azul. Siente que toda la basura de la vida está cayéndose lejos de ti. Tú te vuelves más y más leve. Ascendiendo más y más alto, conociendo que tú estás siendo amado. De repente, mientras tú estás flotando, sientes que la gente que te ama está acercándose más, flotando hacia ti, y cada mano se estira hacia ti. Cada vez que las puntas de los dedos tocan otras puntas de dedos, tú te electrificas con más Divinidades, más espiritualidad, más amor.

Jesús hablo de dos o más personas reunidas juntas en su nombre. Pero hay muchos más que dos. Por el amor de Dios, y de la manera de que Jesús quería que viviéramos, en nuestro compromiso.

Siéntete ahora volver de regreso a ti mismo. Cargando contigo ese brillante sentimiento. El espíritu de Novus Spiritus es el espíritu divino respirando el espíritu santo. Pedimos esto en el nombre de la Madre Dios, el Padre Dios, la Conciencia de Dios, y el Espíritu Santo dentro de ti.

Propuesta 18

La muerte es el acto para regresar a nuestro Hogar; debe de hacerse con gracia y dignidad. Puedes preservar esa dignidad rehusando uso prolongado de sistemas de mantenimiento de vida artificial. Permite que se haga la voluntad de Dios.

¿Te preguntas exactamente como completar esto? Si tú realmente lo deseas hacer de esta manera, de esa manera sucederá. Esta propuesta final dice que tú *no* debes de sufrir, pero esto no quiere decir que puedes quitarte tu propia vida. Tú no tienes que ser mantenido vivo con modos artificiales. Ahora, en tu corazón, haz un Testamento Viviente que diga que cuando te llegue tu hora, tu vas a soltar el cordón y regresaras a nuestro Hogar fácilmente.

No hay nada peor que sobre extender tu bienvenida. Yo le digo a la gente, "Vete a Casa." La gente me pregunta tantas veces, "¿Cuál es el significado de la vida?" Es el hacer el bien, amar y ayudar a tanta gente como tú puedas, y luego callarte y regresarte a Casa. Ese es el significado de la vida—si tú haces eso, tú lo has hecho todo. Tú dirías, "Sí, pero no he completado nada." Yo les pregunto, "¿Has hecho algo realmente malo, maldadoso y odioso?" "No." Entonces tú has *completado algo.* Tú has caminado a través de la pesadilla de la vida. En el centro de la base, está un "infierno" aquí. Eso no quiere decir que no amamos a la vida, pero la mayor parte de ella es difícil.

Pero entonces hay algo de belleza. De vez en cuando, las cortinas se abren, y un poco del Otro Lado se filtra para acá.

¿Tu sabes él por que caminas todo el tiempo por ahí con un "sentimiento vació?" Es porque estamos tan nostálgicos del Otro Lado, donde todo, verdaderamente, es tan hermoso y maravilloso. No hay ninguna adversidad, enfermedad, temor, ni odio.

Entonces alguien dirá, "Vamos todos ahora para recibir esta maravilla." No, porque tú debes de terminar tu plan de la vida. Si tú lo dejas muy pronto, tú tendrás que volver y pasar por toda esa pesadilla otra vez.

Tú puedes preservar la dignidad al rehusar el uso prolongado de sistemas de ayuda de vida artificial. Deja que la voluntad de Dios se haga. Existe un momento cuando la dignidad del alma debe de ser preservada *a todo* costo. Una persona tiene el derecho de irse con dignidad, sin toda esa agonía ruidosa.

Espero que las propuestas de mi iglesia hayan resonado en tu alma como "verdaderas." Yo siempre le digo a la gente que tome lo que sientan que es lo correcto para ellos, y dejen el resto atrás. Esta iglesia ha estado en mi corazón por décadas. Realmente empezó a solidificarse en 1986 cuando tome ese gran paso.

Salí en el escenario en 1986 en el Colegio De Anza en Cupertino, California, y dije, "Voy a empezar una nueva religión." Yo pude sentir la agitación emocional en la audiencia: "¿Ahora que es esta cosa loca?" Pero persistí y cree a Novus Spiritus como mi testamento personal a nuestro amoroso Dios. Ahora tenemos una iglesia maravillosa donde la gente es sanada, las almas son reparadas, y Dios es puesto a cargo de nuestras vidas.

La gente dice, "Mi mente mejoro. Ya no estoy deprimido. Puedo continuar con la semana." Eso es para lo que fue creada la iglesia.

Tú *debes* de cargar la luz. Tú estás encargado de cargarla por Dios. Si no le quitamos al mundo la oscuridad, no hemos hecho mucho bien. ¿Porque si tú le das luz a alguien, adivina que pasa? Ello se refleja.

En la raíz de todo lo que es malo, tu vas a encontrar la palabra *avaricia*. Es una de esas fallas primordiales que vienen con el cuerpo. En el Otro Lado, no hay avaricia. Una vez que aprendemos a hacer a un lado a la avaricia, entonces se le permite entrar a lo positivo.

¿Ahora, cual es la sentimiento principal que bloquea y no deja que pase el amor de Dios? El temor. El temor parece gobernar nuestras vidas, así sea concientemente o insidiosamente, si se lo permitimos. "Tengo miedo de volar en avión," dice alguna gente. "Tengo miedo de manejar sobre un puente. Tengo miedo de que me voy a enfermar. Tengo miedo de que no tengo el suficiente dinero. Tengo miedo de que nadie me amara." Así nos demos cuenta o no, esas semillas crecen sin limite.

Empieza disciplinando tu mente a pensar bien. ¿Se escrupuloso acerca de esto solo por un corto momento, porque somos ciertamente escrupulosos acerca de todo lo demás, verdad? Nosotros analizamos. ¿Nos colgamos de los temores como si fueran gemas preciosas, verdad? Tememos que vamos a morir. Sí, vas a morir. Y que. Esa es una de las cosas de las que puedes estar seguro.

"Tengo miedo de morir sin haber terminado lo que empecé." ¿De que estás hablando? Tú lo vas a terminar en el Otro Lado si es que no lo terminaste aquí. ¿Y qué si tú querías ser un bailarín y no lo pudiste ser? ¿Adivina que? Tú *eres* uno en el Otro Lado. Tú también puedes escribir en el Otro Lado, tú investigas, tú amas a los animales, tú ayudas a la transición de las almas dentro de la vida. Tú haces todas las cosas qué tú querías hacer. A veces cuando los niños regresan al principio, ellos permanecen niños por un tiempo. Al igual cuando los ancianos vienen acá, ellos permanecen ancianos por un tiempo. Es demasiado el choque al sistema. ¿Qué tal si tú tuvieras 89 años, y de repente te encuentras yendo a través de un túnel a la edad de 30 años? La mente necesita tiempo para ajustarse.

¿Adivina que? La vida de *todos* es miserable. No me digas que grandes pedazos de la vida no son miserables, porque lo son. Por supuesto, tu escogiste cierta cantidad de miseria, pero el aprendizaje es de cómo tú la manejas. Piensa de ti mismo como que vas por un pasillo oscuro, porque a veces la vida tiene esos pasillos obscuros. Entonces nada más tienes que correr tan rápido, como te sea posible a través de ese pasillo, hasta que otra vez alcances la luz.

Tú no tienes que pasar tu vida solo. Sal fuera y socializa con la gente. Ayúdalos. La gente me ha dicho, "no tengo amigos." Yo les he contestado, "Entonces tú no eres un amigo."

La gente dice, "No tengo a nadie que me ame." ¿A quien amas *tú*? Eso es lo más importante. Mira, solo existe cierto espacio dentro de ti que puede ser ocupado. Si tú lo tienes todo lleno de amor y positivismo, entonces la negatividad no podrá entrar. De todos modos, dos emociones no pueden ocupar el mismo espacio. No importa lo que tú digas. Tú no puedes ser verdaderamente miserable y feliz al mismo tiempo. Eso no puede ser, solo que seas un esquizofrénico, lo cual también se puede manejar. Las emociones agridulces no son de lo que estoy hablando.

Aquí está otra cosa importante. Asegúrate de que tú seas un conducto para Dios. ¿Sabes lo que es un conducto? Cualquier cosa que conduce o fluye. Ello puede ser eléctrico o puede ser una pedazo de tubo, pero ello conduce energía. Siempre se un origen del amor de Dios, y déjalo fluir libremente hacia todos los que conozcas.

¿Has alguna vez visto en tu vida lo que está saliendo de fenómeno psíquico en la Televisión? El mundo está buscando nuevas respuestas porque la religión no ha contestado las necesidades de nuestra alma. La humanidad está diciendo, "Yo quiero amar a Dios; yo deseo seguir Su camino; deseo pasar por esta vida; y deseo volver a Casa."

Sin embargo cambia el canal, y todavía podrás encontrar evangelistas locos jugando con nuestros temores. Ellos hacen que todos se agiten, diciéndoles, "Jesús salva. Teme a Dios; tú estás condenado al Infierno." Eso es un atropello violento. El Miedo. Esa es una fea, fea emoción. El amor es lo que Jesús vino a enseñarnos.

Si te doy amor y tú me das amor y todos se dan amor uno al otro, nadie podrá controlar a nadie. Nadie. Entonces el amor de Dios es el conducto.

"¿Pero que tal si el mundo termina?" le he preguntado a tanta gente. "¿Qué tal si te digo ahora que en dos minutos, el mundo va a terminar? ¿Qué es lo que verdaderamente harías? Tú deberías de sentarte callado, primero que nada. Sin embargo muchas gentes dicen, "Yo llamaría a mis hijos." ¿Por qué? Ellos van a estar en el túnel contigo en dos minutos. La única cosa mala de eso es que todos vamos a estar en el túnel al mismo tiempo y va a estar lleno.

La gente dice, "¿Qué tal si hay un holocausto nuclear?" ¿No va haber uno, pero que si lo hubiera? No que no sea valiosa la vida, pero solo es una escuela que naturalmente, no deseamos verla destruida.

Ciertamente. ¿Pero después de que te gradúas, cuantos de ustedes durante el día piensa en su escuela preparatoria? ¿Su escuela primaria? ¿Es una vaga memoria sólo que todavía estés en ella, verdad? ¿Tú crees que cuando regresemos al Otro Lado este mundo va a ser nuestro entero enfoque?

¿Aun Jesús demostró miedo, verdad, en Gethsemane? Cuando estaba arrodillado ahí él miro hacia arriba y dijo, "Por favor, por favor. Remueve esta carga de mí." Él sabia que su vida estaba cambiando. Créeme que él estaba esperando que el Gnosticismo floreciera y que él pudiera permanecer en su propia tierra. ¿Entonces que es lo que él dijo? Él contestó, "Tu voluntad se hará."

En tu temor, di, "Tu voluntad se hará," porque tu voluntad y la voluntad de Dios no pueden ser diferente. Por una semana, piensa. *¿Cuantas veces tengo que sentir miedo? ¿Aun los más pequeños, temores?* Aun las cosas negativas como, "Oh Dios mío, no tuve nada para cenar esta noche." Muévete por el día como una alegría, no como un túnel oscuro en el cual tienes que constantemente mantener prendiendo las luces para iluminar a tu alma.

Sin importar a que iglesia tú atiendes, no les permitas que te arrojen la Biblia, gritando, y diciendo que Dios no te ama, o que tú eres un pecador. Si tú lo permites, tú ahora has reemplazado al verdadero Dios por un Dios falso, y las enfermedades se filtrarán. Piensa de cuantas veces has estado atado por el miedo y la ansiedad. ¿Qué es lo que pasa? ¿Tú te enfermas, verdad? No quiero decir que necesariamente te enfermaras físicamente, pero té enfermas del alma. Luego la depresión se filtra. ¿Y sabes que es lo que pasa? Nos vamos para abajo: "Nadie me ama; todos me odian. No tengo amigos; a sido una vida miserable. No me siento bien; me estoy poniendo viejo."

En lugar de decir, "Si, lo estoy. Yo he pagado mi cuota. Estoy orgulloso de ello, y muy pronto voy a regresar a Casa," no es mucho mejor el ir por el túnel blanco hacia nuestro Hogar y decir, "Que bien, no estuve descontrolado; no me queje y gemí y fui miserable por todo el camino a aquí."

No seas humilde. ¿Existe alguna cosa peor que la manifestación de humildad? Párate orgulloso. Tienes que estar orgulloso, porque tú desciendes de la Madre y Padre Dios. Tú eres su retoño, no solamente

Jesús. Todos somos mensajeros en este planeta. Ya porque una persona sobresale, no quiere decir que tú eres disminuido por eso.

De alguna manera escribí que quería ser bocona y tener un propósito ardiente. A veces pensaba, en la oscuridad de mi propio temor, *¿Alguien alguna vez vivirá con esta creencia que tengo? ¿Saldrá y compartirá alguien esta misión conmigo? Estaré solo llorando en un desierto solitario, diciendo, "Dios te ama. Dios es bueno. Madre Dios está contigo. ¿La Conciencia de Dios está ahí?"*

Por mucho tiempo, me sentí sola. Pero si lo vives el tiempo suficiente. Tu creencia se convierte en una realidad, y la gente de lejos empieza a escuchar un mensaje en las ondas del aire. Ellos te escuchan, y ellos vendrán.

Los Gnósticos han sido siempre un *fenómeno*. Ellos no usaron muchos textos porque estaban mayormente interesados de cómo vives, de quien eres tú, y en lo que te estás convirtiendo para Dios. Muchos de los escritos fueron destruidos por razones políticas. Pero cuando hablamos, estamos trayendo hacia fuera un viejo y olvidado conocimiento.

Si tú no entras profundamente dentro del Gnosticismo, espero que dentro de tu corazón cargues un pedazo de nosotros—a los ministros, el amor que damos, los testimonios que tú puedes escuchar, y el sanamiento que tú puedes tener. Sin temor. Sin ser atrapado por ello. Sin cultismo. Nada mas tócanos y después sal fuera y enciende a otra luz. Por ese acto, tu oscuridad será disminuida.

MEDITACIÓN DE LA ESPADA DORADA

Rodéate hoy con una hermosa, brillante, luz dorada. Como ella se expande, siéntete sentarte en medio de esta luz dorada. Siéntela respirar y pulsar a tu alrededor.

Enfrente de ti está parada la Madre el lado femenino de Dios, y el Padre el lado masculino de Dios. Azna, la Madre Diosa, te da una espada dorada. Cuando tú la alcanzas y la traes hacia ti, en contra de la luz dorada parece como un crucifico. Tú manejas con agilidad la espada y cortas a través de todos los temores en tu corazón y alma, removiendo el dolor que ofende y sueltas la pena y la culpa.

Todavía sentado en la luz dorada, empieza a sentir—primero ensombrecido y luego más sólido—a todos los seres queridos quienes han muerto antes, que empiezan a moverse detrás de ti. Toda la gente quien tú has conocido del Otro Lado, quien te ha amado en cualquier vida, a quien tú has amado. Tu guía espiritual está parada detrás de ti, su sistema de suporte adicional.

Tú sientes ahora la gracia fluir de enfrente hacia atrás. ¿Con está protección, como se puede sentir el miedo o la soledad? Cuando estas entidades maravillosas se juntan a tu alrededor, tú sientes el cambio de energía. Tú hiciste un pacto hoy, con Dios y contigo mismo, que tú soltaras el miedo y cualquier vestigio de avaricia. Tú no serás un conducto para la avaricia o miedo de otra persona.

Tú eres independiente. Tú estás en control de tu vida, tu corazón, tu mente, tu alma, y tu cuerpo. Tú no permites a ninguna persona que te desvíe de tu sendero. Tú eres independiente. Ahora sientes ayuda total y un amor que fluye a tu alrededor.

Respira hondo. Mantén esta imagen, y siéntete protegido por todos los días de tu vida. Trae a tu ser a un estado despierto, sintiéndote absolutamente maravilloso, mejor de lo que te hayas sentido antes.

Viviendo Sin Temor

Benjamín Franklin dijo que el miedo era el siempre esperar que tú fueras expuesto. Ahora para y piensa acerca de eso por unos minutos. Ser expuesto. ¿Cómo? Creo que tiene que ver con temer que nuestra vulnerabilidad se vuelva aparente.

En otras palabras, "Si te amo demasiado," dijo el poeta, "¿Me lastimarías muy profundamente? ¿Si te doy demasiado, tendré alguna cosa de regreso? ¿Si tú realmente conoces mi cara, no me rechazarías?" ¿Pasamos demasiado tiempo en nuestras vidas viviendo detrás de ambas caras, verdad? No porque seamos deceptivos, pero porque estamos tan temerosos de exponernos a ser lastimados. El miedo te mantiene alejado de tu crecimiento espiritual. Te mantiene de crecer de alguna manera. Nuestros miedos y fobias son las que nos deshabilitan.

Sin embargo, en Novus Spiritus, no tenemos ese miedo. Diariamente estamos reemplazando el temor con amor incondicional, al decir, "Tú puedes ser lo que tú eres, cualquiera persona que hayas sido, cualquiera que serás, y esta iglesia te amara." Aceptamos ambas verdades la universal y la personal.

Este movimiento espiritual es para hacerte sentir mejor, y dejarte salir y propagar la palabra. Hay una verdad universal llamada "la ley del circulo." Lo que va, tiene que volver. Eso es verdad, pero que tal una verdad individual tal como "¿Tú me hiciste enojar, y te voy hacer pagar?"

¿Cómo reconciliamos estas dos verdades? Empieza a permitir que lentamente las verdades individuales se resbalen de ti. Cuando te eleves dentro de la elevación del espíritu, la universal y la personal se convierten en la misma. Dejamos ir todas las cosas sin importancia.

¿Así que importa si tu hijo es un grosero? ¿Es esa una verdad universal? Alguien la vería como algo que es gracioso, pero tú lo tomarías como algo que lastima. ¿Pero que tal si un hijo mata a su padre? Todos sentimos eso en nuestras almas. Esa es la verdad universal de algo erróneo. ¿Ves lo que estoy tratando de decirte? Suelta las pequeñeces de la vida y se verdadero a los aspectos espirituales de la vida. Más importante, si tú no detienes a algo malo que se te está haciendo, ese error seguirá repitiéndose.

Se un dador de verdades universales. Esto no es el juzgar. Podemos juzgar acciones, pero no podemos juzgar el alma. El enojo justo se elevará, pero sólo cuando tu alma a sido tratada mal.

Si tú no tienes enojo justificado, entonces tú tendrás miedo. Tú no puedes permitir que la gente te pisotee. Aun tus propias familias te pueden lastimar malamente. Así que da señales de precaución: "Tú me estás lastimando; eso me disgusta. No quiero que me hagas eso otra vez." Si eso no lo soluciona, entonces apártate de ellos. Tú dirías "Oh, pero Sylvia, eso es difícil." Sin embargo es mejor que tragárselo, y enfermarse a causa de ello.

La cosa que los Gnósticos Cristianos siempre han hecho es el investigar y encontrar la verdad. Nosotros sacamos lo correcto, lo justo, la verdad del alma, en la cual cada persona es su propio conocimiento de Dios sin ningún entrampamiento de temores. Considera el mensaje verdadero en la historia Bíblica de David y Goliat. David tajo nuestro miedo. Hagamos de nuestros temores gigantes algo que, hoy, podamos cortar.

La vida es un proceso en el cual superamos nuestros temores. ¿Qué es lo que alguna vez hayas hecho tan malo, que alguien más no lo haya hecho ya, en alguna vida? ¿Todos hemos hecho todo, verdad? Por Dios que lo hemos tratado todo. Hemos sido de cada color y cada raza, porque teníamos que así ser.

Llegamos al final de nuestro camino y miramos hacia atrás y decimos, "sentí y experimenté todo eso para Dios. Espero que ahora, como un buscador de la verdad, voy a integrar mi verdad individual con la verdad universal de lo que Dios quiere. Voy a cargar los mensajes de amor y perdón y amor incondicional."

Solo vivan, mis queridos amigos. Solo vivan. Todo caerá en su lugar.

En los días antiguos, Madre Dios daba regalitos por todo el año, y daba Sus bendiciones a todas las peticiones que fueran recibidas. En el día del Equinoccio del verano, se suponía que cosas se tenían que dar de regreso. La gente traía comida y ropa y artículos de cosechas.

Tenemos la gran necesidad de regresarle a Ella el amor y la gratitud que Ella nos ha dado. Yo no sé del resto de ustedes, pero té apuesto que cuando le pides a Ella por algo, tú lo recibes. De 20 cosas que le he pedido a Ella, 19 se han vuelto una realidad. Así que hay un beneficio aquí. Pero ten en cuenta de que si tomamos, tenemos que dar. Esa es la ley del circulo.

Meditación para No Tener Temor

Por favor coloca tus manos abiertas hacia arriba en tus piernas. Deseo que respires hondo. Siente a todo el sentido del miedo salir. Deseo que sientas a tu alrededor la luz blanca del Espíritu Santo, la luz dorada de Jesús, la luz morada de Dios, y la hermosa luz rosa de Azna que está descendiendo sobre de ti.

Siente que están siendo desconectados, el miedo, los prejuicios y el centro del dolor que da vueltas como una oscuridad en tu alma. Siente la luz del sanamiento pasar por cada singular célula de tu cuerpo, buscando el dolor para sanarlo.

Las luces hermosas se mantienen dando vuelta por todos lados, haciendo de tu alma que esté bien, sanándote, dándote el fuego del Espíritu Santo para que salgas fuera y seas un ejemplo—un ejemplo de luz.

Deja ir a las transgresiones que se te han hecho. Si tú has pasado por tus periodos de enojo y sin poder perdonar, ahora deja que esos enchufes sean desconectados. Deja que toda el agua sucia baje por el drenaje.

Daselo a Dios. Deja que Él sea el que perdone, para que así tu puedas estar libre. Se firme, se leal, se conocedor, se observador, se sano. Permite que este espíritu se mueva a través de tu cuerpo hoy y en tus manos; como ellas están abiertas hacia arriba, ellas se sienten calientes y brillantes.

Estamos pidiendo que vengan ahora el poder de sanamiento del Espíritu Santo, Jesús, y Azna. Tus manos están calientes porque el espíritu del sanamiento pasa a través de ti. Todos los que tú tocas, todos los que se acercan y tocan tu aura, todos los que vienen en contacto contigo serán sanados. Pedimos por este regalo ahora.

Siente que tus manos se ponen calientes. Siente como ellas pulsan. Siente que puedes ahora poner tus manos sobre de ti mismo y sanarte a ti mismo. Se te a dado el regalo del sanamiento.

Pide por los regalos de la profecía y la iluminación. No tengas miedo. Pide que los canales sean puros. Todos somos profetas, todos Gnósticos, todos hablantes de la verdad. Dios nos ha escogido, y nosotros hemos sido bendecidos. Nosotros hemos escogido, y debemos permanecer así. No podemos salirnos de nuestro sendero espiritual.

Estamos abriendo un nuevo sendero, un sendero a través de las hierbas, la ignorancia y el miedo, pero somos fuertes. Por mientras yo esté por aquí, yo voy a cargar este estandarte. Cuando yo no lo haga, tú debes de cargar el estandarte, porque está ya muy dentro de tu alma.

Deseamos hacer del mundo un mejor lugar. Deseamos hacer de las almas mejor. Adonde quiera que vayamos deseamos cambiar la oscuridad a la luz. Siente a esa luz que se prende; siéntela que arde; siente que tu alma empieza a magnificarse; siente que tu corazón está sanado; siente que tu alma crece fuerte.

Pedimos esto en el nombre del Padre, la Madre, Jesús, y el Espíritu Santo.

Trae a tu ser a un estado despierto.

La Misión del Gnosticismo

Me he dado cuenta por medio de todos los años de estar haciendo las lecturas psíquicas, al empezar la iglesia, deseando caminar en la luz de Dios, y completando mi misión, que la misión es tan sencilla que frecuentemente no vamos de paso.

Nuestra misión es el de solo vivir y existir y hacer el bien.

Nosotros la hacemos tan complicada. También nos enfocamos nada más en ciertas cosas. Veo pasar eso todo el tiempo. Yo misma, tengo que poner atención porque puedo ser culpable de hacer eso. Metemos una cosa en nuestra mente; "Yo quiero a ese hombre. Yo quiero ese trabajo. Yo nunca voy a ser feliz hasta que lo tenga." Conmigo, era, "No voy a ser feliz hasta que tenga una iglesia." Cuando tenemos estas cegueras puestas, ellos destruyen a nuestra espiritualidad. Lo que tenemos que hacer es darle eso a Dios y dejarlo ir.

La gente frecuentemente pregunta, como Gnósticos cuales son nuestras creencias. Nosotros creemos que regresamos aquí muchas veces, hasta que aprendemos que la vida debe de ser completada con la misión de experimentar para Dios. Y en turno, tú lo recibes también. Y creemos en no hacer tan importante lo de este mundo, comparado al Otro Lado.

Los Gnósticos dicen, "en tu propio corazón reside la verdad." Cuando se reúnen, tú traes tu propia verdad. Entonces una verdad colectiva crece al amar a Dios y enseñándole a Él lo que estamos haciendo. Escribimos peticiones a Azna—no porque Azna lo demanda o es limitado por ciertas cosas, pero solo porque de esa manera, tú programas a tu alma. Tú estás haciendo algo activo.

Tú elevas tu alma. Lo más que tú programes, actúa inteligentemente, se inteligente, y actúa confidentemente, tú te conviertes en esas mismas cosas.

Los Gnósticos creen no solo en buscar el conocimiento, pero el propagarlo y deshacerse de demonios, oscuridad, odio y prejuicios. Estaba yo hablando con uno de mis ministros hoy. Ella me estaba diciendo que en los grupos, hay vanidades. Siempre habrá problemas de vanidades. Francine, mi guía, dice, "Coloca a tres personas juntas en un cuarto, y tu tendrás a un universo de cada tipo de problema—no solo de esta vida, pero de muchas vidas."

Cada mensajero que ha venido ha dicho, "Ama a tu prójimo, ámate a ti mismo, haz un buen trabajo, y regrésate a Casa." Entonces las multitudes que los siguieron escribieron volúmenes de literatura en lo que el mensaje según *realmente* significó.

Cuantas veces en esta vida hemos rezado, y luego dicho, "Dios no contesto a mi plegaria." ¿Sí hemos dicho eso, verdad? Ese no es el trabajo de Dios. ¿Alguien te ha dicho eso? Ese no es el trabajo de Dios. *Tú* escribiste el contrato. Pero entonces, cuando llegaste aquí, te frustraste y dijiste, "Espera un minuto. Ya no quiero hacer esto," al igual que Jesús lo hizo en Gethsemane. Lo siento, todos hicimos nuestro propio contrato, y luego nos enojamos, diciendo, "Dios no me escucho." Bueno, Dios lo *hizo*, Él actualmente contesto a nuestra plegaria. Solo que la respuesta resulto ser "No."

O la gente dice, "Yo no tengo compañeros." ¿No seria bonito el tener a un compañero por el camino? ¿Sí, pero entonces quienes somos todos nosotros los que estamos sentados aquí—hígado picado? ¿Con quien estás sentado junto? ¿Quién te ama incondicionalmente, como lo hace Dios? Nosotros.

Mi abuela decía, "Si tú vives el tiempo suficiente, tú veras todo." ¿No es ese un pensamiento placentero? Pero pídele a Dios que tengamos la suficiente fuerza y valentía para soportarlo.

¿Cuantas veces hemos dicho, "Ten cuidado de lo que pides, porque tú puedes recibirlo?" Rezamos por alguien quien está enfermo, "Por favor haz que estén bien," y ellos mueren. ¿No te das cuenta? Ellos ya *están* bien. ¿Por qué crees que Dios no contesta tus oraciones? Porque si tu hubieras obtenido tu deseo, ello hubiera sido una pesadilla.

MEDITACIÓN DE LUZ

Vamos hoy a poner la luz morada a nuestro alrededor, la cual es altamente espiritual y une a nuestro intelecto y emoción. Siente ahora la paz de la luz morada brillando a nuestro alrededor siente como ella respira y pulsa. El mundo está creado de color y luz, y fue puesto ahí por un propósito.

Vamos a sentir que en una playa arenosa, como dice el poema, "Jesús no solo camina con nosotros, pero también nos cargara." Así podemos nosotros, en turno, cargar a Jesús en nuestro corazón. Siente en medio de tu frente, una Luz ardiente hermosa que viene directamente de Dios el Padre, enjuagando todos los temores, deseos, y resentimientos. Déjalos ir. Es solo basura de esta vida. En su lugar, expande tu corazón y tu conciencia al amor de Dios que llena a cada célula singular.

A través de la arena ahora, aparece un puente que podemos cruzar solo en nuestros pensamientos, pero algún día en realidad. El puente al Otro Lado—a nuestro Hogar, adonde todos están saludándonos. Todos nuestros animales que han muerto, todos los seres queridos, tu querida y dulce guía esta parada ahí, todos tus antepasados, todos los del Otro Lado.

La fiesta empieza—la vida empieza, y la muerte termina. Esta vida se desvanece en el olvido, como el mal sueño que fue. Excepto que lo que permanece es la fuerza que tú has reunido de ella, y como siempre he dicho, tu "pluma blanca" no fue manchada por la avaricia y las cosas malas hechas en tu contra. Deja esas cosas ir.

Se colmado con el amor de Dios; nada puede tomar su lugar. Siente tu alma magnificarse ahora y estirarse. Cuando tu realmente se lo das a Dios, todo llega apresuradamente—la tranquilidad. Las adicciones y las necesidades se alejan. Todos los prejuicios de color y raza se alejan. El amor, con su mano dorada, cepilla todas las telarañas de culpas y oscuridad y sospechas y descreencia.

Respira hondo, y suelta toda la negatividad. Mantén a tu alrededor a Madre y a Padre Dios, el amor del Espíritu Santo que da vueltas como tu compañero, y la Espada Dorada de Azna con la cual tú puedes cortar toda la negatividad.

A la cuenta de tres, vuelve al estado despierto. Uno, dos, tres.

Por favor permanece firme conmigo. Por favor conoce que siempre estoy aquí contigo. ¿Odiaría pensar que todo esto fue creado y de que vivimos y morimos por nada, tú no? Dentro de nuestro corazón, debemos de enseñar la luz a la gente. No sólo por su salvación—porque ellos ya van a estar salvados—pero para calmar sus mentes mientras estén aquí. Dios te ame y te proteja y te conserve bien.

Errando la Marca

La palabra Griega traducida como *pecado* es mucho menos espantosa que la versión moderna. También puede que no haya sido tan maldecida y sucia como la palabra *pecado* es hoy. Literalmente, en Arameo, la palabra *pecado* significa "errando la marca".

Significa apuntando a algo percibido como bueno, pero juzgando equivocadamente (escogiendo las marcas equivocadas) y no disparando derecho. Por la razón apenas dada, y no por minimizar la importancia de las acciones humanas para el bien o el mal, la traducción usualmente habla acerca de errores en contra de *uno mismo*. Al igual como los "pecadores," el termino aplicará no sólo a los autores de los crímenes reales, pero a cualquiera quien no fue un buen practicante Judío.

Tú debes de razonar, porque tú eres Gnóstico. La gente está tan dispuesta a aceptar cualquier cosa que salga de la boca de alguien, en lugar de investigar los textos originales. A lo mejor no vamos a saber realmente pero tenemos que pensar e investigar lo suficiente para conocer que Dios nos puso aquí abajo para amarnos uno al otro y sobrevivir el "infierno."

¿No te has dado cuenta? Aun el mito de la Creación de Adán y Eva se mantiene repitiéndose en cada cultura. Siempre hay un "primer hombre y mujer." Si Adán y Eva iban a obtener conocimiento, ellos tenían que ser colocados en la Tierra, porque tú no puedes tener conocimiento sin la experiencia.

La única manera que alguien puede experimentar para Dios, como lo hemos prometido hacer, es el bajar y trabajar en los sembradíos. Puedo hablarte largamente acerca de cómo es la experiencia de dar a luz, pero si tú no lo has experimentado tú puedes a lo mejor decir, "Suena interesante, pero aun no me lo puedo imaginar."

Todos somos dedos de Dios que se mueven. Lo más profundo que amas, lo más profundo entras a la espiritualidad, y lo más difícil te llegará cada experiencia. Los más profundo que tu amor va para nuestros queridos Madre y Padre Dios, lo más exquisito el dolor se convierte en su agonía. Lo más profundo que es, lo más queremos regresar a Casa y estar reunidos con Dios una vez más y ser envueltos en Sus brazos.

MEDITACIÓN DE ORACIÓN

Querido Dios,

Te pedimos por tu facultad en darnos bendiciones hoy. Pedimos por Madre Dios que nos envuelva en Su Manto de Protección. Pedimos por la Conciencia de Dios que camine junto a nosotros y en nuestro corazón.

Hacemos una promesa hoy. Seguiremos el sendero de Jesús. Seguiremos el sendero de todos los Profetas, quienes trataron de traer la paz, armonía y amor. No permitas a ninguna persona que interfiera con el hecho de que ahora somos puros de corazón y espíritu.

Removemos todo dolor y temor, y estamos ante Dios como una luz de cristal brillante y pura. Pedimos solo por fuerza. Pedimos solo por fortaleza. Pedimos que este aquí un conducto por el cual nuestra espiritualidad pase—no por nuestro sufrimiento, pero por nuestra fuerza. Nos deshacemos de empatía.

Pedimos poner el manto combatiente de la verdad, porque como se ha dicho tantas veces, "La verdad te liberara."

*Ahora, siente al tibio bautismo de sanamiento venir direc-
tamente de la Madre Dios, quien es la Gran Interceptora; de Jesús
quien fue un Profeta en esta tierra; del Padre Dios, que nos
sostiene continuamente en Sus manos. Pide que la jornada sea
más fácil, pero más importante que nada, que ténganos fuerza
de convicción. Somos testigos de la verdad.*

Di en tu corazón, "Bendito sea Tu nombre."

*No temas decirle hoy a Dios, "Te amo. Tú eres mi creador,
consumador, sanador, amado, y benefactor. Para ti, oh Dios,
todo esto es para Ti. A través de mi alma, voy a magnificar eso.
al hacer eso, seré sanado. Cuando llegue el momento para que
me vaya, voy a cruzar esa entrada dichosamente, felizmente,
y estaré en la presencia de Tu fuerza maravillosa y magnifica. Voy a cargar la personificación de Jesús conmigo a
través de esta vida. Yo pido esto en el nombre de la Madre y
el Padre, y la luz del Espíritu Santo que me guía a través de
este mundo oscuro."*

*Tráete a un estado despierto—bien despierto con la fuerza
y propósito y pelea.*

§ § § § § §

Acerca de la Autora

Millones de gente han sido testigos del increíble poder psíquico de **Sylvia Browne** *en los programas de televisión tales como* **Montel Williams, Larry King Live, Entertainment Tonight, y Unsolved Mysteries;** *ella ha sido entrevistada por la revistas* **Cosmopolitan, People,** *y por otros medios de información nacional. Sus acertadas lecturas psíquicas han ayudado a la policía a resolver crímenes, y ella a asombrado a las audiencias donde quiera que aparece.*

§ § §

Comunícate con Sylvia Browne al:
www.sylvia.org
o
Sylvia Browne Corporation
35 Dillon Ave.
Campbell, CA 95008
(408) 379-7070

§ § § ॐ ॐ ॐ

Esperamos que haya disfrutado de este libro de Hay House.
Si usted desea recibir un catálogo gratis demostrando libros y
productos adicionales de Hay House, o si desea información
de la Fundación Hay (Hay Foundation),
por favor comuniquese a:

Hay House, Inc.
P.O. Box 5100
Carlsbad, CA 92018-5100

(760) 431-7695
(760) 431-6948 (fax)

Por favor visite la información en el Internet de Hay House:
hayhouse.com

§ § § ॐ ॐ ॐ